中国社会科学院院际合作系列成果·厦门

顾问：李培林　黄　强　主编：马　援　张志红

XIAMEN: RESEARCH AND EVALUATION ON
THE POLICY OF FREE TRADE ZONE

厦门自贸区
政策研究和评估

自贸区改革突破
与"十三五"转型升级战略

张　平　王宏淼　等　著

社会科学文献出版社
SOCIAL SCIENCES ACADEMIC PRESS (CHINA)

中国社会科学院和厦门市人民政府科研合作项目组

顾　问

　　李培林　中国社会科学院副院长

　　黄　强　厦门市委常委、常务副市长

丛书编委会主任

　　马　援　中国社会科学院科研局局长

　　张志红　厦门市发展和改革委员会主任

中国社会科学院总协调组

　　组　长：王子豪　中国社会科学院科研局副局长

　　成　员：孙　晶　中国社会科学院科研局科研合作处处长

　　　　　　任　琳　中国社会科学院科研局科研合作处干部

厦门总协调组

　　组　长：傅如荣　厦门市发展和改革委员会副主任

　　成　员：戴松若　厦门市发展研究中心副主任

"厦门自贸区政策研究和评估"课题组

课题组组长：马　援（中国社会科学院科研局）

　　　　　　孟　芊（厦门市发展和改革委员会、海沧区政府）

　　　　　　张志红（厦门市发展和改革委员会）

　　　　　　张　平（中国社会科学院经济研究所）

课题组副组长：傅如荣（厦门市发展和改革委员会）

　　　　　　王宏淼（中国社会科学院经济研究所）

课题组成员：陈顺龙（厦门市委党校）

　　　　　　戴松若（厦门市发展研究中心）

　　　　　　闫智君（厦门市发展和改革委员会）

　　　　　　谢　强（厦门市发展研究中心）

　　　　　　许　林（厦门市发展研究中心）

　　　　　　林　智（厦门市发展研究中心）

　　　　　　张　磊（中国社会科学院经济研究所）

　　　　　　程锦锥（中国社会科学院经济研究所）

　　　　　　谢　谦（中国社会科学院经济研究所）

　　　　　　张小溪（中国社会科学院经济研究所）

　　　　　　张　鹏（中国社会科学院经济研究所）

序　言

　　厦门是一座美丽而富含文化底蕴的城市，素有"海上花园""海滨邹鲁"之称。作为我国改革开放最早的四个经济特区之一，三十多年来，厦门人民始终坚持先行先试，大力推动跨岛式发展，加快产业转型、城市转型和社会治理转型，深化两岸交流合作，努力建设美丽中国的典范城市和展现中国梦的样板城市，造就了厦门今天经济繁荣、文明温馨、和谐包容的美丽景象。

　　2014年11月，按照习近平总书记密切联系群众、密切联系实际、向地方学习、向人民学习的要求，中国社会科学院院长、党组书记、学部主席团主席王伟光率中国社会科学院学部委员赴厦门调研。在这次调研中，中国社会科学院和厦门市人民政府签定了《战略合作框架协议》和《2015年合作协议》，合作共建了"中国社会科学院学部委员厦门工作站"和"中国社会科学院国情调研厦门基地"。中国社科院与厦门市的合作在各个层级迅速、有序和高效地开展。通过一年的通力合作，双方通过中国社会科学院《要报》、中国社会科学院《国情调研报告》，以及其他渠道向中央报送了多篇对策报告，而摆在我们面前的这套丛书，正是2015年双方合作研究的结晶。

整套丛书由系列调研报告组成，其中：关于厦门自贸区政策研究和评估的调研报告，由中国社会科学院经济研究所副所长张平主持撰写，包括一个总报告和七个分报告。作者对厦门自贸区的机遇与挑战，实践评估与改革突破，及其带动"十三五"期间厦门城市转型升级的战略等，进行了比较深入的研究分析。该卷提出的"双重升级战略"及"五大支柱体系"建设创新性概念，具有前瞻性；对当前厦门自贸区改革创新和战略升级的评估比较符合实际，有助于理解未来尤其"十三五"期间厦门自贸区的发展目标和任务；对如何通过厦门自贸区升级战略带动厦门经济转型升级所提出的三方面政策建议，对当前厦门面临的"三个转型"具有决策参考作用。

关于厦门市城市治理体系和治理能力现代化的调研报告，由中国社会科学院工业经济研究所所长黄群慧领衔撰写。该卷着眼于我国推进治理体系和治理能力现代化的大背景，紧扣厦门地方城市治理这一主题，在梳理"美丽厦门 共同缔造"的愿景理念、行动目标的基础上，分别从政府治理、市场治理、社会治理、信息化治理四个维度，阐释了"厦门模式"，全面深入地分析了厦门的优势和不足，提出了许多可操作性的政策建议，对于未来厦门谋划城市治理工作具有一定的启发和参考意义。

关于"一带一路"建设下的厦门全方位对外开放策略的调研报告，由中国社会科学院欧洲研究所所长黄平牵头编撰。该卷作者以中国社会科学院欧洲研究所和美国研究所的学者为主，他们具有较好的国际视野和学术素养。作者在对厦门市以"一带一路"为契机着力开创对外开放新局面的情况进行全面调研之后，运用大量翔实数据和理论分析，以国际经验和国际合作的视角，从用开放促进产业升级和产能转移、构建智慧城市、深化对外人文交流和构建对台合作交流支点城市四个部分，详细阐述了厦门全方位对外开放的策略与途径，提出了包含"路线图"和"时间表"的实践路径，对厦门全方位对外开放具有较强的参考价值。

关于厦门市海沧区社会治理现代化、共同缔造与社会建设的调研报告，由中国社会科学院社会学研究所社会政策研究室主任王春光牵头。近年，厦门市海沧区在"美丽厦门　共同缔造"理念指导下，对一系列体制机制进行了探索与创新。课题组深入挖掘海沧区的实践案例，紧密结合海沧区的区域特色，对海沧经验进行提升和总结，并对进一步优化海沧区社会建设提出对策建议。课题组认为：海沧区推进的共同缔造，不仅仅是一种工作方法的改变，也不仅仅是公共资源配置机制的改革和创新，而且是一种社会建设；也就是通过共同缔造，改善社会关系和社会结构，提升社会和谐，建构一个美好的社会。所以，共同缔造与改革开放一样对当地的社会现代化有着重要的价值。在课题研究基础上形成的两部调研报告，其创新之处在于采用深度田野调研方法，通过深度解剖海沧区社会治理和社会建设，从社会组织、社区社会服务、流动人口社会融合等方面去探索共同缔造的价值和影响，并进一步研究在"强政府"格局下建设社会的可能路径和方法。

中国社会科学院和厦门市具有持续稳定的良好合作关系。1986年，时任厦门市委常委、常务副市长的习近平同志牵头组织编制《1985～2000年厦门经济社会发展战略》时，中国社会科学院专家就作为厦门市政府的"外脑"参与了编撰工作。这是中国经济特区中最早编制的经济社会发展规划，体现了习近平同志建设厦门特区的战略思想，至今对厦门人民全面实施《美丽厦门战略规划》具有重要的指导意义。此次双方继续深化合作，是中国社会科学院发挥国家级综合性高端智库优势作用，为地方决策提供高质量智力服务的一个体现。通过合作，厦门市可以为中国社会科学院学者提供丰富的社会实践资源和科研空间，能够使专家学者的理论研究更接地气，更好地推进我国社会科学理论的创新和发展，也能为厦门市科学、民主、依法决策提供科学的理论指导，使双方真正获得"优势互补"的双赢效果。

习近平总书记在哲学社会科学工作座谈会上指出：坚持和发展中国特色社会主义，需要不断在实践和理论上进行探索、用发展着的理论指导发展着的实践；广大哲学社会科学工作者要坚持人民是历史创造者的观点，树立为人民做学问的理想，尊重人民主体地位，聚焦人民实践创造。实践是创新的不竭源泉，理论的生命力也正在于创新。只有以我国实际为研究起点，才能提出具有主体性、原创性的理论观点和伟大作品。这套丛书尽管还有一些需要完善之处，但相信参与这套丛书调研与撰写的科研人员，会深刻感受到为人民做学问、依靠人民做学问的重要性，真正体验到做学问要密切联系群众，深入群众实践，从群众实践中汲取养分的重要性。正是厦门人民在全国率先推动"多规合一"立法、在全国率先实施"一照一码"等许多创新性实践，为我们这套丛书中的理论闪光点提供了深厚的社会实践源泉。对于厦门经验，我们中国社科院的专家学者远不及厦门的干部群众了解得多、掌握得准。在调研和写作过程中，我们自始至终得到厦门市委、市政府、发改委、发展研究中心、自贸片区管委会、金融办、台办、政务中心管委会、社科院、海沧区政府等许多单位的支持和帮助，得到许许多多厦门市专家和实际工作部门同志的指点。在此，向他们表示由衷的感谢和真诚的敬意。

　　祝愿中国社会科学院和厦门市在今后的合作中更加奋发有为、再创佳绩，推出更多更好的优秀成果。

中国社会科学院副院长

2016 年 8 月 23 日

目　录

总报告

分报告

总报告

厦门自贸区改革突破与"十三五"
转型升级战略

张　平　王宏淼[*]

摘　要：我们考察了厦门自贸区的改革创新，按五级打分对两阶段升级战略进行了评估以了解厦门自贸区的工作进程、未来目标和存在的挑战。在此基础上，通过城市经济转型的国际经验梳理和机制演绎，探讨以自贸区创新带动厦门等城市成为国际区域枢纽节点的可行路径和普遍意义，由此得出"十三五"期间实现转型升级战略目标应重点推进的多项体制性改革建议。

1987～2007 年是全球化大繁荣期，全球贸易增长是全球 GDP 增长的两倍，通过全球化的分工深化带动了全球经济的"大繁荣"。自 2007 年美国金融危机以来，全球经济进入了一个长期再平衡的发展阶段，自 2012 年开始全球贸易增长已经连续低于全球

* 张平，中国社会科学院经济研究所副所长、研究员、教授；王宏淼，中国社会科学院经济研究所研究员、教授。

GDP 增长。展望"十三五",一般商品贸易对全球经济的带动几乎失效,全球再平衡仍在继续。全球基于商品贸易的关贸总协定(WTO)的作用下降,新的以跨国(区域)的生产要素流动和服务业开放为特征的多边谈判不断启动。2015 年,美国主导的跨太平洋 TPP 协议签订,其区域战略直接挑战中国的现有发展格局。中国积极应对,早在 2013 年就与美国展开了双边投资(BIT)谈判(预期 2016 年完成谈判),同年启动以外高桥保税区为核心区的上海自贸园区,而后升级为多个符合功能的自贸区,同时拓展了广东、天津、福建三地的自贸区,以迎接全球新趋势的挑战。

目前国际上正紧锣密鼓推进的 TPP、TTIP、TiSA、BIT 等区域经济合作谈判直接指向四大方面:(1)提升政府治理水平,强调放松管制、公平竞争和知识产权保护;(2)减少壁垒,加快合作和制度接轨,促进全球贸易和投资便利化;(3)全面开放,通过自然人流动、知识产权保护等发展服务贸易;(4)生产要素自由流动,推动市场融合和规则一体化。中国的自贸区正是为应对上述挑战而开始的全新尝试。通过厦门调研我们深切感受到,厦门自贸区不到一年的率先实践,改革突破取得了显著效果,从战略层面上一步跨越了"自由贸易园区""商品便利"等概念,着眼于跨国(区域)"要素配置枢纽节点",战略升级到"自由贸易区"功能建设。

厦门自贸区先行先试,与战略升级相匹配进行了系统性体制改革:(1)政府治理快速转变,基于营商环境全球对标进行改革,在全国率先突破"一照一号一码",一年间厦门营商环境达到国际一流水平,现在正通过信用主体建设,积极探索政府监管模式的转变,从事前监管转向事中事后的主体与行为的过程监管。(2)城市管理中的"多规合一"和立法先行直接推进政府管理水平的提高，政府正在突破纵向部门审批管理的"条线"分割，转向"横向"的服务平台，为经济运营管理打下坚实的运行基础。（3）通过海关"一站式"检验，强化了通关便利，提升了物流效率。（4）通过海峡两岸和国际上的自然人流动，尝试服务贸易和服务业的发展。特别是厦门最早放开了对医疗机构服务的限制，推进国际游轮港口建设，开设台湾学校和国际学校，以及加强大学和科研机构的国际人才交流等，加快了自然人流动，促进了人力资本形成，激励了服务业的开放和发展。（5）以金融改革为突破口，推进投资便利化，通过多点金融创新活动，再配置资本要素资源。（6）政府积极推动"双创"，特别是海峡两岸的"双创"活动，并积极推进基于"互联网＋"的创新活动，为厦门产业转型创新打下了坚实的基础。

厦门自贸区先行先试一年来取得了战略性的突破。"十三五"期间，厦门自贸区战略要再上一层楼，带动整个厦门经济向着跨国（区域）要素配置枢纽中心转变，向着特区、自贸区、海西试验区、"一带一路"或"海上丝绸之路"核心区四区叠加的中心城市转型，成为中国全面开放新实践的领跑者。

一　全球再平衡下的中国自贸区战略

2007 年美国金融危机以来，全球经济进入了一个长期再平衡的发展阶段。原有以全球商品贸易为主要带动的引擎几近熄火，全球贸易增长连续多年低于全球 GDP 增长，预计中国"十三五"期间，全球再平衡依然会继续，全球化方向会从全球商品贸易体系转变为区域深度一体化，包括贸易、物质资本和人力资本在内的生产要素自由流动，以及公平竞争规则、跨国公共治理等全方位的一体化，以强化要素最优配置，提升市场深度和广度，推动创新和服务规模化发展。中国自贸区不断升级的战略路径正是针对这种区域经济深度一体化的积极举措。

2015 年 TPP 完成签约，代表着跨太平洋区域深度一体化的开始。同时人民币已被 IMF 批准加入 SDR 篮子，中美 BIT 谈判预计2016 年完成。国际上欧美的 TTIP 步伐加快，全球服务贸易谈判全都指向全球和区域深度一体化。当前跨国（区域）一体化协议挑战着国内传统体制的弊端，如政府的歧视性政策、管制、透明度、知识产权保护、国有企业效率、服务业竞争力弱、汇率管制和金融管理能力差等诸多问题，改革再次被开放的步伐倒逼，因此，不难理解，自贸区的升级战略就是要通过全面开放来倒逼整个体制的改革，在跨国（区域）深度一体化过程中重塑经济形态，厦门自贸区的发展必然在"十三五"期间带动整个厦门经济体，进而承担起跨国（区域）深度一体化后的枢纽城市节点的功能。

（一）全球再平衡下的新贸易投资规则

1. TPP 开启跨区域深度一体化

2015 年 10 月参与国部长会议就《泛太平洋战略经济伙伴关系协定》（Trans-Pacific Partnership，TPP）达成基本协议。现有 TPP 包含了 12 个国家，占全球经济的 40%，其目的是形成所谓的高水平区域合作，有人称其为"经济北约"。协议共包括三十章条款，涵盖领域为：（1）货物贸易，TPP 缔约方同意削减或取消工业品的关税和非关税壁垒，以及农产品的关税和其他限制性政策。TPP

提供的优惠市场准入，将在拥有 8 亿人口的市场中促进缔约方之间的贸易增长，并为 12 个缔约方创造高质量的就业机会。在此基础上，对纺织和服装等做了更细致的讨论。（2）海关管理与贸易便利化，把海关、卫生、技术壁垒、贸易救济等纳入便利化体系。（3）投资和金融条款，资本要素更自由的流动，提出 TPP 各方采用"负面清单"，意味着除法律禁止的领域外，市场将对外资全面开放。不符措施包括两个附件：一是确保现有措施不再加严，且未来自由化措施应具有约束力；二是保留在未来完全自由裁量权的政策措施。（4）跨境服务贸易条款，指出"考虑 TPP 缔约方间服务贸易日益重要，十二国对推动区域内自由贸易有共同利益"，并细致地将商务人员临时流动、电信、电子商务分列在条款中。（5）公平原则，提出了政府采购、竞争政策、国有企业和指定垄断、环境保护、劳工政策等具有公平竞争性的条款。（6）知识产权与原产地保护。（7）监管一致化、透明和反腐，提出争端机制处理条款。（8）合作发展机制，讨论了中小企业发展、相互合作发展等机制条款。当然这些条款背后是以多国谈判"负面清单"达成协议为基础的。（9）投资者保护，TPP 将通常只在双边条款中的 ISDS（投资者—政府争端解决机制）纳入多边协议。这是 TPP 的最大突破之一，而这一突破的最大受益者是跨国公司最多的美国。

从 TPP 文本可以看出，全面开放和深度合作是十二国协议的根本，已经超越了传统贸易关税等协议。TPP 不同于 WTO 之处是，它不仅是一个互免关税协议，而且包括了市场完全对等开放，以及人权、知识产权保护和劳工权利等内容。在 WTO 框架下，成员违反游戏规则只能不痛不痒地申诉，而 TPP 的会员国如果有违背协议内容的行为出现，其会员资格将自动失效。由于当前中国根本不可能满足 TPP 准入条件，所以称 TPP 为量身定做的、目的是将中国排斥在外的经济合作组织也不为过。

中国应对 TPP 是采用双边谈判模式，如中韩、中澳双边自贸谈判等，最重要的是中美双边投资协定（BIT）谈判，预计 2016 年完成。

2. TiSA 开启服务贸易主导时代

进入 21 世纪，全球服务贸易不断发展，《服务贸易总协定》（General Agreement on Trade in Services，GATS）作为基础性协议规则在促进市场开放、推动贸易发展方面功不可没。但是，随着国际形势的变化，特别是金融危机爆发以来，各成员在 WTO 平台上推动服务贸易继续开放难度不断加大。为了促进服务业市场进一步开放，欧美等主要成员开始推动出台新的国际服务贸易协定。

2013 年 3 月启动的首轮"服务贸易协定（Trade in Service Agreement，TiSA）"谈判，是新一轮高端自由贸易谈判，在以发达国家为主要参与方的"服务业挚友"（Really Good Friends of Services）之间展开。目前 TiSA 拥有近 50 个成员，既有美国、日本、欧盟成员国等发达国家，也有智利、巴基斯坦等发展中国家。该协定覆盖了全球 75% 的服务贸易，年贸易规模可达 4 万亿美元。包括中国在内的金砖国家被排除在外。2013 年 9 月 30 日，中国正式宣布加入 TiSA 谈判，目前还未被正式接纳。

TiSA 的三个特征超越了现有的 GATS：首先，对政府权力的实质性新限制被写入核心规则。其次，全面给予外资国民待遇，即除各国明确保留的例外措施以外，所有服务部门均需对外资一视同仁。原则上取消必须设立合资企业的各种要求，不得限止外资控股比例和经营范围。参与 TiSA 谈判的基本条件方面，在金融、证券、法律服务等领域已没有外资持股比例或经营范围限制。最后，在非歧视性原则下，承诺表的改变带来了更多服务业的开放。与多边贸易体系 GATS 相比，TiSA 的确在保证高水平的具体承诺上有着重要的机制创新：（1）减让表采用混合清单。对市场准入采用正面清单，而对国民待遇采用负面清单。（2）覆盖广泛的服务部门。（3）引入禁逆转机制（冻结条款和棘轮条款[①]）。（4）贯彻最优PTA 实践[②]。

当前 TiSA 谈判涉及的主要领域包括：[③]（1）模式四下的自然人移动，尤其增强商务访客、专家和技术人员准入的便利性，包括对开拓市场意义重大的内部人员调动（ICT）。（2）实现数据跨境自由流动，取消数据必须预先存储于使用国境内服务器的要求。（3）对其他国家的服务供应商提供承诺的国民待遇，采取有限限制（即反向清单）。（4）限制提供的跨境服务，包括许可、居住要求等，对通过投资提供服务的机构设立、参与合资企业或经济需求测试等的要求。（5）国有企业和政府采购领域。

中国服务业尚处于发展初级阶段，存在部门行业管理职责不清晰、功能重叠、中央与地方权责利不明确等诸多问题。现阶段，中国服务型企业的国际竞争力仍然处于较低水平。如果中国加入

---

① 冻结条款（standstill clause）要求缔约方承诺从协定生效时起，不得实施新的或更严格的贸易投资限制措施，约束了现有的开放水平。棘轮条款（ratchet clause）针对的是单边、自主方式实现的贸易投资自由化，一旦做出，在下一回合谈判时要把其纳入贸易投资协定中而永久受其约束。

② 双边、区域的特惠贸易协定，统称 PTA。自 20 世纪 90 年代中期以来，PTA 盛行，当前生效的达 260 多个，TiSA 谈判方与 RGF 成员之间、与其他 WTO 成员间签订了许多PTA，而且大都是同时涵盖货物贸易和服务贸易。如果用 0～100 来刻画贸易的自由度，那么，整体上 PTA 要比 GATS 高出 25 个点，当然在不同的服务提供方式和部门上存在差异。

③ 天雨：《服务贸易协定：服务贸易游戏规则的重构》，《国际经济合作》2013 年第 6 期。

TiSA，当然希望能够给本国企业带来更多的利益，通过协议使本国企业的国际竞争力得以提升。但是如果与其他国家竞争者相比不具优势，则即便获得了更大的市场也难以获益，反而会因对等开放而给国际竞争者更多成长的机会、更大的利润空间。

当然，TiSA 也会为中国服务企业创造一定的发展机遇。首先，市场开放为服务贸易发展创造空间。市场开放创造的空间不仅限于原有市场部门的更大准入，而且可能因基础服务领域的开拓而提供更多服务的可能。本国市场为外来竞争者提供更多机会，而这些竞争者往往处于行业领先地位，其相对较高的技术和创新的服务会对国内消费市场的培育提供动力，反过来也会促进服务贸易的升级与发展。其次，技术进步有利于服务贸易企业做大做强。TiSA 会给中国服务业创造更多的贸易机会，在境外设立分支机构提供服务的情况可能会更为频繁。企业境内外机构间的关联日趋紧密，而"走出去"战略并非单纯鼓励企业走出国门，其主要目的还是要增强中国企业的全球竞争力。

3. BIT 修订版的新理念和新挑战

2012 年 4 月，美国"2012 版双边投资协定范本"［美国与××国家鼓励与相互保护投资条约（2012）］由美国贸易谈判代表处办公室正式发布，从而取代了 2004 版美国双边投资协议范本。2012 版美国双边投资协定范本不是一个全新文本，而是在 2004 版的基础上对部分内容和注释进行修订而成。目前，美国已经与 50 余个国家签订 BIT，而美国双边投资协定的修订与新兴经济体良好的经济发展势头有着必然的联系，以适应将来与不断发展的新兴经济体进行双边、区域的贸易投资谈判做好准备。2012 版美国双边投资协定范本在业绩要求、透明度、投资与环境、金融服务、仲裁管理、国有企业等方面都进行了修订，其谈判内容已经非常接近于TPP 协议了。

通过分析对比美国 BIT 的修订过程，我们发现范本的修订不仅反映了美国双边投资协定谈判的经验总结，而且深层次地体现出美国一贯坚持的投资自由化理念，以及在国际经济一体化和国际秩序法治化的背景下美国在国际投资领域的新关切和新理念。其根本目的是着眼于如何更好地适应全球经济社会发展形势，并为将来与发展中国家及新兴经济体的双边、区域投资谈判做好相应准备。

表 1　美国 BIT2012 版范本修订情况

项目	修订内容	修订注释
定义条款（第 1 条）	明确领土范围,包括领海以及符合联合国海洋法公约等国际习惯法的,领海外的,缔约方可以实施主权和司法管辖权的区域（领土定义）	
领域与适用范围条款（第 2 条）		增加了对政府职权委托授权的解释,界定了政府授权给国有企业及其他个人、组织的判断标准（第 2 款脚注 8）
履行要求条款（第 8 条）	增加了缔约方不得出于保护本国投资者或技术目的,禁止或要求外国投资者强行购买、使用或者优先使用东道国或东道国个人技术（第 1 款第 h 段）	增加了对"东道国或东道国个人技术"范围的界定（第一款脚注 12）
透明度条款（第 11 条）	将 2004 版本中缔约方设立一个或多个联络点制度改为缔约方定期磋商制度,以提高透明度（第 1 款）;增加了缔约方应提前公开拟出台的新法规的义务,包括公开方式、内容及利益相关者的评论意见（第 3、4 款）;新增允许另一方投资者参与东道国产品标准与技术标准的制定,并建议非政府组织在制定标准时允许外国投资者参与（第 8 款）	增加了对外国投资者如何参与标准制定的进一步解释说明（第 8 款脚注 14）

项目	修订内容	修订注释
投资与环境条款(第12条)	新增缔约方承诺国内环境法、多变环境条约的施行(第1款);将缔约方"尽最大努力不"改为"确保不得"为了吸引外资搁置、减损或者消极执行环境法(第2款);承诺缔约方对环境事务享有自由裁量权(第3款);新增环境法的保护目的和保护方式的说明条款(第4款);新增环境问题缔约方磋商制度(第6款);新增缔约方应酌情给予公众参与本条内事务的机会的规定(第7款)	增加了缔约方对环境事务"享有自由裁量权"不包括缔约方搁置或减损环境法但按照有关法律不得搁置或减损的情形(第2款脚注15);将2004版范本有关法律的解释改为对法律规章的解释(第3款脚注16)
投资与劳工条款(第13条)	新增缔约方重申作为国际劳工组织成员的义务及其在《国际劳工组织宣言》中所做的承诺(第1款);将缔约方"尽最大努力不"改为"确保不得"为了吸引外资搁置、减损或者消极执行劳工法(第2款);新增劳工法应包括消除雇佣与职业规定中的歧视情形的规定(第3款第e段);新增劳工问题缔约方磋商制度(第4款);新增缔约方应酌情给予公众参与本条内事务的机会的规定(第5款)	
金融服务条款(第20条)	新增仲裁庭不应推定使用本条第1款以及第2款的情形(第2款第c段);新增投资者在申请金融纠纷仲裁满120天后,未组建仲裁庭相关情形的规定(第3款第e段);对"提前公布其准备实施的涉及金融服务的规范性措施以及为利益相关方和缔约另一方就该规范性措施发表意见提供合理的机会"作了强调,并规定在最终采纳新规范前应回应这些评论(第6款)。新增缔约方在特殊情况下可以对缔约一方的投资者、投资或金融机构采取、执行与本条约相一致的法律法规所规定的措施,包括预防商业欺诈或者处理金融服务合同违约行为等(第8款)	

续表

项目	修订内容	修订注释
仲裁管理条款	将 2004 版本中"由其他多边协议组成上诉机构,由上诉机构审查按本条约第 34 条作出的仲裁决定"修改为缔约方应当考虑第 34 条的使用,并保证此类上诉机构会采用第 29 条中有关设立透明度的规定(第 10 款)	

注:参阅梁开银《美国 BIT 范本 2012 年修订之评析——以中美 BIT 谈判为视角》,《法制研究》2014 年第 7 期;同时结合美国双边投资条约范本(2004、2012)作了相应调整。

(二) 中国以全面开放战略应对挑战

十八大以来,中国提出"完善互利共赢、多元平衡、安全高效的开放型经济体系"。十八届三中全会《中共中央关于全面深化改革若干重大问题的决定》提出构建开放型经济新体制。这个新体制主要包括:第一,建立与服务业扩大开放相适应的新体制机制,主要体现在外商投资管理体制与中国企业对外投资管理体制上。第二,逐步建立与国际贸易新规则相接近、相适应的新体制机制,以应对当前全球区域经济合作中正在酝酿的国际新规则。第三,建立具有支撑新体制的战略纵深和更优化的空间布局,使新体制具有更广泛的适应性与更大的国际经济合作空间。第四,逐步培育具有与海洋战略意义相适应的新体制机制,促进我国海洋经济建设,向海洋强国迈进。

与之相对应的,即"走出去"战略、自贸区战略和"一带一路"建设,充分体现了中国作为大国的优势,包括:第一,市场优势,包括竞争优势、资源再配置的输入和再输出优势,"走出去"战略就是要加强全球配置资源,实现共享共赢和多元平衡的新国际战略。第二,体制优势,即以开放促改革,使社会主义市场经济体制成为我国参与国际经济合作与竞争的优势因素,实施自贸区战略就是一个重要的举措。第三,参与决策优势。作为大国积极参与国际规则的制定,在国际经济活动中发起新倡议、新议题和新行动,更有能力提供全球公共品,履行大国责任,这充分体现在"一带一路"建设上。"一带一路"建设引领自由贸易区战略不断上新台阶。"一带一路"建设依赖于自贸区跨区域的深度一体化发展。

"十三五"期间,我国对外开放的新任务大体可以归纳为三大任务16项目标。

第一大任务:加快转变对外经济发展方式。①推进货物出口贸易转型升级;②扩大货物进口贸易规模,优化结构,改善国内经济供给面;③根据新阶段要求,提高利用外资水平;④继续扩大中国企业对外投资,改善投资结构和方式,构建自主跨国生产经营网络;⑤重视并继续发展服务贸易;⑥优化对外开放的区域布局。

第二大任务:构建开放型经济新体制。①创新外商投资管理体制,实行负面清单管理模式;②建立以企业和个人为主体的"走出去"战略新体制;③构建以培育新的竞争优势为核心的外贸发展新体制;④构建开放安全和具有国际竞争力的金融体制;⑤健全法治化、国际化和可预期的营商环境;⑥支持全方位开放的保障机制建设。

第三大任务:积极参与全球经济治理。①加快推进"一带一路"建设。②设立金砖国家开发银行、亚洲基础设施开发银行、丝路基金等国际开发性金融机构并使之投入运营和发挥作用。③拓展国际经济合作新空间,建立中国—东盟升级版、推进中国—海合会、中日韩、RCEP、中国—斯里兰卡、中国—巴基斯坦第二阶段降低税收等自由贸易协议谈判;推进中欧自由贸易区和亚太自由贸易区研究和谈判,在联合国和20国集团等主要平台之外,积极参加金砖合作、气候谈判、电子商务、能源安全、粮食和食品安全及贸易金融等全球性协议谈判,提出新主张、新倡议;④创立中欧、亚太自由贸易区战略研究的国际合作机制。

为应对国际环境新变化带来的挑战,现阶段中国首先积极推进人民币国际化和中美投资协定谈判。"十三五"开启之年,预期人民币国际化和中美投资协定谈判完成,当务之急是中方根据开放路线和确定的中美谈判文本,逐步制定其制度改革调整的路径。毋庸讳言,中美双边投资条约BIT的历次谈判,一直存在以下分歧,但最终完成会按现有基本条款执行。

(1)投资准入。准入前国民待遇。美国在BIT范本中一直坚持要求国民待遇必须适用于投资准入前,也就是说,在缔约国投资设立前和设立时就应当给予其投资或投资者国民待遇。实际上,世界上多数国家签订的双边投资条约中所包含的国民待遇条款都只是适用于"营运阶段"。中美在上述第五轮战略与经济对话期间同意以"准入前国民待遇和负面清单"为基础展开双边投资协定的实质性谈判。

(2)透明度。2012版美国BIT范本提高了信息的透明度,更加尊重投资者参与立法的权利。中共十八届三中全会也对对外投资的透明度作出指导性意见,要求"统一内外资法律法规,保持外资政策稳定、透明、可预期"。但是从上海自贸区2013年、2014年负面清单关于透明度的表述来看,显然其透明度还有待加强。中国对于美国 2012 版 BIT 范本中相关信息的公开程序、公开方式和针对公开信息的反馈程序在一定程度上予以采纳，但对如允许另一方投资者参与技术法规与标准制定的规定等则采取保留态度。

（3）国有企业。中美 BIT 谈判倡导竞争中立原则，通过直接或间接的条款，限制我国国有企业的经营范围，加强政府对国有企业支持和补贴的监管。十八届三中全会决议为我国国有企业的发展、改革指明了方向。在减少政府对各类资源直接配置的基础上，明确国有企业的职能定位，完善市场定价机制，并明确提出国有资本投资运营要服务于国家战略目标。现 TPP 条款都包含了"竞争中立原则"，这对国有企业未来运营是一个不小的挑战。

（4）国家安全。其实质仍然是一个国家关于外国投资准入的审查问题。美方明确指出，与中国签订的任何投资协定都必然包含允许政府基于国家安全因素对外资准入进行审查的规定。

（5）劳工和环境。最终范本虽仍然规定有关环境和劳工争端不适用国与国之间的争端解决程序，但鉴于美国国内环境和劳工团体强大的游说能力，不排除在中美谈判过程中会涉及争端解决问题。

中美双边谈判已经进入交换负面清单的最后谈判过程。这一谈判完成，中国也基本跨上了 TPP 的准入门槛。中国在中美谈判的同时又积极推进人民币国际化，上海自贸区在推出自贸区账号后，开启了沪港通，2016 年适时推出合格境内个人投资者境外投资制度（QDII2）试点，资本项下开放实验宣告完成。2015 年 11 月人民币被国际货币基金组织（IMF）批准加入 SDR，预计 2016 年完成人民币资本项下自由兑换，人民币国际化实现重大突破。

表 2　中美 BIT 谈判核心议题分析

项目	美方要价	中方应对		
		现有制度	改革方向	
	美国 BIT 2012 模板	以中美 BIT 谈判为视角	十八届三中全会决议	自贸区
投资准入	投资定义:以资产为基础的宽泛的定义;准入条件:准入前国民待遇和最惠国待遇;负面清单方式业绩要求:禁止关于出口比例、本地投入、本地采购、技术转移等方面的业绩要求	投资定义:以资产为基础的宽泛的定义(中加BIT);准入后国民待遇混合清单:鼓励、限制、禁止业绩要求,遵守 WTO 与贸易有关的投资措施(TRIMs)的规定,允许对特殊投资采用业绩要求	实行统一的市场准入制度,探索对外商投资实行准入前国民待遇加负面清单的管理模式,放宽投资准入服务业,有序开放(金融、教育、文化、医疗)服务业,放开外资准入限制(育幼养老、建筑设计、会计审计、商贸物流、电子商务等服务业领域外资准入限制);一般制造业:进一步放开	负面清单形式调整服务业开放对相关行业的有关行政审批、资质要求、股比限制、经营范围限制等准入实施特别管理举措
透明度	要求与投资相关的法律、规则等进行公开,提供信息,要求缔约双方定期对如何增进透明度进行磋商,并增加允许另一方投资者参与技术法规与标准制定的规定	对与投资相关的法律、法规、政策通知、告知和解释义务;使另一方投资者了解投资等相关事项的要求、程序等;征求或听取意见的义务	建立公平开放透明的市场规则。统一内外资法律法规,保持外资政策稳定、透明、可预期。同时,改革涉外投资审批体制,完善领事保护体制,提供权益保障、投资促进、风险预警等服务,扩大投资合作空间	提高市场准入的透明度,但 BIT 中负面清单的透明度仍需加强
国有企业	倡导竞争中立原则。加强对国有企业经营行为的规范。制约的主要目标是谈判伙伴国的国有企业。通过直接或间接的条款,加强对国有企业责任的规范	与其他国家的 BIT 中没有类似条款	大幅度减少政府对资源的直接配置;推动国有企业完善现代企业制度;准确界定不同国有企业的功能;完善主要由市场决定价格的机制,放开竞争性环节价格;国有资本投资运营要服务于国家战略目标	

续表

项目	美方要价	中方应对		
		现有制度	改革方向	
	美国 BIT 2012 模板	以中美 BIT 谈判为视角	十八届三中全会决议	自贸区
国家安全	美国对外来投资具有较严格的国家安全审查制度。BIT 2012 中对缔约方有权采取其认为必要的措施来维护和平和安全利益		设立国家安全委员会,完善国家安全体制和国家安全战略,确保国家安全	
劳工环境	协定各方应该执行国际劳工组织关于劳工基本权利的规定,投资应符合各国环境法律和政策,以及多边环境协定的要求。东道国不因吸引外资而违背其劳动法、环境法的要求	与其他国家的BIT 中没有类似条款;其中的某些制度在中国并未完全建立	完善发展成果考核评价体系,加大资源消耗、环境损害、生态效益、产能过剩、科技创新、安全生产、新增债务等指标的权重。更加重视劳动就业、居民收入、社会保障、人民健康状况。加快生态文明制度建设	

中国在与其他经济体的自由贸易协定谈判方面也取得了突出进展。截至 2015 年 12 月,我国已签署 14 个自贸协定,其中已实施 12 个自贸协定,涉及 22 个国家和地区,自贸伙伴遍及亚洲、拉美、大洋洲、欧洲等地区。这些自贸协定分别是我国与东盟、新加坡、巴基斯坦、新西兰、智利、秘鲁、哥斯达黎加、冰岛、瑞士、韩国和澳大利亚的自贸协定,内地与香港、澳门的《更紧密经贸关系安排》(CEPA),内地与香港、澳门的 CEPA "服务贸易协

议",以及大陆与台湾的《海峡两岸经济合作框架协议》(ECFA)。此外,我国正在推进多个自贸区谈判,包括《区域全面经济伙伴关系协定》(RCEP)、中国—海湾合作委员会自贸区、中国—挪威自贸区、中日韩自贸区、中国—斯里兰卡自贸区和中国—马尔代夫自贸区等;还在推进中国—新加坡自贸区升级谈判、中国—巴基斯坦自贸区第二阶段谈判和《海峡两岸经济合作框架协议》后续谈判。"十三五"期间,随着中国全面开放进程加速,预期贸易、投资都会更为自由,以规则融合为核心的跨国(区域)深度一体化,给中国带来的将是机遇与挑战并存。

(三)自贸区应随全面开放升级

中国自贸区的建设与中美 BIT 谈判进程是一个相互支撑的关系。首先,从中美 BIT 谈判角度看,结束文本谈判后,各方将进入要价阶段。而其核心将是外资市场准入的国民待遇和负面清单。其次,从美国在多边回合谈判以及区域/双边谈判要价看,其对服务业开放非常重视。这对中国服务业开放将产生外部压力。

对于自贸区的服务业开放,目前各区都不具备自主开放的空间,须与中央服务相关主管部门进行沟通协调,而中美 BIT 谈判对中央政府层面形成的外部推动力将有利于增加自贸区在服务部门先行先试的可能性和可行性,从而加快自贸试验区的建设进程。自贸区在先行先试过程中形成的新投资管理体系和服务业市场准入负面清单一旦可复制、可推广,势必形成中方在中美 BIT 谈判中的出价,进而推动中美 BIT 谈判的有序进行。

从领先的上海自贸区来看,起步于外高桥保税区的自贸园区,扩区张江、金桥、陆家嘴,辐射浦东,成为具有城市复合功能的自贸区，并在港口经济、商业贸易、投资、金融、服务、技术创新方面进行了全面升级。其特色在于金融改革，是汇率制度改革先行先试的试验区。人民币资本项下自由兑换视为中国经济下一步开放的核心战略，在上海开启了"自贸区账号""沪港通"，一旦 QDII2 即合格境内个人投资者境外投资制度试点启动，可视为资本项目下可兑换模式基本完成。因此上海自贸区有着最为重要的一个功能就是金融开放实验区。

在全国，上海自贸区扩区到天津、广东和福建三个自贸区。从这些自贸区的扩张来看，都起步于自贸园区，即所谓较为单一功能，均要向自贸区复合功能升级，而且每一个升级战略路径完全不同，但都随着中国的开放步伐不断升级。上海正在为发展为世界枢纽节点城市打基础，突出金融、创意、创新和服务等功能。而福建片区正沿着"海上丝绸之路"核心起步区，向跨区域深度一体化的方向升级，在这方面其应多参考 TPP 的方向。有一点是清晰的，即在自贸区升级战略过程中，越来越着眼于引领城市发展的复合叠加战略，着眼于制度创新层面的改革战略和政府职能转变战略，并将这些战略实施落到具体的"先行先试"实践中，自我推动自贸区升级战略。厦门自贸区的升级战略，应更明确表现为跨区域深度一体化的枢纽资源再配置战略，并带动厦门经济转型升级为跨国（区域）枢纽节点城市。

二　自贸区升级战略目标与厦门自贸区评估

本文从自贸区升级战略角度，评估厦门自贸区在取得改革突破后，如何在"十三五"期间进行新的战略升级，推动跨区域深度一体化发展，带动厦门成为跨区域枢纽节点城市。

在 2014 年亚太经合组织（APEC）领导人非正式会议上，国家主席习近平发表讲话并表示启动亚太自由贸易区进程。这是具有历史标志性意义的事件，是中国希望通过自贸区升级构建区域合作的一个新标志。结合"十三五"中国对外开放战略目标，以及进入"十三五"后人民币资本项下可兑换与中美 BIT 谈判基本完成，预示了新一轮开放促改革的局面启程，自贸区升级战略是中国进一步对外开放，促进改革的最重要的战略。

从全国自贸区定位到福建厦门自贸区来看，应具有双重战略定位与六个体系建设：战略 I，从自贸园区升级到自贸区；战略 II，自贸区带动城市转型为跨国及地区的资源再配置枢纽节点，作为四区叠加的厦门市（特区、自贸区、海西区和海丝区）转变为跨国（区域）的资源交换与再配置枢纽节点城市，必须具备国际节点城市的特征。

（一）升级战略 I：从自贸园区（FTZ）升级到自贸区（FTA）

自由贸易区在中国是一个统称，实际上包含两个层次的自贸区：一是自由贸易园区（Free Trade Zone，FTZ），指一国或地区在指定的区域设立优惠税收和特殊监管政策的特定区域，其定义为海关理事会于 1973 年签署的《京都公约》（全称是《关于简化和协调的海关制度公约》），约定了"自由区（Free Zone）系指缔约方境内的一部分，进入这一部分的任何货物，就进口税费而言，通常认定为关境之外，并免于事实通常的海关监管措施"，很多国家设立了自由港。《京都公约》进一步规定了"自由贸易园区"，核心是扩大了对进区（进口和国内）物品的加工操作权和海关监管程序使用，并提出了国家立法规定税率、货物量等，扩大了自由区的加工、消费和贸易交往，很多城市形成了自由港和自贸区。

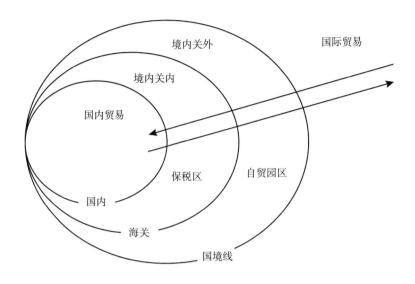

图1 从贸易角度定义的自贸园区

依据国际的定义，当前厦门自贸区海沧、象屿两个港口区，主要是基于港口进行发展的"自贸园区"概念。与上海第一期外高桥作为自贸区试点的特征相当，上海朝着自贸区方向在逐步升级，将单一关税的自由区转向"港口、创新、制造与金融服务"的复合区域，上海的升级方向是现有自贸区升级的必然。厦门实施一年来，取得了巨大的进展，其特征就是直接带动整个厦门经济特区的体制改革与转型，自由贸易园区已向自贸区升级。

自由贸易区（FTA）依据世贸组织的定义为，两个以上国家（地区）签署协定在最优惠国待遇的基础上进一步相互开放市场，改善服务与投资的相互准入条件，从而实现贸易和投资自由化的特定区域。依据这一定义,比较成熟的自贸区构架是北美自贸区、东亚自贸区。而内地、香港和澳门签署的《关于建立更密切经贸关系安排》(简称CEPA)是一份标准的自贸区协定。

当前中美BIT谈判以及刚刚通过的TPP谈判都属于自贸区谈判内容。《海峡两岸经济合作框架协议》(Economic Cooperation Framework Agreement,ECFA)也是一类自贸区谈判。自贸区谈判已经从一般的关税谈判升级为要素全面流动的新谈判框架,包括贸易、服务和投资,特别是服务业准入协议中最为重要的就是自然人的准入,都是要素流动的新表现。

总之,自贸区(FTA)的建立不再为关税和一般贸易,而是一个跨区域深度一体化发展。自贸区关键是推动跨国(区域)深度一体化,其功能为经济资源与要素配置中心而设立,因此它的功能不是单一的,具有配置要素和服务经济升级发展的总体功能特征,它与所在城市或地区经济更是密不可分。

厦门自贸区的起步基于自贸园区,但其发展目标是按自贸区的功能来进行布局实施的。自贸区设立伊始,厦门市政府就心存高远,首先推动了营商环境的改革、自贸区贸易便利化设计、海峡两岸贸易,同时积极推动立法适应新的发展要求,并取得了长足进展,基本上完成了升级战略Ⅰ的目标。

(二)升级战略Ⅱ:作为跨国(区域)生产要素流动与资源配置的枢纽节点城市

厦门自贸区通过一年的实践启动了升级战略Ⅰ的关键步骤,"十三五"期间,厦门自贸区必然要实施升级战略Ⅱ,即加快开放与改革的步伐,推动跨国(区域)深度一体化发展,以自贸区为龙头将厦门市打造成跨国（区域）生产要素流动与资源配置的枢纽节点城市。随着经济全球化和自由化的发展、人民币资本项下可兑换、多边贸易的谈判，跨国物流、生产要素流动的规模空前扩大，自贸区应该不断升级为全球要素流网络中的枢纽节点，发挥配置与服务功能，其枢纽作用正逐步凸显，体现为：全球（跨区域）服务化、要素流与物流自由流动、生产创新与全球同步特征，并借助自贸区重新构造了城市的配置功能，形成了要素再配置中心。

战略Ⅱ下的自贸区基本特征如下。

第一，服务贸易日趋成为主导性产业，原有自贸区多以加工区为主导，核心是商品贸易和出口加工聚集，而当今自贸区更集中表现为以高人力资本聚集形成的新兴服务体系，以服务贸易和专业服务与创新活动为主导。

第二，自贸区与所在城市耦合形成复合功能，原有自贸区比较注重单一功能，如自由港区、出口加工区等，多属于比较单一的经济功能，而随着全球要素流动，特别是由高人力资本流动带动的服务贸易和专业服务，必然推动自贸区和所在城市耦合出城市复合功能。大量的人才因城市才能留住，专业服务、创新、创意活动才能开展，而且要通过地方区域市场才能获得规模收益。未来才能拓展至更大的跨区域深度一体化市场中，因此自贸区的综合性功能，基本以城市功能为依托，而不再孤立于城市经济之外。

第三，城市提高能级，强化跨国（区域）节点城市功能。自贸区是应区域深度一体化趋势而生的，其必然要推动所在城市的能级提高，强化其节点城市作为要素流动与资源配置中心的功能。作为全球商品、资金、人力等流动网络载体的城市构造出不同能量等级的节点型城市,有全球主控型节点城市,如纽约、伦敦等,有区域副主控型节点城市,如上海、香港,根据其物流和要素流的吞吐和配置能力不断下分节点城市。

这些能力指标测度比较简单,国际商品流动、国际资本流动、国际自然人流动、人口与消费聚集、主导产业、就业收入与空间等物质条件、文化多元性等构成了一个节点城市的能级评价,描述了一个城市作为世界网络节点的定位。"十三五"时期中国的开放就是要不断地让自贸区节点所在城市能级提升,并成为主导区域资源配置与要素流动的节点型城市,进而推动主导区域深度一体化进程。

世界节点城市不仅需要满足经济性功能,更应具有城市消费性规模、法制健全、文化多元性等特征,这样才能具有竞争力,承担其相应的功能。厦门作为海西和海丝核心城市,配合自贸区建设,"十三五"期间必须通过自贸区升级战略发展为跨国(区域)的枢纽性节点城市,为推进海上丝绸之路和中国与东南亚深度一体化做出贡献。

(三)支持升级战略的五大支柱体系建设

五大支柱:政府良治或善政;自然人流动;投资便利化;物流便利化;消费与产业互动和效率提升,引领服务贸易发展,构建新型的厦门城市新经济体系。

(1)政府"良治"或"善政",包括:政府效率,主要是商事制度和便利化制度改革;政府权力,透明规划与立法、独立融资与适度税收权力等;监管一致化,基于信用主体与行为过程的监管一致化体制，强调监管的过程管理；公平竞争机制，参照 TPP、BIT 等区域协议中的公平、负面清单建立；社会参与，通过完成自贸区管理转型，从而带动整个城市管理转型。

（2）贸易便利（商品）。构造物流便利化体系，以两岸物流贸易便利化作为实验田推动贸易便利化，并拓展至东盟地区。

（3）金融体制改革和投资便利化（资本要素）。随着全国金融的开放，2016 年人民币资本项目下可兑换，资本要素流动加速，特别是海峡两岸以及向南扩展的资本往来障碍消除，极大地促进了区域金融中心的构造，也为投资便利化打下了基础，优化了资本要素的配置效率（资本要素流动）。投资便利化的核心是推出服务业负面清单，让国际投资能够在更大范围进入现代服务领域，包括现在仍处于大多事业单位管制的"科教文卫体"，城市基础设施（排污、供水、供电、供气、停车场等）建设，以及金融、电信服务等领域，这些领域为现代服务业最为需求和最有效率的行业。

（4）自然人流动（人的要素）。通过专业自然人的流动，以及人力开发推动服务贸易规模扩大。按全球贸易协定谈判，基于自然人流动的服务贸易形态是最为重要的一种形态。厦门自贸区和特区已经基于大量台湾专业人员以及全球高端人才流动做了很多的工作，雇用非本籍专业人员方面在全国也是突出的。但随着进一步的开放，实现基于自然人流动的服务贸易需要更为广泛的基于大量专业人员的流动与雇佣，厦门作为海西枢纽城市，需要大量的专业人才，现对台自然人流动的全部放开已取得了先行特色，因此厦门基于自然人流动，吸引大量人才，发展服务贸易是自贸区最有突破意义的任务。

（5）消费聚集和服务业发展构造新的主导产业，提升服务贸易。2015 年前三个季度中国服务业占 GDP 比重高达 51%，但服务业的效率提升速度慢，究其原因是中国的服务业体制需要改革，收入需求弹性高的"科教文卫体"现代服务业多为事业单位，基本不对市场做出反应，只有通过改革才能提升现代服务业效率。厦门作为城市聚集，人口和消费规模是推动其发展的最为重要的引擎，其主导产业也必然转型为服务业，因此应通过先行先试模式推动现代服务业体制改革，促进消费与生产结构升级，构造一个新型城市经济体系。

（四）厦门自贸区改革突破与战略性评价

自 2015 年 4 月挂牌以来厦门自贸区取得了一系列改革突破，并且自贸区和特区政策有机结合，形成了自贸园区直接迈向自贸区的策略，将特区和自贸区向着融合方向拓展。上海经过多年的实践才实现了自贸园区迈向自贸区、与浦东新区融合的战略。从战略Ⅰ阶段的角度看，厦门基本完成。按中央和省设定的目标看，有了大量的创新突破，特别是在商事制度改革、城市治理的多规合一、海关和国检一站式查验平台、海峡两岸更为简洁的通关便利等方面实现了全国性突破试验，完成了所有自贸区战略Ⅰ的既定目标。

我们依据对自贸区的战略思想和自贸区现有的工作，按五级打分（一级一个"＊"），得分越高就越接近于完成，以此设立一个升级战略的评估表，了解厦门自贸区的工作进程以及"十三五"期间厦门自贸区的发展任务。升级战略Ⅰ代表了厦门从自贸园区升级为自贸区，即将自贸区建设与厦门经济特区建设联动，评估结果是基本完成，特别是政府职能的转变，带动了整个厦门特区再次改革的启程。但囿于国家政策，有一些还不能完全取得突破，如人民币资本项下可兑换、自贸区的适度独立融资和税收权等。

表3　厦门自贸区升级战略与评估

项目	厦门	战略 I 达标水平	战略 II 目标
贸易便利化			
贸易便利（海关、国检）	通过便利化	****	单一窗口
金融深化			
金融生态环境	经济基础、金融发展、制度与诚信文化、债务可控	****	进一步提升和完善
地区金融发展	3 + 1 + N 金融发展①	****	N + M（3）+ 1 金融发展②
特色金融服务	航空租赁、扩展支付、互联网金融、供应链金融、跨境电商金融服务平台建设、两岸金融产业对接融合	***	拓展金融深度和广度，实现质量改进型金融创新
要素流动与配置			
资本流动（投资便利化）	"一照多址"和"一址多照"，允许商事主体区内注册、区外经营，即住所与经营场所分离等	***	依据国家进程加快推动投资便利化
人力流动	两岸和高级人才	***	自然人流动及居住和就业
新要素流动［知识产权、国际惯例（法律）、技术与创意分享、信息交流］	设立知识产权法庭和专利技术交易	***	知识产权保护、技术和创意分享机制完善、信息交流和国际法适用性提高

续表

项目	厦门	战略 I 达标水平	战略 II 目标
政府治理			
政府效率	商事制度改革	****	监管一致化
政府权力	多规合一、立法先行	**	提升适度立法、融资和税收调整权和透明度
公平竞争原则	依据国家谈判	**	按 TPP 准则推进
社会参与度	积极推进	****	广泛参与
枢纽节点城市			
人力资本（人口增长、教育可得、健康与外籍雇用）	人口增长快、教育健康和台湾同胞和国际雇用加快	***	健康、教育、体育休闲和国际雇用提升
环境与灾害风险	环境治理好	***	宜居与灾害防范
全球吸引力（国际总部经济、国际航班次数、国际会议数、全球领先高等教育、全球注册智库数量等）	国际港开通	**	国际化软实力建设
文化（多元包容、社会信任度、企业家精神等）	文化多元、信任和包容	***	社会信任度、企业家精神和多元文化特性

注：① 2010 年国务院批准厦门建设两岸区域性金融服务中心以来，厦门市以《中国（福建）自贸试验区总体方案》为指引，建立完善了"3"（即银行、证券、保险）＋"1"（海峡金融论坛交流平台）＋"N"（多个地方准金融创新板块）的自贸区金融规划体系。②将原来的多个地方准金融创新板块"N"进一步细分为由互联网金融组成的"N"，以及由银行、证券、保险等组成的传统金融机构和供应链金融互联网改造形成的"M（3）"，提高传统中介在集群内的连接和资源配置能力，"1"指的是具有社会高参与度的政府金融发展公共服务平台，包括海峡金融论坛和厦门市社会信用公示平台两大平台。其实质是金融发展的"互联网＋"战略。

通过调研我们已深切感受到，厦门自贸区起步于自贸园区，引领了厦门市改革，推动厦门政府自身改革和政府职能转变，由海沧、象屿等保税区构成的自贸园区在一年内升级为自贸区，透过自贸区的先行先试带动了厦门行政区域内以开放促改革的体制机制形成，推动了厦门经济的转型升级。从评估结果中也可以看到面对"十三五"的升级任务，仍有大量的工作要做，我们这里只涉及范围和更多的体制改革内容，没有细致探讨转型升级的经济学标志，从 2015 年厦门经济运行情况看，其与国内减速特征是相伴而行的，增长基本靠投资，产业靠工业，财政靠土地。"十三五"的升级战略 II，需要以知识生产的高端服务供给为导向，以消费聚集为带动，形成国际化、多元化、创新型的开放和包容的社会架构，将厦门打造成创新高地，从而成为有利于要素流动与配置的枢纽城市。

三　以自贸区创新带动"十三五"城市经济转型升级

厦门自贸区升级战略目标就是通过自贸区带动厦门特区经济转型升级，使厦门成为跨国（区域）的枢纽节点城市。展望"十三五"，厦门自贸区升级与特区经济全面转型成为一个战略性"时间窗口"，机遇与挑战并存。挑战是明显的，主要来自三大方面：一是全球经济低迷，中国经济随之进入减速调整期，但与此同时，又面临提高质量阶段的硬约束，结构调整是最大的挑战；二是中国经济从大规模供给的工业化阶段，转向以城市经济为主体的"消费导向"和创新推动发展的新阶段，生产方式、管理模式、消费方式正在发生革命性转变；三是配置与分配资源的体制要深化改革，同时加快全面开放，这对原有利益格局、政府宏微观治理都会造成较大的冲击，但在开放和区域条款的压力下成为必须为之的改革。机遇也是明确的，在全球经济低迷的背景下，比拼的是成功战胜挑战的能力，谁率先形成新的能力，完成战略升级，谁就会赢得跨国（区域）的竞争优势，成为世界经济网络中具有配置要素能力的"枢纽节点"城市。

（一）全球再平衡下经济调整的国际经验

世界经济持续低迷，全球贸易总量增长 2015 年仅有 1.7%，再次低于全球 GDP 增长水平，预计"十三五"期间，全球贸易仍低于经济增长水平，全球经济再调整将会持续。全球经济再调整决定了各国经济的转型特性，作为开放前沿的厦门自贸区与厦门特区面临着全球经济再调整和国内经济"新常态"下的双重调整。

国际货币基金组织[①]特别分析了发达经济体与新兴市场经济体在过去 50 年中的 28 次顺差逆转的经历。通过大量的国家和地区经验分析与案例研究发现（见表4）：

（1）经济增长会因再平衡而降低 0.3% ~1.2%；

（2）结构调整加快，结构调整中最为积极的贡献者为投资，投资增长较多，平均达 3.3 个百分点，私人消费增长 0.8 个百分点，贸易盈余带动明显下降；

（3）就业结构调整，就业总体规模略有下降，贸易部门下

---

① IMF, "Rebalancing the Global Economy: A Primer for Policymaking, Centre for Economic Policy Research", 2010.

降导致原有就业结构调整，但整体就业压力不会因再平衡而下降过多，因为贸易部门就业下降的速度慢于非贸易部门就业增长的速度；

（4）产业结构调整和创新加快，非贸易部门的份额明显提高，贸易部门与非贸易部门就业重新配置，而中高技术份额显著提高，体现一国经济在全球分工价值链中地位的提升，再平衡能促进经济结构调整和创新。

表4 经常账户反转后的主要指标

项目	德国	日本	日本	韩国	中国台湾	平均	中位数
	1970	1973	1988	1989	1988		
产出成分的变化							
净出口贡献	-1.2	0.6	-0.4	-3.9	-3.2	-1.6	-1.2
净出口贡献(变动)	-1.2	0.5	0.1	-5.4	-6.8	-2.6	-1.2
国内需求贡献	4.6	1	6.1	3.5	9.3	6.9	6.1
国内需求贡献(变动)	1	-5.6	2	5.2	4.5	1.4	2
劳动生产率增长	3.9	2.5	4.1	6.8	6	4.7	4.1
劳动生产率增长(变动)	0.6	-4.6	0.8	0.5	-0.1	-0.6	0.5
就业增长	0	-1	1.5	2.3	-0.1	0.6	0
就业增长(变动)	1	-0.4	1.2	-0.7	-2	-0.2	-0.4
部门间资源再配置							
非贸易品份额(变动)	—	1.6	0.5	4.3	6.6	3.2	3
中高技术份额(变动)	—	—	1.1	1.8	9.8	4.2	1.8
贸易部门就业增长	—	-3.6	0.2	-1.6	-4.1	-2.3	-2.6
非贸易部门就业增长	—	0.7	2.7	5.5	3.6	3.1	3.1

资料来源：IMF，" Rebalancing the Global Economy: A Primer for Policymaking, Centre for Economic Policy Research"，2010。

通过上述国际经验分析，全球再平衡会对厦门这样的开放前沿城市产生更大的经济冲击，外需萎缩直接降低厦门经济增长速度。

2015年厦门经济增速7.2%略高于全国平均增长速度。再平衡直接要求厦门经济全面转型，即提升高科技技术份额和发展服务业（非贸易部门），同时再平衡也迫切要求增强内需。

（二）中国城市经济体系转型升级的理论逻辑

在全球经济大调整过程中，中国2015年城市化率超过55%，服务业超过50%，进入"十三五"中国经济的主导力量从工业转向服务业，经济主体是城市。中国的城市经济体系大多依托于增长极（即靠大量工业聚集而成），然而城市化规律告诉我们，随着城市化率的提高，消费率不断提升，投资率不断下降；工业比重不断下降，而服务业比重不断上升，中国城市化过程也已经证明了这一点。厦门等城市也将从以工业化和投资为增长主导的发展方式向新的方式转变，即以消费和服务业为主导，以技术创新和知识生产的大量新兴产业群为依托，强化城市作为配置资源的枢纽节点的功能。

从追赶经济的成功经验来看，增长阶段呈现两个并行的路径，即生产模式的两步跨越和消费模式的两步跨越，每一步跨越都是模式特征的重新塑造和效率增进方式的再调整。①生产模式的两步跨越。正如前述，以通用技术为核心的"规模化供给"模式，目的是实现规模效率、摆脱贫困陷阱，这是第一步的生产跨越；第二步跨越是为了突破"中等收入陷阱"，达成"知识—技术创造型"的效率模式。②消费模式的两步跨越。第一步跨越是在消费从属于通用技术生产模式的情况下，通过生产扩张满足基本物质和服务需求；第二步跨越是通过广义的人力资本积累，带动消费主导增长路径的生成，满足高质量物质和高层次服务需求①。

在实现第二步跨越时，生产模式与消费模式因为都强调知识过程的重要性，两者一体化趋势日渐明朗。新部门的产生直接来自消费结构中高端项目活力的激发，反映在广义的人力资本中的消费项目，对价值创造直接发生作用并促进独立的知识部门形成。独立的知识部门以其外溢性，提升通用技术水平、过滤掉低层次产业结构，生产上移到国际产业链的中间环节，从而获得生产的网络化和默认知识带来的外溢效应②，促进整体经济结构的优化升级，内生过程由此建立。将这一增长阶段概括为这种知识过程，直接与"新卡尔多事实"相对应，包括知识、教育、信息、创意、制度、贸易、市场范围等都作为"新要素"，成为报酬递增的有力支撑。

更为直接的讨论就是城市经济中需要靠知识生产部门来提供新的供给，而知识生产部门不依赖于制造业的创新活动，而是直接服务于消费者，并提升消费者素质，如现有的科教文卫体、休闲、旅游、养老、社会分享、信息消费等都是知识从属生产部门。知识生产不仅有消费功能，也有配置服务功能，如金融功能，更有提高制造业创新的功能，通过知识生产实现城市的创意和制成品的创新。2008 年世界银行国民经济核算（SNA）体系将音乐版权研发、勘探、员工期权等纳入 GDP 核算。中国 2016 年将知识产权、研发等知识生产部门纳入统计体系中。中国城市经济必将从大规模工业制

---

① 中国社会科学院经济所中国经济增长前沿课题组：《突破经济增长减速的新要素供给理论、体制与政策选择》，《经济研究》2015 年第 11 期。

② 中国社会科学院经济所中国经济增长前沿课题组：《世界城市发展与产业效率提升——上海样本》，载中国社会科学院陆家嘴基地《上海产业结构升级和效率提升路径研究报告》，2013。

造聚集的时代，进入消费与知识生产部门互相推动的创意、创新的以人为本的新发展路径上。

在服务经济阶段，经济增长由知识生产部门主导，而不是过去高增长时期由物质部门主导。知识生产部门与传统物质生产部门和传统服务部门并列存在，前者自身创造价值并以其外部性促进传统部门优化升级。消费结构从此一分为二：一部分消费倾向于物质和传统服务业，目的是实现劳动力（L）再生产，典型如衣食住行等；一部分是直接参与知识过程形成并创造价值，典型如科教文卫等，这部分构成了与广义的人力资本相关的消费［C（H）］，它构成了未来经济创意创新和创造的主体能力。

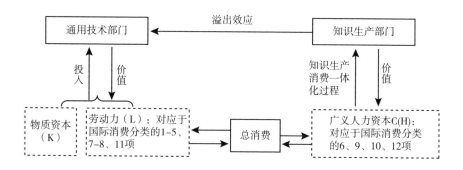

图 2　定义在结构上的生产函数

注：消费的国际分类：1. 食品饮料；2. 酒精、烟草、麻醉品；3. 服装、鞋类；4. 住房、水电、燃料；5. 家具及住房维护；6. 健康；7. 交通；8. 通信；9. 文化娱乐；10. 教育；11. 餐饮住宿；12. 杂项。分类来源于 UNDATA。

资料来源：中国社会科学院经济所中国经济增长前沿课题组：《突破经济增长减速的新要素供给理论、体制与政策选择》，《经济研究》2015 年第 11 期。

基于上述部门关系及因素的动态分析，我们可以得出以下结论：

（1）必须有新的知识要素供给和市场制度激励，才能突破传统生产过程的结构性减速，条件是新的知识创新部门自身具有规模收益递增，并通过横向联系和纵向促进通用技术部门的技术进步；

（2）要满足新的消费需求，知识生产与知识消费一体化，消费中广义的人力资本是消除消费投资障碍的核心；

（3）长期增长过程中存在生产模式升级与消费模式升级的协同性。

（三）未来路径：人口消费与服务聚集，具有创新和效率为基准的节点城市

从全球再平衡对各国经济调整的要求、国内"十三五"规划的创新思想，以及自贸区升级战略和节点城市的要求来看，未来厦门经济将通过改革探索以消费结构升级引领生产模式优化，包括：首要的是与高级的消费结构相匹配的知识部门的存在，其自身具有价值创造的生产特征，因此，它的出现是打破传统资本驱动的生产方式的重要表征；其次，消费结构升级对物质产品质量的升级也提出了要求，要求生产模式升级。直观来看，在理想的演替条件下，消费模式存在"劳动密集产品消费—耐用消费品消费—知识技术产品消费"的升级过程，生产模式应当与这种要求相一致。消费结构与生产结构对称性，可由图3中的产品组合点（a，b，c）来直观表示。

在上述国际再平衡的事实与国内城市经济未来增长的逻辑分析后，基本的路径描述为人口消费与服务聚集的、以创新和配置效率为基准的节点城市。结构调整的方向是以效率为准则，即提升消费对人力资本的贡献率，现代服务业比重和效率提高；创新部门比重与生产效率提高、基于开放条件下的要素流动与配置的服务效率提高，政府管理效率提高，实现政府良治或善政，从而推动经济逐步走上消费与知识生产双驱动的发展路径。

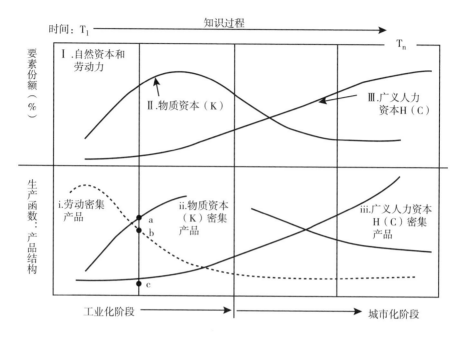

图3 消费与生产结构升级的演进特征

资料来源：中国社会科学院经济所中国经济增长前沿课题组：《突破经济增长减速的新要素供给理论、体制与政策选择》，《经济研究》2015 年第 11 期。

（四）厦门经济转型升级的制约

2015 年设立自贸区以来，厦门特区相应的实施了一系列改革措施，为经济转型奠定了基础。从现状来看仍然存在困难，下面通过分析厦门的现状来探讨其未来的转型路径。

一是，近年厦门经济与国内经济的减速特征是相伴而行的，增长基本靠投资，产业靠工业，财政靠土地，全要素贡献拖累于外资部门、人力资本与技术进步，尚未实现经济增长动力的全面转换。受到近年经济低迷的拖累，厦门市只能通过加大投资力度来进行对冲，2014 年全年投资 24.1%，超过了全省，但经济增长速度未超过 9%，2015 年较 2014 年减速明显，GDP 增长 6.9%。从增长结构看，厦门第二产业增长贡献明显高于第三产业。进入"十三五"，厦门人均 GDP 突破 16000 美元，已成功越过"中等收入"阶段，是一个典型的开放型城市经济体，全面开放和改革创新推动增长动力与结构转型，成为未来扭转经济减速局面的关键。

从厦门的经济增长核算看，厦门统计局的研究表明，2009～2013 年全要素生产率贡献对经济增长的贡献下滑，增长模式依然是要素积累。发达国家的全要素贡献经验值一般要稳定在 40% 以上的水平，才能在要素累积稳定后保持增长。

表 5　厦门市的经济增长分解

发展阶段	经济增长率	资本贡献率	劳动贡献率	全要素生产率贡献率
1981～1986 年	0.15	0.77	0.10	0.13
1987～1992 年	0.21	0.39	0.09	0.52
1993～1999 年	0.20	0.73	0.09	0.18
2000～2008 年	0.16	0.61	0.14	0.25
2009～2013 年	0.12	0.61	0.43	－ 0.04
1981～2013 年	0.17	0.55	0.12	0.33

资料来源：厦门课题组（2015）。

厦门课题组（2015）分析了全要素贡献的分解，主要认为：①工业化带动结构配置效率提高的贡献最大；②外贸和外资的上升和下降分别导致了技术进步贡献的上升和下降；③全要素贡献的持续来源是国企改革等制度因素；④人力资本的增加持续提高全要素生产率的贡献。由此不难得出一个结论，展望"十三五"全要素贡献，第一应该是制度改革和开放带来的效率提升，第二是人力资本，第三是工业和服务业的技术进步。

表6 2014～2019年人口增长最快的城市（年均复合增长）

单位：%

城市	增长	城市	增长
宿　迁	3.18	乌鲁木齐	2.44
海　口	2.96	苏　州	2.44
银　川	2.90	江　门	2.40
淮　安	2.63	厦　门	2.39
惠　州	2.59	南　宁	2.39

资料来源：经济学人智库（EIU，2015）。

从消费需求角度看，依据全国2014～2019年人口增长最快的
10个城市计算，年均复合增长为2.39%，这为厦门城市人口聚集
进而实现未来消费与服务聚集打下了坚实的基础。同时厦门课题
组（2015）有关消费的研究表明，"1986～2013年，厦门消费对
GDP的直接贡献率平均为39.8%。其中，居民消费对GDP的直接
贡献率平均为29.3%，占总消费对GDP的直接贡献率的78.1%；
政府消费对GDP的直接贡献率平均为10.5%，占总消费对GDP的
直接贡献率的21.9%，在最终消费中，居民消费对GDP直接贡献
率占总消费对GDP的直接贡献率的3/4以上，居民消费对经济增
长的拉动明显"。

从政府消费看，主要涵盖了公共管理、科教文卫等，2012年
厦门市政府消费245.52亿元，占最终消费的22.7%，涉及国民经
济的11个行业。而在这11个行业中，公共管理、社会保障和社会
组织、教育、卫生和社会工作、水利、环境和公共设施管理、文
化、体育和娱乐、居民服务、修理和其他服务、科学研究和技术服
务、交通运输、仓储和邮政、租赁和商务服务、房地产均为第三产

业，这些部门提供政府消费 241.31 亿元，占整个政府消费的 98.3%。其中，公共管理、社会保障和社会组织提供政府消费 103.37 亿元，占整个政府消费的 42.1%；教育提供政府消费 63.9 亿元，占整个政府消费的 26%；卫生和社会工作提供政府消费 28.77 亿元，占整个政府消费的 11.7%；水利、环境和公共设施管理提供政府消费 17.93 亿元，占整个政府消费的 7.3%。仅这些行业提供的政府消费就占整个政府消费的 87.1%。很显然，政府消费部分涉及最为重要的、与人力资本相关的消费与服务领域。政府对于这些行业的采购与补贴，导致其市场化程度很低，不利于人力资本的流动。

厦门已成功迈入高收入经济体的发展区间。按国际规律看，随着人们收入的提高，食品消费比重下降，物质消费比重不断下降，一般服务比重下降，与广义人力资本相关的消费比重不断上升。因此厦门正处在消费转型的重要时间点，与广义人力资本相关的消费服务成为当前和未来发展中收入弹性高、需求增长最快的领域，只有加大这方面的改革力度，厦门才能转型为以消费服务带动的新增长体。

二是，要素流动中，受制于国家规定，还有不少想法难以完全突破。比如，当前人民币资本项下可兑换没有完成，厦门的金融成熟度就不可能很高。又如，自然人流动，受制于大陆对台政策和台湾方面的防范，在许多方面还难以达到对等的"国民待遇"。厦门作为"海西"和"海丝"核心城市，配合自贸区建设，必须通过自贸区升级战略在"十三五"期间发展为跨国（区域）的枢纽性节点城市，为推进海上丝绸之路和中国与东南亚深度一体化做出贡献。

三是，作为节点城市的独立法律地位尚欠缺。如自贸区在全球发展过程中，适度的独立融资和税收权都是国家赋予的。虽然厦门作为特区，具有一定的有限立法权，但目前来看很多方面仍然难以突破。当然随着人民币加入 SDR，资本项目可兑换预计 2016 年完成，而 2015 年已经允许地方发行地方债，预计厦门市等城市将可以适度的独立融资发行国内外债券。

四是，对内资及居民的便利化有待提升。在早前的一项"中国城市对外开放指数研究报告"① 中，厦门对外开放度位列全国前三，获评对外开放"金牌城市"。这说明厦门开放的相对高水平。但同时长期受"重外资、轻内资"的观念影响，厦门也存在"对民营经济重管理、轻服务、措施不力，使中小企业发展受到限制，不仅落后于同类城市，也大大落后于周边（如泉州）等地区"的现象。因此"十三五"期间，居民消费、国内投资者的便利化问题，对于厦门的深度国际化而言一样重要。只有内外一体化，厦门才能真正升级为一个区域的枢纽节点城市。

四　关键领域的体制改革建议

厦门自贸区设立仅半年时间，基本上完成了我们所定义的升级战略 I 的评估目标，成效极为明显，形成了后发优势。从自贸园区升级到自贸区，可称为厦门转型升级 1.0 版本。面对"十三五"，在全球经济再平衡、区域化、规则深度一体化以及中国经济减速治理的大背景下，厦门市正探索以自贸区创新为引领，更上一层楼，

---

① 国家发展改革委国际合作中心，2013：《中国城市对外开放指数研究报告》。

向跨国（区域）要素配置枢纽中心转变，以期实现厦门转型升级2.0版，即：通过自贸区升级战略来带动整个厦门经济的转型升级，通过深度一体化来打通经济发展和城市管理中的任督二脉，向经济特区、自贸区、海西试验区、"一带一路"和"海丝"核心区等多区叠加的中心城市升级，建设国际化、多元化、创新性的开放和包容的社会经济架构，将厦门打造成创新高地，成为以知识生产、高端服务供给和消费聚集为导向的跨区域要素流动和资源配置的枢纽节点城市，成为中国全面开放新实践的领跑者，最终努力实现"两个百年"的美好愿景——到建党100年时，建成美丽中国的典范城市；到建国100年时，建成展现"中国梦"的样板城市，在全国发展大局中发挥更大作用。为此厦门需要开展的工作将是艰巨和烦琐的，我们在此也难以一一列举。其中，关键领域的体制改革和创新将是最重要的任务。

（一）全面转型升级，并不是意味着政府替代市场主体去选择其需要投资的所谓战略性新兴产业。真正的创新，也不是政府可以创出来的

厦门市政府提出了"创新厦门""健康厦门""美丽厦门"等规划发展目标，并且意识到产业发展是关键，已经到了亟须产业转型升级的关键时刻。政府也提出厦门要加快结构调整步伐，大力发展战略性新兴产业和服务业新业态，加快实施"5（产业）+3（抓手）+10（产业链）"现代产业支撑体系、"十大千亿"产业集群计划，进一步延伸产业链，提高产品附加值，以实现厦门经济更长时期、更高水平、更好质量的发展。这些都是极为雄心勃勃的宏大目标。但应看到，产业的发展是其自身规律的，政府不能够替

代市场主体去选择其需要投资的产业，政府能力亦是有限的，资源也是有限的，不能够不顾基本条件和经济约束去揠苗助长。通过政府干预来调结构、促转型，把发展现代服务业、实现新型城镇化，以及投资、消费等总量指标或所谓的"标准比例"作为目的，表面上、短期内或能实现产业的"大推进"，但在长期内很可能造成更大的经济扭曲或后遗症。这也是国家政策从需求侧刺激转向供给侧改革的重要原因。

调结构、促升级的根本在于通过机制、体制转型实现效率改进。政府在产业升级方面可以做一些因势利导、推波助澜的工作，如补偿外部性、提供协调、改善制度等。应利用第三次产业革命机遇，通过市场机制激励现代的生产方式，在开放和竞争条件下促进服务产业现代化，推动服务产品的可贸易化，提高劳动生产率，带动整体经济的持续增长和转型升级。与其"补贴"，不如"减负"；与其"扶持产业"，不如"改善环境"；与其对"物"投资，不如对"人"投资。创新的本质在于全面解放对人的思想束缚，发挥每一个个体的创造力。应当真正以人为本，营造更有利于个人投资和创业的政策和社会环境，注重发挥民间资本和中小企业的就业吸纳能力，尊重每一个人的自由发展，通过更大程度地发挥技术创新和制度创新的作用带来就业创造的"资本化效应"。

（二）以打造国际一流的营商环境为主线，带动政府体制改革，实现政府"良治"

通过观察中国香港和新加坡等营商环境评价处于世界一流的城市界定作为最佳营商城市的标准特征——市场化、便利化、法治化、国际化，而其根本基础又在于政府的"良治"。联合国亚太经济与社会委员会（UNESCAP）提出了关于"良治"的8个建议，即：保证公民参与、落实法治、强调公共决策的共识导向、实现所有公民的政治平等、提高透明度、强化责任政府与问责制、改善政府对公民需求的回应性以及提升政府效能与行政效率。厦门市通过国际对标，明确了厦门向"市场宽松有序，政府高效透明，社会多元包容，开放便利可控，要素汇聚高效，法治公平公正，设施完善便捷"七大国际一流营商环境靠拢的高标准。从厦门实践看，市政府按照"厦门市营造一流营商环境的行动计划"确定了相关任务清单，明确了路线图、时间表，提出了各行业部门分年度落实计划。在这个过程中，政府试图从"无所不包""大而全"的公共服务生产者和提供者，向公共服务评价者和监督者转化，逐步实现公共部门从"养人"向"养事"的转变。可以说厦门针对营商环境开展的这些工作，成效非常明显，应当继续推进。

但实事求是地说，如果把中国香港和新加坡等发达经济体作为"政府良治3.0版本"的话，囿于国内的政治条件、环境等基本因素，厦门在近期内要从现有的1.0版本跃升至3.0版还有较长的路要走。因此，本课题提出了厦门"良治"的基本路径：政府效率，主要是商事制度和便利化制度改革；政府权力，基于透明规划、有限立法、独立融资与适度税收权力等建立"正面清单"；监管一致化，基于信用主体与行为过程的一致化监管体制，强调监管的过程管理；公平竞争机制，参照TPP、BIT等区域协议中的公平原则，建立"负面清单"；社会参与，通过完成自贸区创新，从而带动整个城市管理转型升级。这是一个比较务实的综合奋斗目标，可称为政府"良治"2.0版本。其实质在于以深入实施综合配套改革试验总体方案为依托，实现从"发展型政府""管控型政府"到"服务型政府""法治型政府"的转变,实现政府与市场的合理分工和良性互动,并在互联网经济条件下,实现"政府+互联网"的治理升级,解决政府的信息分割问题,实现部门间共享、政府和社会共享以及更大的透明度,保证制度的自我约束力、稳定性和可预期性,把厦门打造为具有中国特色的"良治"样本。

(三)以贸易和投资便利化、自然人流动为牵引,加快要素流动与配置体制改革,实现厦门的深度国际化和向区域枢纽节点城市的升级

新时期的深度国际化和区域枢纽节点城市的升级目标,本质上是激发厦门在一个国际化背景下的城市配置要素能力、消费潜能和创新活力。厦门自贸区创新的关键是推动跨国(区域)深度一体化,成为资源与要素配置中心,因此其功能是多元的、复合的,融合了生产与生活、交通和信息、商品与服务、投资与消费、要素与规则等各个层面。在这个过程中最重要的是:①负面清单管理和准入前国民待遇。应继续清除政府对经济管理的壁垒,政府不管的事情、负面清单不管的事情就可以做,实现要素流动无阻隔,就意味着一体化。自贸区的建立对知识产权、劳工标准、环境保护等议题提出了新要求,这也是目前美欧等发达经济体试图树立的新型贸易标准。厦门自贸区应通过有限立法,建立与国际接轨的仲裁制度等规则,建立符合国际标准的法规体系,比照国际标准制定知识产权保护制度、劳工标准和环境标准,同时加大执法和监督力度。这是规则上的一体化。②疏通机制,打通一体化"任督二脉"。一体化除了规则外,还包括人流、物流和信息流。人流、物流是有形的,信息与规则是无形的。如果说物流与人流是"任脉",那么信息与

规则就是"督脉"。自贸区的建立是打破商业存在限制的一种尝试和努力，非常关键的一条是促进自然人流动。已有自贸区的经验表明，自然人流动不仅有利于服务业发展，更有利于激发整体经济的活力。厦门作为福建自贸区的重要组成部分，应该围绕人才要素自由流动，加快建设国际人才发展环境，提高其工作和居住的便利度，促进熟练工人和高端人才的聚集。在某种意义上，有人就有了一切。厦门当然也可以充分利用港口与腹地、大陆前沿与台湾及东南亚的有利地缘优势，探索对台以及东南亚的基础设施与信息联通，目前正在建设的厦门翔安国际机场，就是在探索交通枢纽"海陆空一体化"方面迈出的极大一步。同时厦门要深度对接台港澳及周边地区，实现信息平台的共享联通，关注新一代信息技术、文化创意、海洋高新、生物医药等高新产业的转移。③同样重要的还有内资及居民的便利化。只有内外一体化，厦门才能真正升级为一个区域枢纽节点城市。

（四）以科教文卫体等事业单位的体制改革为突破，释放知识生产和消费潜能，带动厦门产业升级、经济转型和创新发展

"十三五"期间，厦门当务之急是加快推进存量调整，引入"科教文卫"等公共服务部门和事业单位的市场化改革，推动传统赶超模式中的"纵向"干预体制向"横向"竞争机制转换，提升资源配置效率，激励技术创新，实现经济从高速增长向高效增长的转换。厦门在近期的经济减速过程中，原先高度聚集的主导产业因环保、土地价格上涨、劳动力成本等因素而失去优势，政府的选择性融资支持也失去对象，工业化过程中的资源集中变得没有方向，

生产率趋于下降,企业经营困境重重,亏损面扩大。而大批垄断型企业、公共部门和事业单位却依靠政府补贴安然无恙。工业化推动的纵向分割,带来的各种各样的歧视性问题在现阶段已经非常严重了。在人力资本积累方面,拥有大学及以上学历的劳动者大量沉积在科教文卫等非市场化的事业单位和高度管制的电信、金融、交通业及公共服务部门,而事业单位体制和管制制约了人力资本生产效率的发挥,出现了全社会平均受教育年限较低和部分行业教育过度并存的现象。生产性部门人力资本配置相对较低,制约了产业结构升级和经济增长质量的提高,同时人力资本在非市场化部门的沉积,压低了人力资本的报酬水平,从而降低了居民投资人力资本的积极性,不利于知识创新生产、现代服务业的发展和消费结构升级。不难理解,城市中企业空间聚集和创新活动赖以发展的"横向联系聚集—创新模式",只要能翻越制度分割篱笆,就能获得创新利润,不论是政府干预的资源配置模式,还是国有企业、金融企业、技术创新企业、互联网公司、职业培训机构、开发区甚至是医院等各类经济主体,都迫切需要通过体制变革进一步打破分割与消除歧视,提高生产效率,实现创新发展。

参考文献

厦门课题组:《厦门"十三五"经济发展新动力研究》,http://www. xmcz. gov. cn/Item/84045. aspx,2015。

经济学人智库(The EIU):《逐鹿中原:2015 年中国新兴城市报告》,http://www.eiu.com,2015。

厦门市统计局课题组:《消费对厦门经济增长影响的投入产出分析》,

http：//www. stats‐xm. gov. cn/tjzl/tjdy/201412/t20141215 _ 24844. htm,
2015。

IMF,"Rebalancing the Global Economy：A Primer for Policymaking",
Centre for Economic Policy Research,2010.

中国社会科学院经济所中国经济增长前沿课题组：《突破经济增长减
速的新要素供给理论、体制与政策选择》,《经济研究》2015 年第 11 期。

中国社会科学院经济所中国经济增长前沿课题组：《世界城市发展与
产业效率提升——上海样本》,载中国社会科学院陆家嘴基地《上海产业
结构升级和效率提升路径研究报告》,2013。

中国社会科学院经济所中国经济增长前沿课题组：《中国经济增长的
低效率冲击与减速治理》,《经济研究》2014 年第 12 期。

分报告

分报告一：我国对外开放的总体战略及全球贸易投资规则转变

谢 谦[*]

摘 要：近年来，世界经济呈现恢复性"弱"增长态势，国际经贸投资格局加快调整，全球经贸发展重心逐步向亚太地区转移，全球贸易投资规划体系面临重塑。美国主导推动的 TPP、TTIP 和 BIT 三大自由贸易谈判，促使全球自由贸易"游戏规则"向更高标准的贸易自由化、投资自由化和服务贸易自由化转变；海峡两岸 ECFA 协议框架虽已签定 5 年，但实质进展和效果不是很明显。为顺应新趋势，党的十八大以来，我国接连推出了一系列对外开放重大举措，特别是十八届三中全会《中共中央关于全面深化改革若干重大问题的决定》提出了构建开放型经济新体制，并逐步实施——"走出去"、"自贸区"和"一带一路"。本部分结合我国当前总体开放战略，分析国际投资贸易规则

---

* 谢谦，中国社会科学院经济研究所助理研究员、博士。

的转变，并提出相应的对策建议。

党的十八大报告明确指出，"要全面提高开放型经济水平，适应经济全球化新形势，必须实行更加积极主动的开放战略，完善互利共赢、多元平衡、安全高效的开放型经济体系"。为此，一些区域积极探索建立自由贸易园区，力求在更高的层次上整合资源，再造新优势。我国的自由贸易试验区战略是顺应全球经贸发展新趋势、更加积极主动对外开放的重大举措，作为推进改革和提高开放型经济水平的"试验田"，不断形成可复制、可推广的经验，发挥示范带动、服务全国的积极作用，以拓展经济增长的新空间，打造中国经济"升级版"。

就国际形势而言，后金融危机时代，新的全球化经济治理格局正在形成。当前，美国正在亚太和欧洲推动TPP（跨太平洋伙伴关系协定）、TTIP（跨大西洋贸易与投资伙伴协定）以及TiSA（全球服务贸易协定）。TPP、TTIP和TiSA都突破了传统意义上的自由贸易协定（FTA）模式，因此如果诸多协议谈判在预期内顺利完成，将在很大程度上改变世界经济贸易规则、标准和格局。我国的自由贸易区战略就是要先行试验国际经贸新规则、新标准，积累新形势下参与双边、多边、区域合作的经验，为与美国等发达国家开展相关谈判提供参考，从而为中国参与新国际经贸规则的制定提供有力支撑。

就国内形势而言，在国际需求疲弱及劳动力成本升高导致产业转移的背景下，过去以出口为导向的经济发展模式已显得有些乏力，国内市场经济增长以投资为主，且经济效率较低，而依靠消费增长带动的经济增长模式仍无法担任主力，因此经济结构的转型升级必须依靠改革来谋出路。自由贸易区不仅有助于促进贸易活动，更能加速要素流动，并能通过加大对内对外开放力度，倒逼国内加快改革步伐，促进中国经济的转型升级。利用制度创新，将释放更多的制度红利，并能使创新制度建设向纵深方向发展，提高开放的广度和深度。

一　经济新常态下的我国对外开放总体战略

党的十八大以来，我国接连推出了一系列对外开放重大举措，特别是十八届三中全会《中共中央关于全面深化改革若干重大问题的决定》（以下简称《决定》）提出了构建开放型经济新体制，2014年12月中央经济工作会议提出，面对对外开放出现的新特点，要实施新一轮高水平对外开放。在中国经济进入新常态的形势下，深入认识和理解新一轮对外开放的深刻内涵具有重大意义。

（一）"三个一"：我国对外开放的三大总体目标

一个新体系——十八大报告中提出的，完善互利共赢、多元平衡、安全高效的开放型经济体系。这个开放型经济新体系是全方位的，包括了开放的部门和领域、空间配置、方式、边境上和边境内的改革内容以及参与全球经济治理的要求。它具有三个特殊的政策含义：互利共赢，要求中国进一步扩大从贸易伙伴中进口商品与服务的范围，让世界分享中国市场的红利，并增加中国企业对外投资的东道国福利；多元平衡，要求进出口贸易平衡、国际收支平衡、沿海与内地开放平衡、深化国内改革与扩大对外开放平衡、双边与多边及其他合作方式的平衡、在参与全球经济治理中权利与义务的平衡；安全高效，要求在扩大开放的同时提高抵御国际经济金融风险的能力，保障国家能源、粮食、食品安全，促进生产要素内外流动，在全球范围内整合资源，优化资源配置水平。

一个新体制——十八届三中全会《决定》中提出的构建开放型经济新体制。这个新体制主要包括四个特征：一是，建立与服务业扩大开放相适应的新体制和新机制，主要体现在外商投资管理体制与中国企业对外投资管理体制中；二是，逐步建立与国际贸易新规则相接近、相适应的新体制和机制，以应对当前全球区域经济合作中正在酝酿的国际新规则；三是，建立具有支撑新体制的战略纵深和更优化的空间布局，使新体制具有更广泛的适应性与更大的国际经济合作空间；四是，逐步培育具有与海洋战略意义相适应的新体制、新机制，促进我国海洋经济建设并向海洋强国迈进。

一个新优势——十八届三中全会《决定》中提出的培育参与和引领国际经济合作竞争的新优势。它不只是包含我们过去常讲的生产产品和经营行业的国际竞争优势。新优势包含：第一，仍然是市场竞争优势，但我们过去依靠的是劳动力、土地等廉价的要素禀赋优势，而现在要培育人力资本、技术创新和管理的新优势；第二，是体制优势，要以开放促改革，使社会主义市场经济体制成为我国参与国际经济合作与竞争的优势因素；第三，是规则优势，培育参与制定国际规则的能力，在国际经济活动中发起新倡议、新议题和新行动，更有能力提供全球公共品，履行大国责任。

（二）着力实施"走出去""自贸区""一带一路"

在以往党和国家的文献中，对外开放举措中被冠以"战略"

的有两个，一个是"走出去"战略，另一个是"自贸区"战略；从近年来习近平总书记有关对外开放的多次讲话以及中央关于对外开放的决策部署来看，实施新一轮高水平对外开放，就是应当着力实施"走出去""自贸区""一带一路"。

"走出去"战略要有新的目标。过去追求的目标只是为了开拓国内国外两个市场、利用国内国外两种资源；促进国际收支平衡。在新的开放形势下，中国企业"走出去"还要求体现互利共赢，增加中国企业对外投资的东道国福利；同时要为保障国家能源、粮食、食品安全作出贡献。"走出去"的中国企业应发展为当代的跨国公司，构建自主的跨国生产经营价值链、整合全球资源，并成为人民币国际化进程中流通循环的重要载体。

"自贸区"战略要上新台阶。我国目前的自由贸易区有两类：一类是我国单方自主的对境外所有经济体开放的自由贸易区，如上海自由贸易试验区；另一类是双边或区域的贸易投资自由化协议的自贸区。第一类自贸区包含了许多对外开放的内容，其中最重要的是具有接受国际新规则压力测试的政策含义。目前已经取得突破性进展，中央经济工作会议提出要推广上海自由贸易试验区经验。2014年12月12日国务院常务会议作出部署，依托现有新区、园区，在广东、天津、福建特定区域再设三个自由贸易园区；深化上海自贸试验区改革开放，进一步压缩负面清单，在服务业和先进制造业等领域再推出一批扩大开放举措，并将部分开放措施辐射到浦东新区。

第二类自由贸易区在2014年中韩、中澳自贸区谈判结束之前，多数是小经济体，主要功能是推进贸易便利化改革，相互提供关税的最惠国待遇；在原有贸易规则基础上有选择地扩大少数领域的开放。而中韩自贸区的新意义在于，韩国是全球第 14 大经济体，中韩贸易将近 3000 亿美元，这是一个很大的量，最后达到 91%～92% 的产品零关税，这也是一个压力测试。澳大利亚的经济制度和法律法规几乎与欧盟没有区别，如果说中国能够和澳大利亚达成一个高水平的，涉及几乎所有目前自贸协定谈判的各种议题（包括边境上和边境后的议题），那么，中国有能力也有信心，全面地参与全球无论是多边还是诸边的高标准的自贸协定谈判。

更具有历史标志性意义的是启动了亚太自贸区议程。在 2014 年亚太经合组织（APEC）领导人非正式会议上，国家主席习近平出席并在会场启动亚太自由贸易区进程。这是具有历史标志性意义的事件。这是第一次由中国首倡、中国设置议题、中国提出行动计划和时间表的国际经济治理新方案，也是未来中国在制定国际规则中占据主导地位的新标志。

"一带一路"要启航。目前我国已与 11 个邻国签署了陆地边境口岸开放及管理问题的双边协议，协议开放口岸 100 多对，较好地发挥了边境口岸作为人员、车辆和货物出入境通道的功能。边境地区的双方依托口岸，利用外联快捷、物流集中的优势，积极发展旅游、物流仓储、加工、投资等经贸活动，活跃了边境地区双方的经济。实施"一带一路"将使这种经济贸易活动扩展到更多领域并辐射到更广泛的地区。推动实现区域内政策沟通、道路联通、贸易畅通、货币流通、民心相通。中国的油气资源、矿产资源对国外的依存度较高，这些资源主要通过沿海海路进入中国，渠道较为单一。"一带一路"能增加大量有效的陆路资源进入通道，从而保障中国的能源安全，同时也就是保障世界经济的稳定和安全。同时，亚洲基础设施投资银行和丝路基金等国际开发性金融机构的设立，确实也是对整个全球经济治理和金融治理结构的一个补充，它有利于发展中国家在基础设施建设方面获得资金支持，从而改善全球经济治理。

（三）新常态下对外开放三大领域16项新任务

中央经济工作会议提出，要着手研究我国"十三五"规划的各项改革和发展任务，毫无疑问，"十三五"规划将以党的十八大，十八届三中全会、四中全会，以及2014年12月中央经济工作会议的精神为指导。"十三五"时期我国对外开放的新任务大体可以归纳为三大领域16项任务。

1. 加快转变对外经济发展方式

（1）推进货物出口贸易转型升级。从提高经济质量的视角来看，商品出口仍然具有重要意义。出口商品具有国际竞争力，可以带动产品升级、更新换代乃至整个行业的改造。当前，我国工业经济面临转型升级，智能化、数字化、网络化制造业成为新潮流，而许多新兴产业能否成为未来我国国民经济的支柱产业，在相当程度上要看其产品是否具有国际竞争力，能否占领国际市场。另外还要看到，货物出口贸易在促进内陆地区开放和产业梯度转移中往往发挥先导作用。

（2）扩大货物进口贸易规模、优化结构，改善国内经济供给面。优化进口贸易结构是改善经济供给面的重要内容；对于一国宏观经济调控而言，除了强调需求管理以外，进口贸易结构调整也是重要的管理内容。在进口贸易结构的调整中，要重视不同类别进口数量与结构的优化以实现经济增长预期。

（3）根据新阶段的要求，提高利用外资水平。根据新的发展阶段的特点，对吸收外商投资提出新要求。首先是根据十八届三中全会《决定》的精神，未来我国吸收外商投资要有利于构建开放型经济的新体制。其次是未来我国吸收外商投资要有利于促进我国经济结构调整和产业升级。最后是未来我国吸收外资要有利于培育我国经济新的国际竞争力。

（4）继续扩大中国企业对外投资、改善投资结构和方式、构建自主跨国生产经营网络。要把互利共赢和促进国内经济结构调整、产业升级作为中国企业对外投资的指导方针，把建设自主国际化生产经营网络作为战略目标，规划企业海外投资并建立与此相关的服务促进体系。在政策引导上，要鼓励制造业领域的投资，鼓励多采取绿地投资方式，在服务体系建设中，要注意针对民营企业的弱点和不足，提供更多有针对性的、有效率的服务。

（5）重视并继续发展服务贸易。发展服务贸易是优化外贸结构的一项重要任务。首先要认识到，从世界贸易发展趋势来看，服务贸易增长快于货物贸易，这是一个长期趋势。服务贸易发展战略既要立足于提高某些行业的国际竞争力，缩小逆差，又要容忍某些行业在相当长一个时期内维持逆差状态。这种发展战略的前提条件是必须保持货物贸易和经常项目收支的顺差。在此前提下，可以把服务贸易逆差作为常态对待。

（6）优化对外开放的区域布局。进一步推进沿海开放，形成沿海开放的新高地，如京津冀、环渤海，应成为沿海地区新的开放高地；内地开放要通过长江经济带和中原交通枢纽建设等措施形成新的开放高地；沿边开放要利用双边与区域合作关系，有针对性地将新的开放口岸和边境城市作为抓手。

2. 构建开放型经济新体制

（1）创新外商投资管理体制，实行负面清单管理模式。

（2）建立以企业和个人为主体的"走出去"战略新体制。

（3）构建以培育新的竞争优势为核心的外贸发展新体制。

（4）构建开放安全和具有国际竞争力的金融体制。

（5）健全法治化、国际化和可预期的营商环境。

（6）加强支持全方位开放的保障机制建设。

3. 积极参与全球经济治理

（1）加快实施"一带一路"。

（2）发挥金砖国家开发银行、亚洲基础设施投资银行、丝路基金等国际开发性金融机构的作用。

（3）拓展国际经济合作新空间，建立中国—东盟升级版，推进中国—海合会、中日韩、RCEP、中国—斯里兰卡、中国—巴基斯坦第二阶段降低税收等自由贸易协议谈判；推进中欧自由贸易区和亚太自由贸易区的研究和谈判。在联合国和20国集团等主要平台之外，积极参加金砖合作、气候、电子商务、能源安全、粮食和食品安全以及贸易金融等全球性协议谈判，提出新主张、新倡议。

（4）创立中欧、亚太自由贸易区战略研究的国际合作机制。

（四）开放型经济体系的分析框架

随着中国开放经济活动多维度、多领域、多方式地展开，党的十七大报告首次用"开放型经济体系"来刻画这些活动的立体形象。这个形象可以勾勒为下面的一个分析框架。

1. 开放的部门和领域

①商品流动：物质产品的生产和贸易；②要素流动：资本和技

术交易，吸收国际直接投资和中国企业对外投资；③服务流动：服务和信息的可贸易性（服务贸易的四种形式）。

2. 开放的空间布局

①沿海与开放城市（优惠政策的先期效应）；②内陆与沿江城市（市场准入的差别）；③边境地区（市场准入的差别）。

3. 开放的体制与政策含义

①边境开放：关税与非关税措施的削减；海关特殊监管区或自由贸易区；接受世界贸易组织的原则并兑现有关承诺。②境内开放：兑现加入世界贸易组织的有关承诺；人民币汇率体制与外汇管理、知识产权保护、环境与劳工政策、产业政策、竞争政策、市场监管等经济金融政策与国际规则接轨或协调。

4. 开放的方式

①双边经贸关系；②多边经贸关系；③区域合作关系（上海合作组织、APEC 等）；④区域经济一体化（自由贸易区）。

5. 参与全球经济治理（平台角色与议题设置、公共品提供能力）

①治理平台（联合国、世界银行、国际货币基金组织、亚洲开发银行、八国集团协商机制、世界贸易组织、二十国集团协调机制、国际金融监管机制、全球气候变化谈判等）；②治理议题设置（平台中的各自表述或达成共识的议题）；③公共品提供能力（联合国经费、各国际金融机构中的资金份额、谈判中的发展援助、冲突地区的维和、对最不发达成员的发展援助等）。

二 国际贸易投资规则转变分析

当前，国际经济环境变化导致的外需不足已经成为我国经济继续健康发展的严重障碍，而开拓新兴市场、扩大旧有市场规模和自由度已经成为客观要求。而这些外部环境的变化主要表现为：人民币国际化进程受阻或者放缓、区域经济一体化趋势日益强化、和平发展与和平崛起仍是世界主流、世贸组织新一轮谈判停滞不前、国际主要经济体集体下滑、贸易摩擦等争端层出不穷、世界面临新一轮通货膨胀等①。与此同时，由美欧主导的跨太平洋伙伴关系协定（TPP）、跨大西洋贸易与投资伙伴协定（TTIP）、全球服务贸易协定（TiSA），以及日欧经济伙伴关系协定等，事实上在发达经济体间形成了新的"神圣同盟"。中国必须面对并打破为自身经济利益所设置的与全球市场经济地位国家之间的重重障碍，保持与全球经济总量超过80%的TTP、BIT体系兼容，从而在新经贸新秩序颠覆性出笼之际，使我国的自由贸易区战略有所成就，并为接轨国际大多数国家找到更广泛融合、真正可持续的发展模式。

（一）跨太平洋伙伴关系协定（TPP）

TPP最初是由新加坡、新西兰、智利和文莱四国于2005年亚太经合组织（APEC）框架内签署的小型多边贸易协定。这一多边关系的自由贸易协定从2002年就开始酝酿，旨在促进亚太地区的贸易自由化。在2009年新加坡APEC会议上，美国高调加入TPP。由此，TPP扩大到9个国家（加了澳大利亚、秘鲁、越南、马来西亚），美国借助TPP的已有协议，开始推行自己的贸易议题，全方位主导TPP谈判。自此，跨太平洋战略经济伙伴关系协定，更名为跨太平洋伙伴关系协定，并进入发展壮大阶段。2011年11月10

---

① 杨枝煌：《我国自由贸易区科学发展的战略推进》，《岭南学刊》2003年第1期。

日，日本正式决定加入 TPP 谈判；2012 年 10 月 8 日，墨西哥经济
部宣布，墨西哥已完成相关手续，正式成为跨太平洋伙伴关系协定
（TPP）第 10 个成员国；2012 年 10 月 9 日，加拿大遗产部部长莫
尔代表国际贸易部部长法斯特在温哥华宣布，加拿大正式加入
TPP；2013 年 9 月 10 日，韩国宣布加入 TPP 谈判。2015 年 10 月 5
日，美国、日本、澳大利亚等 12 个国家已成功结束"跨太平洋伙
伴关系协定"（TPP）谈判，达成 TPP 贸易协定。而中国没有被邀
请参与 TPP 谈判。美国在多边经贸体制方面鼓吹新世纪、新议题
和新纪律；同时，为回应美国商会提出亚太地区是经济利益焦点的
呼吁，奥巴马政府高调提出重返亚太地区，并设计和筹划了"跨
太平洋伙伴关系协定"的所谓高水平区域合作，把政府采购、国
企运营、产业政策、劳工政策和知识产权等边境内市场问题均纳入
协议范围，使其新战略有了实行的范本。

表 1　TPP 谈判的进展情况

时间	内容
2005 年 5 月 28 日	文莱、智利、新西兰、新加坡四国协议发起跨太平洋伙伴关系,根据签订并生效的经贸协议,成员之间彼此承诺在货物贸易、服务贸易、知识产权及投资等领域相互给予优惠并加强合作。协议采取开放的态度,欢迎任何 APEC 成员参与,非 APEC 成员也可以参与。该协议的重要目标之一就是建立自由贸易区
2006 年 5 月 1 日	跨太平洋战略经济伙伴关系协定对新西兰和新加坡生效,对智利和文莱生效的时间分别为 2006 年 11 月 8 日和 2009 年 7 月 1 日
2008 年 2 月	美国宣布加入,并于当年 3 月、6 月和 9 月就金融服务和投资议题举行了 3 轮谈判
2008 年 9 月	美国总统奥巴马决定参与 TPP 谈判,并邀请澳大利亚、秘鲁等一同加入谈判

续表

时间	内容
2009 年 11 月	美国正式提出扩大跨太平洋伙伴关系计划,澳大利亚和秘鲁同意加入。美国借助 TPP 的已有协议,开始推行自己的贸易议题,全方位主导 TPP 谈判。自此跨太平洋战略经济伙伴关系协定,更名为跨太平洋伙伴关系协定,并进入发展壮大阶段
2010 年	马来西亚和越南成为 TPP 谈判成员,TPP 成员数量扩大到 9 个
2010 年 3 月 15 日	跨太平洋伙伴关系协定首轮谈判在澳大利亚墨尔本举行。参与谈判的成员共 8 个:美国、智利、秘鲁、越南、新加坡、新西兰、文莱和澳大利亚。此次谈判涉及关税、非关税贸易壁垒、电子商务、服务和知识产权等议题。美国较为强调的内容包括推动清洁能源等新兴行业的发展,促进制造业、农业及服务业的商品与服务出口,并强化对美国知识产权的保护
2010 年 11 月 14 日	亚洲太平洋经济合作组织高峰会的闭幕当天,与会九国同意美国总统奥巴马的提案,将于 2011 年 11 月亚洲太平洋经济合作组织高峰会完成并宣布跨太平洋伙伴关系协定纲要
2011 年 11 月 10 日	2011 年 11 月 10 日,日本正式决定加入 TPP 谈判
2012 年 10 月 8 日	墨西哥经济部宣布,墨西哥已完成相关手续,正式成为跨太平洋伙伴关系协定(TPP)第十个成员国。墨西哥经济部指出,跨太平洋伙伴关系协定是有国际影响力的贸易组织,加入该协定为墨参与亚太地区经济事务提供了平台,为墨西哥出口打开了新的机遇之门,也有利于发挥墨西哥在全球供应链中的作用
2012 年 10 月 9 日	加拿大遗产部部长莫尔代表国际贸易部部长法斯特在温哥华宣布,加拿大正式加入跨太平洋伙伴关系协定
2013 年 9 月 10 日	韩国宣布加入 TPP 谈判
2015 年 10 月 5 日	美国、日本、澳大利亚等 12 个国家已成功结束"跨太平洋伙伴关系协定"(TPP)谈判,达成 TPP 贸易协定

表 2　TPP 协议议题及核心要点

议题	核心要点
初始条款和总定义	确认 TPP 可与缔约方的其他国际贸易协定并存,包括 WTO 协定、双边和区域协定等
货物贸易	TPP 缔约方同意取消或削减工业品的关税和非关税壁垒,以及农产品的关税和其他限制性政策。绝大部分工业品关税将立即取消,部分产品将享受更长的降税期。在农产品方面,各方将取消或削减关税和其他限制性政策,促进区域内农产品贸易,确保食品安全
纺织品和服装	TPP 缔约方同意取消纺织品和服装关税,绝大多数产品关税将立即取消,一些敏感产品的关税削减将经历更长的过渡期。明确了纱线和纤维织物作为原材料的原产地规则
原产地规则	TPP 缔约方制定了一套统一的原产地规则,确定某项产品是否有资格享受 TPP 优惠关税。一般而言,在某一 TPP 缔约方生产产品时,任一 TPP 缔约方提供的原材料将与来自其他 TPP 缔约方的原材料同等对待。TPP 缔约方还制定了一套通行的原产地确认体系
海关管理与贸易便利化	TPP 缔约方就促进贸易便利化、提高海关程序透明度及确保海关管理一致性等规则达成一致。TPP 缔约方同意提高透明度,包括公布海关法规、及时验放货物、在税费未定时允许通过交纳保证金验放等
卫生和植物卫生措施	在制定卫生和植物卫生规则方面,TPP 缔约方对于以科学为基础、确保透明非歧视的规则有共同利益,同时重申各自在本国保护人类、动植物生命或健康方面的权利。TPP 以 WTO 的 SPS 规则为基础,确保风险识别与管理对贸易造成的限制不超过必要的水平
技术性贸易壁垒	各方同意通过合作确保技术法规和标准不增设不必要的贸易壁垒;各方同意建立便于 TPP 缔约方评估机构间对合格评定结果进行互认的规则;各方还同意在技术法规出台与合格评定程序实施之间有合理的时间间隔;TPP 还针对特定产品的规制拟定了专门的附件,以推动区域内立法路径的一致性
贸易救济	规定了过渡性保障机制,允许缔约方在特定时段内,针对因 TPP 实施关税削减而引发进口激增对国内产业的严重损害,实施过渡性保障措施。还要求保障措施的实施方提供各方均同意的补偿

续表

议题	核心要点
投资	TPP 缔约方拟定的规则要求以非歧视投资政策与保护为法律保护的基本规则,同时保障各缔约方政府实现合法公共政策目标的能力。TPP 包含了其他投资相关协定提供的基本保护内容,包括国民待遇、最惠国待遇、符合国际习惯法原则的最低待遇标准,禁止非公共目的、无正当程序、无补偿的征收,禁止当地成分、技术本地化要求等实绩要求,任命高管不受国籍限制,保证投资相关资金自由转移,但允许各缔约方政府保留管理脆弱资金流动的灵活性。TPP 各方采用"负面清单"管理模式;为投资争端提供了中立、透明的国际仲裁机制,同时通过有力的措施防止这一机制被滥用
跨境服务贸易	TPP 包括了 WTO 和其他贸易协定包含的核心义务:国民待遇;最惠国待遇;市场准入,即要求 TPP 缔约方不得对服务提供实施数量限制。TPP 缔约方以"负面清单"的形式接受上述义务;TPP 缔约方还同意以合理、客观、公正的方式实施普遍适用的管理方式,接受对新服务规则制订的透明度要求
金融服务	TPP 包含了其他贸易协定中涵盖的核心义务,包括:国民待遇、最惠国待遇、市场准入、包括最低标准待遇在内的投资条款。TPP 制定的规则正式承认监管程序对加速有资质的服务提供者提供的保险服务;TPP 协定还涉及证券管理、电子支付卡服务以及信息传输与数据处理服务等领域的具体承诺。部分特定条款可通过中立和透明的仲裁来解决纠纷
商务人员临时入境	TPP 缔约方主管机构提供临时入境申请相关的信息,确保申请费用合理,尽快作出决定并通知申请人。TPP 缔约方同意确保公众可获知临时入境的要求等信息;TPP 缔约方同意继续就签证受理等临时入境问题开展合作
电信	TPP 支持网络准入竞争的规则也涵盖了移动通信服务商。TPP 缔约方认识到在电信领域依靠市场力量和商业谈判的重要性;同意如果一缔约方选择对国际移动漫游服务实行管制定价,则其应允许未实行类似政策的 TPP 缔约方的运营商有机会享受相应的低价
电子商务	TPP 缔约方承诺,将在确保保护个人信息等合法公共政策目标的前提下,保障全球信息和数据自由流动,以驱动互联网和数字经济;禁止对电子传输征收关税,不允许缔约方以歧视性措施或直接阻止的方式支持本国类似产品的生产商或供应商;各缔约方同意实施针对网上诈骗和商业欺诈行为的消费者保护法,确保隐私和其他消费者权益保护在 TPP 缔约方市场得到执行。鼓励各缔约方促进企业和政府之间的无纸化贸易,如电子海关单据;同时,还涉及商业交易的电子认证和电子签名条款。TPP 缔约方对本章部分义务做出了部分措施保留

续表

议题	核心要点
政府采购	各缔约方就国民待遇和非歧视两大核心原则做出承诺,同意及时发布有关信息,为供应商预留足够时间来获取标书文件及投标,并承诺公平和无偏见地对待投标者,并为其保密;同意采用公平和客观的技术规格,以公告和标书文件中明确的规格作为唯一标准进行评标及授予合同;同时,各方将建立相应的程序,允许投标者对某项授标进行质疑并提出投诉
竞争政策	同意实施或维持禁止限制竞争行为的法律;同意成立或保留国家竞争法律执法部门,采取或维持法律法规,禁止给消费者利益带来损害或潜在损害的商业欺诈行为;在适当情况下,就互利的竞争活动开展合作;同意在竞争政策和竞争执法领域开展合作,包括通知、磋商和信息交换等
国有企业和指定垄断	同意确保各自国有企业以商业考虑为基础做出交易决定;同意确保各自国有企业或指定垄断不歧视其他缔约方的企业、货物和服务;不通过对本国国有企业提供非商业帮助给别国利益带来不利影响;同意与他国分享本国国有企业名单,并应要求提供关于国有企业中政府所有或控制的内容,以及向国有企业提供非商业协助方面的信息
知识产权	包括专利、商标、版权、工业设计、地理标识、商业秘密以及其他形式的知识产权;规定了知识产权的实施及缔约方在同意的领域开展合作的内容;关于专利权,根据 WTO《与贸易有关的知识产权协定》和国际最佳实践设立了标准。关于商标,协定对企业和个人用区别于其他产品的品牌名称和标识予以保护。包含了与制药相关的条款,以促进创新和救命药品的研发,促进非专利药的可获得性,也考虑不同缔约方达标需要的时间。在版权领域,纳入了对作品、表演及歌曲、电影、书籍和软件等音像制品加以保护的承诺
劳工	同意在各自法律和实践中采取或维持国际劳工组织于 1998 年宣言所承认的核心劳工权利;同意由法律监管最低工资、工时以及职业健康和安全,确保提供公正透明的行政和司法途径,为违反劳动法行为的受害者提供有效救济。各方还同意在劳工章节实施过程中允许公众参与,包括建立机制采纳公众意见和相关的争端解决机制
环境	共同应对环境挑战,如污染、野生动植物非法交易、非法采伐、非法捕捞和海洋环境保护;同意有效实施各自的环境法;同意履行《濒危野生动植物国际贸易公约》;同意推动可持续林业管理,保护本国领土内濒危野生动植物,保护湿地等特别自然保护区的生态完整性;同意开展可持续的渔业管理。同意减少船舶污染,保护海洋环境

续表

议题	核心要点
合作和能力建设	建立了合作和能力建设委员会,以寻找和评估可开展合作和能力建设的领域。具体行动将以协商一致为基础,并取决于资源的可获得性。该委员会将针对合作和能力建设相关问题促进信息沟通
竞争力和商务便利化	将建立一系列正式机制,通过政府间对话,以及政府、企业和民间团体的对话,评估 TPP 协定对参与各方竞争力的影响,将定期举行会议评估 TPP 对区域和国家竞争力的影响,以及对区域经济一体化的影响
发展	包括三个特定领域:基础深厚的经济增长,包括可持续发展、减少贫困、促进小企业发展;妇女与经济增长,包括帮助妇女提高能力和技能、进入市场、获得技术和财政支持,构建妇女的领导力网络,分享工作场所灵活性的最佳实践;教育、科技、研究和创新
中小企业	促进中小企业参与贸易、确保中小企业分享 TPP 的利益是各缔约方的共同意愿。作为市场准入、文书削减、互联网接入、贸易便利化等其他章节承诺的补充。设立中小企业委员会
监管一致性	鼓励缔约方推行广泛采纳的良好监管实践;要求缔约方确保法律法规清晰简洁,确保公众能够获取新出台的监管措施的信息;鼓励缔约方就计划采取的所有监管措施发布年度公开通报。设立了一个专门委员会,该委员会将为 TPP 缔约方、企业和民间团体通报实施情况,分享最佳实践经验,并考虑潜在合作领域
透明度和反腐败	保证其与 TPP 覆盖事项相关的法律、法规、行政裁定均公开可得,且在可能的范围内,就可能影响缔约方之间贸易或投资的法规进行通报并允许评论。各缔约方同意确保 TPP 利益攸关方在相关行政审查中的正当程序权利;承诺将有效执行各自的反腐败法律法规;同意将努力通过或维持公职人员行为准则或标准
管理和机制条款	设立跨太平洋伙伴关系委员会,定期审议各缔约方之间的经济关系和伙伴关系,以确保协定与缔约方所面临的贸易和投资挑战相匹配;要求每个缔约方指定一个总联络点以便于各方之间的交流,并设立一个机制,要求对某一项义务有过渡期的缔约方通报其履行义务的计划和进展
争端解决	TPP 缔约方将尽最大努力通过合作、磋商解决争端,在合适的情况下,也鼓励使用替代性争端解决机制。当上述方法均不可行时,TPP 缔约方将通过中立的、无偏见的专家组解决争端

议题	核心要点
例外	纳入了1994年关税和贸易总协定第20条与货物贸易相关的一般例外;包括了与服务贸易总协定第14条与服务贸易相关的类似一般例外;包括一项自我判断的例外;界定了缔约方对协定覆盖的投资可采取临时保障措施限制资本转移的情形和条件;明确了如果在TPP下提供信息违反缔约方的法律或公共利益
最终条款	最终条款章节定义了TPP的生效方式、修订方式、建立未来其他国家或单独关税区加入程序的规则、缔约方退出方式;同意并各自完成适当的法定程序,书面通知交存方后,可对TPP进行修订;明确指出,所有缔约方均同意并各自完成适当的法定程序后,APEC成员、其他国家或单独关税区可加入TPP。最终条款章节还详细说明了退出TPP的程序

资料来源:根据商务部国际司发布的信息整理。

1. TPP 对中国经贸利益的影响

（1）贸易转移的风险将使我国经济福利受到严重损失

我国政府对加入 TPP 持开放态度，但未表态是否加入 TPP。假设中国在中短期内不加入 TPP，根据 TPP 的谈判进展、成员和谈判议题不断增加等情形，综合考虑关税减让、服务自由化、贸易便利化等影响因素，TPP 将对中国经贸产生巨大的负面冲击。不包括中国的 TPP，若整合成功会使得区域内的贸易关税降为零，中国会因此受到更大程度的贸易转向效应以及排他性效应的影响，进而对中国出口、跨境直接投资乃至经济增长带来负面冲击。

（2）高标准的进入门槛将使我国战略性新兴产业发展陷入两难境地

对于 TPP 所确立的涵盖服务贸易、投资、环境保护、劳工、知识产权等内容的高标准条款，中国在中短期内无法满足条件，因此难以面对美国、加拿大等发达国家的直接竞争。TPP 涵盖的知识产权保护、劳工和环境保护等议题与人力资本、技术创新密切相关，高门槛的新规则将不利于我国战略性新兴产业的发展，对我国产业转型升级和参与国际竞争构成巨大挑战。当然，加入 TPP 后，在商业服务贸易领域，随着国外个性化和多样化的服务的引进，也会带动国内服务水平的提高。

2. TPP 对中国在亚太区域政治话语权的影响

考虑到中国和平崛起对美国在亚太地区利益的影响，以及美国东亚战略所着眼的约束中国的意图，TPP 作为美国力推的重要战略砝码，将给中国在亚太的经济、政治和安全等方面带来不可忽视的影响。美国力推 TPP，强化其与东亚国家的经济联系，进而将影响到这些国家的政治发展。中国在将自己的经济影响力转化为政治影响力方面难度加大，在经济、政治两个方面的和平崛起困难增加。不仅如此，其他东亚国家很可能会视美国的 TPP 为一个遏制中国发展的明显信号，从而依仗美国的经济支持，与中国在经济、政治上进行一些对抗。因此，如果有机会参加谈判，把谈判桌下的战略遏制放在台面上，将更有利于我国及时应对。

3. TPP 对中国自贸区战略的影响

TPP 致力于发展横跨太平洋东西两岸的区域贸易，其潜在的发展规模可能与 APEC 形成高度重叠。美国主导 TPP 不断发展壮大，可能会使得 APEC 在亚太区域经济合作进程中的作用被边缘化；同时，对中日韩自贸区的谈判进程造成巨大阻碍，甚至可能架空现有的中国—东盟自由贸易区、"10 + 3" 和 "10 + 6" 区域贸易自由化安排。目前，日本已加入 TPP，TPP 将成为事实上的美日 FTA，使日美在经济上更加紧密，有利于美国控制东亚经济一体化的主导权，从而影响我国稳步推进的东亚经济一体化进程，削弱我国在亚太区域合作机制中的话语权和影响力。

中国目前的很多条件还不适应 TPP 谈判。中国在 TPP 问题上不能简单化，尤其是在当前多边贸易谈判进展非常缓慢、地区间机制和双边机制越来越蓬勃发展且有效率和实质性进展的情况下，中国可以持积极参与的态度。中国应适当参与谈判，立足经济合作机制，本着多赢的态度，主张各种机制间不要产生排斥，保持开放性和互相促进的宗旨，尽可能减轻 TPP 对东盟 "10 + 3"、东盟 "10 + 6" 和中国—东盟自由贸易区等机制的冲击。

（二）新一代双边投资协定与中美 BIT 谈判

1. 美国双边投资协定范本（BIT 2012）修订内容及特点

2012 年 4 月，美国 2012 版双边投资协定范本［美国与 × × 国家鼓励与相互保护投资条约（2012）］由美国贸易谈判代表处办公室正式发布，从而取代了 2004 版美国双边投资协议范本。2012 版美国双边投资协定范本不是一个全新的文本，而是在 2004 版的基础上对部分内容和注释修订而成的。

双边投资协定总体上讲，主要经历了四个发展阶段，从最初的"友好通商航海条约"，发展到"投资保护协定"、"投资保护和促进协定"、最新的"投资自由化、促进和保护协定"。[1] 美国 2012 版双边投资协定范本更倾向于保护投资者权益，鼓励和要求缔约国执行更具市场导向的相关政策，从而创造出更为开放、透明和非歧

---

[1] 卢进勇等：《新一代双边投资协定与中欧 BIT 谈判》，《中国经贸》2014 年第 5 期。

视的经营环境；进一步建立与其相适应的美国 BIT 法律框架及相关标准。①

目前，美国已经与 50 余个国家签订 BIT，而美国双边投资协定的修订与新兴经济的经济势头发展良好有着必然的联系，以便于其将来与不断发展的新兴经济体进行双边、区域的贸易投资谈判做好准备。通过比较分析美国双边投资协定范本（2004 版和 2012版），不难发现，2012 版美国双边投资协定范本在业绩要求、透明度、投资与环境、金融服务、仲裁管理、国有企业等方面都进行了修订。

（1）业绩要求条款

美国政府一贯重视业绩要求的门槛，其主要目的是最大限度的减少东道国保护国内企业的习惯性做法。因为在过往的双边投资协定谈判过程中，东道国往往将投资者在本土进行研究、开发、测试、创新、系统集成等旨在产生知识产权的活动作为投资前提，或者将使用东道国领土上研发的技术作为投资前提。在 BIT 2012 中，美国政府的这一要求得到了明确体现，即增加了缔约方不得出于保护本国投资者或技术的目的，禁止或要求外国投资者强行购买、使用或者优先使用东道国或东道国个人技术。同时对"东道国或东道国个人技术"范围进行了明确的界定。

在 BIT 2004 中，将只是规定了禁止向东道国国内转让特定技术、工艺流程或其他专有技术的单向限制，转变为同时禁止东道国

① 沈命辉：《美国双边投资协定与 TPP 投资条款的比较分析——兼论中美 BIT 谈判的借鉴》，《国际经济合作》2014 年第 3 期。

国内技术转让的双向限制。对于大部分新兴经济体及发展中国家而言，资金和技术是其经济社会发展的两大制约因素，在引进资金的基础上，往往在双边投资协定谈判中附加一定程度的技术转移条件，并且随着东道国自身研发水平的提升，为了保护本国特定技术优势，也会强制要求投资者使用本国技术。为了应对这种局面，BIT 2012 有针对性进行了修订。从字面上讲，这一条款的修订，对于投资者保护、知识产权的界定起着很大的促进作用；但是不容忽视的是，对于发展中国家和新兴经济体而言，业绩要求是东道国利用外资及技术促进本国经济发展的一项重要措施，而 BIT 2012 范本中限制性条款，很大程度上对东道国的先关权利和政策执行进行了挤压。

（2）透明度条款

双边投资协定中的透明度条款缔约国是指有关国际投资的全部信息应及时予以公开，从而使另一缔约方及其公众能够及时了解和知悉。透明度条款的存在确保了国际投资法的稳定性和可预见性。BIT 2012 相较于 2004 版修订的范围比较广泛。

将 2004 版中缔约方设立一个或多个联络点制度改为缔约方定期磋商机制；对缔约方信息公开进行程序性的约束，如应提前公开拟出台新法规的义务，包括公开方式、内容及利益相关者的评论意见；新增允许另一方投资者参与东道国产品与技术标准的制定，并建议非政府组织在制定标准时允许外国投资者参与。从修订的内容可以看出，BIT 2012 提高了信息的透明度，更加重视维护投资者参与立法的权利。但是与此同时，制约了东道国对于外国投资的立法权，并相应增加了缔约国需要承担的义务和责任。

（3）投资与环境、劳工条款

随着全球经济社会的不断发展，环境和劳工保护问题也越来越受到关注。与此相对应，美国历次对 BIT 范本的修改中，针对环境和劳工问题的保护标准也呈现趋严的态势。2012 版 BIT 范本对该问题也进行了更进一步的修订。

在环境保护方面，新增缔约方承诺国内环境法、多边环境条约的施行；将缔约方"尽最大努力不"改为"确保不得"为了吸引外资搁置、减损或者消极执行环境法；承诺缔约方对环境事务享有自由裁量权；新增环境法的保护目的和保护方式的说明条款；新增环境问题缔约方磋商制度（第 6 款）；新增缔约方应酌情给予公众参与本条内事务的机会的规定。

在劳工保护方面，新增缔约方重申作为国际劳工组织成员的义务及其在《国际劳工组织宣言》中所做的承诺；将缔约方"尽最大努力不"改为"确保不得"为了吸引外资搁置、减损或者消极执行劳工法；新增劳工法应包括消除雇佣与职业规定中的歧视情形的规定；新增劳工问题缔约方磋商制度；新增缔约方应酌情给予公众参与本条内事务的机会的规定。

（4）金融服务与仲裁条款

金融服务定义为"一成员方金融服务提供者提供的任何金融性质的服务"，具体包括：保险和与保险相关的业务、银行和其他金融服务（保险除外）。2009 年 BIT 审议报告认为应该允许就金融服务违反国民待遇或最惠国待遇提起"投资者—国家"争端解决，2012 版 BIT 范本根据这一思路，细化了金融服务仲裁的程序。值得注意的是，由于美国在金融危机时期加强了金融监管，2012 版 BIT 范本也对相应的条款进行了补充，增加了一些例外条款。

新增仲裁庭不应推定使用本条第 1 款以及第 2 款的情形（第 2 款第 c 段）；新增投资者在申请金融纠纷仲裁满 120 天后，未组建仲裁庭相关情形的规定（第 3 款第 e 段）；对"提前公布其准备实施的设计金融服务的规范性规定措施以及为利益相关方和缔约另一方就该规范性措施发表意见提供合理的机会"作了强调，并规定在最终采纳新规范时应该回应这些评论（第 6 款）；新增缔约方在特殊情况下可以对缔约另一方的投资者、投资或金融机构采取、执行与本条约相一致的法律法规所规定的措施，包括预防商业欺诈或者处理金融服务合同违约行为等（第 8 款）；将 2004 版中"由其他多边协议组成上诉机构，由上诉机构审查按本条约第 34 条作出的仲裁决定"修改为缔约方应当考虑第 34 条的使用，并保证此类上诉机构会采用第 29 条中有关设立透明度的规定（第 10 款）。

通过分析对比美国 BIT 的修订过程，我们可以发现，有关投资者保护的实体性条款以及备受争议的可能让东道国被诉的"投资者—国家"争端解决条款并没有发生实质性的改变，而改变的部分又大多赋予了东道国更多的义务和责任。范本的修订体现了美国双边投资协定谈判的经验总结，而从更深层面则体现了美国一贯所坚持的投资自由化理念，以及在国际经济一体化和国际秩序法治化的背景下美国在国际投资领域的新关切和新理念[1]。其根本目的还是着眼于如何更好地适应全球经济社会形势的发展，并为将来与发展中国家及新兴经济体的双边、区域投资谈判做好准备。

---

[1] 梁开银：《美国 BIT 范本 2012 年修订之评析——以中美 BIT 谈判为视角》，《法制研究》2014 年第 7 期。

表3 美国 BIT2012 范本修订情况

项目	修订的内容	修订的注释
定义条款 （第1条）	明确领土范围，包括领海及反映于联合国海洋法公约的国际习惯法的，领海外的，缔约方可以实施主权和司法管辖权的区域（领土定义）	无
领域与适用范围条款（第2条）	无	增加了对政府职权委托授权的解释，界定了政府授权给国有企业及其他个人、组织的判断标准（第2款脚注8）
履行要求条款（第8条）	增加了缔约方不得出于保护本国投资者或技术的目的，禁止或要求外国投资者强行购买、使用或者优先使用东道国或东道国个人技术（第1款第h段）	增加了对"东道国或东道国个人技术"范围的界定（第一款脚注12）
透明度条款（第11条）	将2004版中缔约方设立一个或多个联络点制度改为缔约方定期磋商制度以提高透明度（第1款）；增加了缔约方应提前公开拟出台新法规的义务，包括公开方式、内容以及利益相关者的评论意见（第3、4款）；新增允许另一方投资者参与东道国产品标准与技术标准的制定，并建议非政府组织在制定标准时也允许外国投资者参与（第8款）	增加了对外国投资者如何参与标准制定的进一步解释说明（第8款脚注14）
投资与环境条款（第12条）	新增缔约方承诺国内环境法、多边环境条约的施行（第1款）；将缔约方"尽最大努力不"改为"确保不得"为了吸引外资搁置、减损或者消极执行环境法（第2款）；承诺缔约方对环境事务享有自由裁量权（第3款）；新增环境法的保护目的和保护方式的说明条款（第4款）；新增环境问题缔约方磋商制度（第6款）；新增缔约方应酌情给予公众参与本条内事务的机会的规定（第7款）	增加了缔约方对环境事务"享有自由裁量权"但不包括缔约方搁置或减损环境法以及按照有关法律不得搁置或减损的情形（第2款脚注15）；将2004版有关法律的解释改为对法律规章的解释（第3款脚注16）

项目	修订的内容	修订的注释
投资与劳工条款(第13条)	新增缔约方重申作为国际劳工组织成员的义务及其在《国际劳工组织宣言》中所做的承诺(第1款);将缔约方"尽最大努力不"改为"确保不得"为了吸引外资搁置、减损或者消极执行劳工法(第2款);新增劳工法应包括消除雇佣与职业规定中的歧视情形的规定(第3款第e段);新增劳工问题缔约方磋商制度(第4款);新增缔约方应酌情给予公众参与本条内事务的机会的规定(第5款)	无
金融服务条款(第20条)	新增仲裁庭不应推定使用本条第1款以及第2款的情形(第2款第c段);新增投资者在申请金融纠纷仲裁满120天后,未组建仲裁庭相关情形的规定(第3款第e段);对"提前公布其准备实施的设计金融服务的规范性规定措施以及为利益相关方和缔约另一方就该规范性措施发表意见提供合理的机会"作了强调,并规定在最终采纳新规范时应该回应这些评论(第6款);新增缔约方在特殊情况下可以对缔约一方的投资者、投资或金融机构采取、执行与本条约相一致的法律法规所规定的措施,包括预防商业欺诈或者处理金融服务合同违约行为等(第8款)	
仲裁管理条款	将2004版中"由其他多边协议组成上诉机构,由上诉机构审查按本条约第34条作出的仲裁决定"修改为缔约方应当考虑第34条的使用,并保证此类上诉机构会采用第29条中有关设立透明度的规定(第10款)	

注:参阅梁开银《美国 BIT 范本 2012 年修订之评析——以中美 BIT 谈判为视角》,《法制研究》2014 年第 7 期。结合美国双边投资条约范本(2004 版、2012 版)作了相应调整。

2. 中美 BIT 谈判的进展及核心议题分析

现阶段,中美投资协定谈判需要解决的核心问题主要体现在两个方面，即：确定中国可以接受的文本内容；要解决和文本内容相适应的制度调整。一是确定中方认可的文本内容，更为艰巨的是中方根据确定的文本逐步制定其制度改革调整的路径。

通过上文对 2012 版 BIT 的分析发现，从一定层面上讲，美国 2012 版 BIT 的修订，既是对中美历次 BIT 谈判焦点或分歧的回应，也是美国对国际投资领域重大利益和发展趋势深切关注的反映，直接为中美新一轮谈判提供了美方的谈判文本。毋庸讳言，中美双边投资条约经过历次谈判，一直存在以下几个方面的分歧。

（1）投资准入

美国在 BIT 范本中，一直坚持要求国民待遇必须适用于投资准入前，也就是说，在缔约国投资设立前和设立时就应当给予其投资或投资者国民待遇。实际上，世界上多数国家签订的双边投资条约中所包含的国民待遇条款都只是适用于"营运阶段"。

（2）透明度

我国现行的双边投资协定制度中，对与投资相关的法律、法规、政策进行了解释和说明。美国 2012 版 BIT 中，对相关条款进行了更为严格的修订，提高了信息的透明度，更加尊重投资者参与立法的权利。党的十八届三中全会也对对外投资的透明度给出了指导性意见，即"统一内外资法律法规，保持外资政策稳定、透明、可预期"。但是从中国自由贸易试验区负面清单关于透明度的表述来看，其透明度还有待提升。对美国 2012 版 BIT 中相关信息的公开程序、公开方式和对公开信息的反馈程序可以在一定程度上采纳，但对如允许另一方投资者参与技术法规与标准制定的规定等应采取保留态度。①

---

① 李东燕：《全球安全治理与中国的选择》，《世界经济与政治》2013 年第 4 期。

（3）国有企业

2012 版 BIT 中没有就如何规制国有企业（如限制国有企业获得补贴、限制国有企业投资获得国民待遇等）做出明确修订，仅以脚注形式对政府授权问题进行了规范，也表明伙伴国的国有企业如果由于政府授权影响其行为，有可能受到 2012 版 BIT 的管制[①]。国有企业在我国经济发展中处于举足轻重的地位，中美的 BIT 谈判中，美国一直竭力倡导竞争中立原则，通过直接或间接的条款，限制我国国有企业的经营范围，加强政府对国有企业补贴的监管。十八届三中全会决议为我国国有企业发展、改革指明了方向。在减少政府对各类资源的直接配置的基础上，明确国有企业的职能定位，完善市场定价机制，并明确提出国有资本投资运营要服务于国家战略目标。中国在税收、金融服务等方面创造中、外资企业公平环境的同时，在公益性行业仍存在相当的政府投入，在关系国家安全、国计民生的关键核心领域仍保持了国有企业、国有资本的控制，针对美国提出的"竞争中立"原则，中国还难以完全接受。

（4）国家安全

"国家安全"审查，其关键仍然是一个国家关于外国投资准入的审查问题。美方明确指出，与中国签订的任何投资协定都将必然包含允许政府基于国家安全因素对外资准入进行审查的规定。实践中，美国政府或国会也常以所谓的"妨碍国家安全"为由否决涉及美国高新技术和能源领域的中国海外投资项目，以期实现美国在上述领域的垄断。同时，中国主权财富基金也涉及美国国家安全审查问题。美国政府担忧主权财富基金的投资决策可能存在政治因素

---

① 沈铭辉：《巨型自由贸易协定：走向多边规则的垫脚石》，《新视野》2014 年第 6 期。

的影响。鉴于美方总是存在将国际投资事项政治化的倾向，中方要求美方在投资准入阶段放宽对"国家安全"的审查。但这一分歧可能贯穿于中美双边投资条约谈判的始终，如何将这一问题所涉及的领域或事项具体化，增加中方投资或投资者接受审查的可预见性，应当是双方谈判的方向和焦点。

（5）劳工和环境

环境与劳工问题是美国 BIT 修订中争议最大的，环境和劳工组织强烈要求通过国家—国家争端解决程序赋予国家执行环境、劳工法律的强制性义务，而商业团体担心因此会影响美国与相关国家的 BIT 谈判与签订，尽管最终范本仍然规定有关环境和劳工的争端不适用国家—国家争端解决程序，但鉴于美国国内环境和劳工团体强大的游说能力，不排除在中美谈判过程中会涉及争端解决问题。

在环境和劳工保护问题上中国应清醒的认识到，尽管我国在这两个领域已经取得了很大的进步，但与国际保护标准还有很大的距离。比如，近年来国内频发的环境事故已经揭示在可持续发展的道路上我们还有很长的路要走。我国目前的劳动保护法律较为完善，但在结社自由、强迫劳动、集体谈判和罢工等问题上与国际通行的规定有很大的不同，可以预见，如果我们同意美式 BIT 中的高保护标准，将会出现两个结果：一是，我国企业在对外投资的过程中会因环境和劳工保护问题而遭遇投资阻碍；二是，在吸引外资的过程中，作为东道国可能会面临频发的法律争端。要协调二者之间的矛盾，一方面要加大国内环境保护的力度，完善相关法律法规，提高企业的环境和劳工保护法律意识；另一方面，如果中美谈判中不能绕开争端解决问题，可以借鉴美韩自由贸易协定的做法，设置复杂的前置程序。美韩自由贸易协议劳工纠纷争端解决非常漫长，当争

表4 中美 BIT 谈判核心议题分析

项目	美方要价	中方应对		
		现有制度	改革方向	
	美国 2012 版 BIT 模板	以中美 BIT 谈判为视角	十八届三中全会决议	自由贸易区
投资准入	投资定义:以资产为基础的宽泛的定义;准入条件:准入前国民待遇和最惠国待遇;负面清单方面的业绩要求:禁止关于出口比例、本地投入、本地采购、技术转移等方面的业绩要求	投资定义:以资产为基础的宽泛的定义(中加 BIT);准入后国民待遇混合清单:鼓励、限制、禁止业绩要求,遵守 WTO 与贸易有关的投资措施(TRIMs)的规定,允许对特殊投资采用业绩要求	实行统一的市场准入制度,探索对外商投资实行准入前国民待遇加负面清单的管理模式;放宽投资准入服务业;有序开放(金融、教育、文化、医疗)服务业;放开外资准入限制(育幼养老、建筑设计、会计审计、商贸物流、电子商务等服务业领域外资准入限制);一般制造业:进一步放开	以负面清单形式调整服务业开放,对相关行业的有关行政审批、资质要求、股比限制、经营范围限制等准入实施特别管理措施
透明度	要求与投资相关的法律、规则等进行公开,提供信息,要求缔约双方定期对如何增进透明度进行磋商,并增加允许另一方投资者参与技术法规与标准制定的规定	对与投资相关的法律、法规、政策;通知、告知和解释义务;使另一方投资者了解投资等相关事项的要求、程序等;征求或听取意见的义务	建立公平开放透明的市场规则。统一内外资法律法规,保持外资政策稳定、透明、可预期。同时,改革涉外投资审批体制,完善领事保护体制,提供权益保障、投资促进、风险预警等服务,扩大投资合作空间	提高了市场准入的透明度,但 2012 版 BIT 中负面清单的透明度仍需加强
国有企业	倡导竞争中立原则。加强对国有企业经营行为的规范。制约的主要目标是谈判伙伴国的国有企业。通过直接或间接的条款,加强对国有企业责任的规范	与其他国家的 BIT 中没有类似条款	大幅度减少政府对资源的直接配置;推动国有企业完善现代企业制度;准确界定不同国有企业功能;完善主要由市场决定价格的机制,放开竞争性环节价格;国有资本投资运营要服务于国家战略目标	

续表

项目	美方要价	中方应对		
		现有制度	改革方向	
	美国 2012 版 BIT 模板	以中美 BIT 谈判为视角	十八届三中全会决议	自由贸易区
国家安全	美国对外来投资具有较严格的国家安全审查制度。2012 版 BTI 中对缔约方有权采取其认为必要的措施来维护和平和安全利益		设立国家安全委员会,完善国家安全体制和国家安全战略,确保国家安全	
劳工环境	协定各方应该执行国际劳工组织关于劳工基本权利的规定,投资应符合各国环境法律和政策,以及多边环境协定的要求。东道国不因吸引外资而违背其劳动法、环境法的要求	与其他国家的 BIT 中没有类似条款;其中的某些制度在中国并未完全建立	完善发展成果考核评价体系,加大资源消耗、环境损害、生态效益、产能过剩、科技创新、安全生产、新增债务等指标的权重。更加重视劳动就业、居民收入、社会保障、人民健康状况。加快生态文明制度建设	

议发生后，双方可进行磋商，磋商不成一方可要求根据条约设立的劳工事务委员会处理争议，如果争议未在 60 天内解决，控诉方可提交根据条约设立的联合委员会，如果还不能解决，那么缔约方才可以寻求其他争端解决方式。

3. 自贸区战略的中国策略

（1）把握 BIT 的契约本质，谨守"负面清单"的谈判底线

双边投资条约，是两个主权国家之间有关投资事项的意思表示

一致，即国家间的投资契约。主权国家地位平等和国家意识自由是条约的核心要素。缔约一方不得将自己的意识强加给缔约另一方。从国家条约的实践来看，双边条约的达成无疑都是双方相互妥协或谅解的结果。因此，我国在谈判中，必须立足条约的契约本质，根据我国经济和法治的发展现状，遵守双方以"准入前国民待遇加负面清单"为基础开展双边投资条约实质性谈判的承诺，尽快做好从《外商投资产业指导目录》向"准入前国民待遇加负面清单"的外资管理模式转型的探索和准备工作。特别是"负面清单"的审慎评估和出台，成为我国外资管理模式转型的重要环节和方式，也将成为中美新一轮 BIT 谈判的焦点。中美双方必须正视和理解的是，在我国经济发展的现阶段，自由化的投资准入规则，导致我国损失或失去对涉及国家安全、国计民生领域外资准入的限制和调控；自由化的资本转移可能带来投机性短期资金借此大举流入，危及国家的金融稳定，并在资本外逃时国家缺乏足够的手段来加以应对；自由化的争端解决机制条款，使得国内救济等"安全阀"被拆除，从而增加了被诉至 ICSID 的风险。更有甚者，我国面临的中美 BIT 所规定的投资自由化措施或待遇，可能通过我国签订的其他双边投资条约中的最惠国待遇条款向外传递的难题。基于此，以确定"负面清单"为基础和手段，为我国外资管理模式转型与涉及国计民生、国家战略的相关产业的发展提供合理的缓冲时间，成为中美新一轮 BIT 谈判中方必须坚守的生命线。否则，上述风险和困难可能置我国于不利的境地。

（2）辩证看待 BIT 功能，做好长期应对谈判的准备

双边投资条约对于促进国际直接投资发展的意义究竟如何？事实上，学术界尚没有取得一致的意见。持肯定意见的学者认为，

双边投资条约具有促进国际直接投资流动的作用，并且以数据实证了 BIT 与外资增长之间存在正关联。对于中美 BIT 的签订持积极态度的学者表示，中美 BIT 的签订必然会扩大两国间的经济合作，促进两国之间相互投资，最终推动两国经济发展。但是，持反对意见的国内外学者认为，BIT 与国际直接投资流动之间并无直接联系。在影响国际直接投资流动的多种因素（劳动力技术水平、市场前景、政治文化因素等）中，是否签订 BIT 不是主导因素。不可否认，签订 BIT 已经成为保护和促进国际直接投资流动的重要手段和主要因素之一。或许，随着国际经济自由化和国际秩序法治化的不断发展，中美缔结 BIT 的积极意义会逐步彰显。但是，希望通过缔结中美 BIT，迅速或直接改变中美之间国际直接投资占比偏低的状况，恐怕难以如愿以偿。既然如此，如果我国操之过急，贸然接受了美国这样一个投资自由化要求高且不愿对我国特别关注的所谓"国家安全"审查事项作出任何承诺的谈判文本，那么，我国不仅要承担因经济发展水平而决定的投资自由化风险，而且要承担因外资管理模式急剧转型而造成的额外投资自由化风险。所以，我国应做好长期应对谈判的准备，争取稳中求进。只有这样，才能为我国社会和经济发展转型以及外资管理模式变革争取到宝贵的时间，以便在更好的经济和法治环境下逐步实现投资自由化。

（3）推进国际国内法制的系统化建设，降低 BIT 的法律风险

国际、国内两个市场及其相互关系要求配套推进国际和国内两个层面的法制建设。中美通过谈判进而缔结 BIT，本质上是将双边投资关系直接纳入国际法治的范畴，属于双边投资的国际法制建设层面；而转换国内外商投资管理模式，简化相关行政审批手续，优

化外商投资的法治环境则属于双边投资的国内法制建设层面。两个层面的法制建设是相互联系和制约的关系：双边投资条约虽受国际法调整，但不能完全脱离国内法制环境而运行。否则，无论多么完美和自由化的BIT，充其量只是一种政治宣言，不仅不能以"法"的力量保护和促进双边投资，反而给本国的外资管理和海外投资带来法律风险。所以，只有强调双边投资条约与国内外商投资法制的匹配和同步，推进两者的系统化建设，才能从根本上化解BIT高度自由化带来的法律风险。

（三）海峡两岸经济合作框架协议（ECFA）

海峡两岸经济合作框架协议（Economic Cooperation Framework Agreement，ECFA；台湾方面的繁体版本称为"海峡两岸经济合作架构协议"），原称为两岸综合性经济合作协定或两岸综合经济合作协定（Comprehensive Economic Cooperation Agreement，CECA）。2010年1月26日，ECFA第一次两会专家工作商谈在北京举行。2010年6月29日，两岸两会领导人签订合作协议。2010年8月17日，台湾立法机构通过海峡两岸经济合作框架协议。它实质上是两个经济体之间的自由贸易协定谈判的初步框架安排，同时包含若干早期收获协议。

表5 ECFA谈判历程

时间	具体内容
2005年4月	胡锦涛总书记与中国国民党荣誉主席连战在历史性的会谈后共同发布《海峡两岸和平发展共同愿景》
2008年	海峡两岸关系出现历史转折后,台湾方面提出希望签署海峡两岸经济合作框架协议

续表

时间	具体内容
2008 年底	胡锦涛总书记在纪念《告台湾同胞书》发表 30 周年座谈会上明确提出,海峡两岸可以签署海峡两岸经济合作框架协议
2009 年 12 月	同意将签署海峡两岸经济合作框架协议纳入第五次海峡两岸关系协会和财团法人海峡交流基金会协商重点推动的议题
2010 年 1 月	海峡两岸就海峡两岸经济合作框架协议的名称、基本结构、建立协商工作机制等问题交换了意见,并取得多项共识
2010 年 2~6 月	逐渐敲定海峡两岸经济合作框架协议的文本构成、早期收获计划等重要内容
2010 年 6 月 29 日	海峡两岸签署经济合作框架协议,然后互换文本
2010 年 8 月 17 日	台湾立法机构表决通过海峡两岸经济合作框架协议
2010 年 9 月 11 日	海峡两岸关系协会和财团法人海峡交流基金会完成换文程序,同意海峡两岸经济合作框架协议和海峡两岸知识产权保护合作协议于 2010 年 9 月 12 日起实施
2013 年 1 月 29 日	两岸证券期货监理合作平台首次会议在台北举行,大陆在 ECFA 下进一步扩大对台湾资本市场开放的具体内容达成了多项共识,包括对台开展人民币合格境外机构投资者(RQFII)试点
2014 年 12 月 25 日	中国大陆证监会主席肖钢与中国台湾金融监督管理机构负责人曾铭宗在北京共同主持、探讨和研究了两岸资本市场合作中的有关问题

当前影响两岸经贸关系的问题主要表现如下。

1. 台湾地区对服务贸易市场开放程度有限，贸易保护倾向严重

台湾地区对大陆开放服务贸易市场特别保守，开放程度有限，可以说处于大陆单方面开放的局面。在 ECFA 的早期收获清单中，与货物贸易相比，服务贸易收获项目较少，其中大陆给予台湾降税安排 11 项，台湾地区给予大陆降税安排 9 项，且未规定具体的实施阶段。从细分行业来看，涉及服务业开放特别是金融业开放项目更是微乎其微。海峡两岸服务贸易协议早在 2013 年 6 月 21 日就正式签署，但因台湾地区的反服务贸易运动，迄今未能生效并加以实施。除了贸易保护因素外，也与岛内"台独势力"对两岸经贸深度合作持反对态度有关。

2. 协议的具体条款没有明确

按照海峡两岸服务贸易协议，中国大陆向台湾地区开放 80 条，台湾地区向大陆地区开放 64 条。两岸市场开放涉及金融、商业、运输、通信、旅游、建筑、社会、环境、体育、健康等行业，包含服务贸易总协定（GATS）中 12 项服务类别中的 11 项，其开放程度之高、涵盖行业之多是之前的协议所未有的。然而，目前仍有一些技术性的甚至意识形态方面的因素制约着两岸服务贸易的正常发展。

3. 两岸贸易的互补性没有充分发挥

两岸贸易初期，台湾地区对大陆存在巨额顺差，且随着时间推移逐渐增大。据台湾地区经济主管部门的统计，台湾地区顺差主要表现在"机械及电机设备""塑胶、橡胶及其制品""化学品""基本金属及其制品""纺织品"等制成品、半成品及原料等方面，约占顺差额的 90%；大陆顺差主要体现在"精密仪器、钟表、乐器""矿产品""珍珠、宝石、贵金属、仿首饰、铸币"等方面，但在两岸贸易中所占比例甚小。两岸之间以产业内贸易为主，产业间贸易为辅。两岸贸易中，机电产品居于首位，而且近年其所占比重呈递增趋势。两岸之间的贸易互补性优势趋于弱化。

4. 两岸双向投资严重不平衡，投资重点产业互有侧重

①大陆对台湾地区投资开放较早，台湾地区对大陆直接投资累

计总额远高于大陆对台湾地区直接投资累计总额。②在投资产业上，大陆入台投资瞄准第三产业。大陆对台湾地区投资的前五大行业分别是银行业、电子产品及光学制品制造业、批发及零售业、资讯软体服务业和会议服务业。而台商投资以第二产业为主，电子产品制造比重最大。总体而言，目前仍以传统服务业为重点，金融保险、专业及科学技术服务等现代生产性服务业的投资仍有很大的发展空间①。

三　BIT、TPP、ECFA 和自由贸易区联动性分析

2015 年 10 月 5 日，跨太平洋伙伴关系协定（TPP）终于取得实质性突破，美国、日本和其他 10 个泛太平洋国家就 TPP 达成一致。12 个参与国加起来所占全球经济的比重达到了 40%。TPP 作为跨区域的多边自由贸易协定，呈现以下三个鲜明的特点：①成员国之间存在巨大的差异性和复杂性；②协议内容的广度和深度超过以往任何自由贸易协定；③协议内容和标准更多体现美国自由贸易理念及其战略利益诉求。② 从 TPP 谈判来看，TPP 投资条款与 2012版 BIT 范本的内容基本一致，都强调了国民待遇、业绩条款、高级管理人员及董事会、资金转移、国有企业、投资者—国家争端解决机制等核心内容。事实上，从条款全面性而言，2012 版 BIT 范本的内容完全覆盖甚至超越了 TPP 投资条款的相关内容，可以说缔

---

① 刘金兰、张敏：《后 ECFA 时代加快提升两岸经贸关系可持续发展的对策分析》，《国际贸易》2015 年第 9 期。

② 吴涧生、曲凤杰：《跨太平洋伙伴关系协定（TPP）：趋势、影响及战略对策》，《国际经济评论》2014 年第 1 期。

结 BIT 是参加 TPP 投资条款的充分条件。因此，从这个角度来说，2012 版 BIT 范本与 TPP 投资条款绝大部分内容高度重合，而且 2012 版 BIT 范本强于 TPP 投资条款。目前，中国没有被纳入 TPP 谈判，并且从美国政府的表态来看，在中美双边投资协定谈判取得实质性进展之前，中国加入 TPP 谈判的可能性也不大。

美国 2012 版 BIT 范本，在市场开放准入、开放领域、负面清单、开放的管制手段等方面的标准比原来更高，结构更严密。面对新一轮对外开放的挑战，中国政府以改革的姿态积极应对，果断采取了两个重大步骤，为中国的新一轮开放赢得了机遇。第一个重大步骤是，积极回应中美双边投资协定谈判。第二个重大步骤是，设立自由贸易试验区[①]。其中自贸试验区所推行的负面清单，从国家战略层面来看，是中美 BIT 谈判顺利开展的重要推力，而中美 BIT 谈判也将为上海自贸试验区负面清单的制定提供方向性坐标，两者的开展必然需要联动[②]。

自贸试验区的建设与中美 BIT 谈判进程是一个相互支撑的关系。首先，从中美 BIT 谈判的角度来看，在结束文本谈判后，各方将进入出要价阶段。而其核心将是外资市场准入的国民待遇和负面清单。从美国在多边回合谈判以及区域/双边谈判的要价来看，其对服务业开放非常重视。这将对中国的服务业开放形成一个外部的压力。自贸试验区的服务业开放，目前看来尚不具备自主开放的空间，必须要与中央相关主管部门进行沟通协调，而中美 BIT 谈

---

① 裴长洪：《全球治理视野的新一轮开放尺度：自上海自贸区观察》，《改革》2013 年第 12 期。
② 黄鹏、梅盛军：《上海自贸试验区负面清单制定与中美 BIT 谈判联动性研究》，《国际商务研究》2014 年第 4 期。

判对中央政府层面形成的外部推动力将有利于增加自贸试验区在服务部门先行先试的可能性和可行性，从而加快自贸试验区的建设进程。

其次，自贸试验区在先行先试过程中形成的新的投资管理体系和服务业市场准入负面清单一旦可复制、可推广，势必形成中方在中美 BIT 谈判中的出价，进而推动中美 BIT 谈判的有序进行。

最后，关于自贸试验区的开放进度与中美 BIT 谈判进展协调的问题。从中国目前对外资的市场准入和投资管理来看，且不讲完全符合美式标准，即便是向其靠拢也存在很大的困难。自贸试验区作为国内投资体制管理改革和外资市场准入的试验地，同样存在很大的困难。因此，自贸试验区的建设进程应当尽量加快，因为从管理体制改革的方案设计到实施，从开放的服务行业的选择到实际开放并评估，再到形成可复制、可推广的综合方案是一个较长的过程。如能实现总体方案"两至三年"的时间要求，建设初见成效，届时中美 BIT 谈判也正处于出要价的交织阶段，对于谈判将产生较大的推动作用。

分报告二：营商环境与政府"良治"

——厦门自贸区政府治理创新经验

王宏淼　许　林*

摘　要： 本文考察了厦门市在打造国际营商环境方面的努力和自贸区创新举措，并结合厦门市发展研究中心的评估报告，探讨了厦门市对标世界前沿的差距和发展方向。相较于香港、新加坡等国际一流城市具有市场化、便利化、国际化和法治化的"良治"3.0版本，本文提出的政府"良治"2.0版本可能是厦门更为务实的近期发展目标。

厦门作为经济特区和改革发展前沿城市，近几年在经济新常态下承压较早，转型发展较快。对照先进国家和地区，厦门市快速行动，主动对标，查找差距，落实切实可行的优化营商环境举措。目前，厦门的商事登记制度、"多规合一"、通关便利化、全社会信用体系建设等已走在全省全国前列。通过推进城市治理体系和治理

---

* 王宏淼，中国社会科学院经济研究所研究员、教授，撰写本分报告第一、二、四部分；许林，厦门市发展研究中心高级经济师，撰写本分报告第三部分。

能力现代化，在实现政府"良治"方面又迈进了一大步。

政府向"良治"（或"善政"，good governance）方向的转型，包括：法治化，政府所有的行为和决策都是平等的，且仅以服从法律为基础；问责制，所有的政府行为、决策和决策制定过程需公开接受立法机关、民间团体和公众——某些情况下甚至超国家机构的详细审察；透明度，政府需愿意并能够通过提供信息和解释来表明，政府行为和决策在多大程度上与其经可靠分析、明晰定义并协商同意的目标相一致；高效率，政府需为公民提供高质量且经济的公共服务，并能够监控和评估其成效；回应性，政府须具备能力和灵活性对各种变化迅速做出回应、广泛征询意见，并愿意审慎反省自身的角色地位；前瞻性，政府能够在现有的信息数据和政策发展趋势的基础上预见到未来的问题和矛盾，并根据未来的成本和可能发生的变化（人口、经济、环境等问题）制定相关政策。很显然，厦门市正着力于建设国际一流的营商环境，如商事制度和贸易、投资便利化制度改革；参照 TPP、BIT 等区域协议中的公平、负面清单建立，以及简政放权，放管结合，都涉及政府自身的改革。通过营商环境建设这个抓手，倒逼政府的体制机制转型，正是自贸区创新和厦门深化改革和发展的应有之义。

一　营商环境及其国际考察

营商环境是指伴随企业活动整个过程（从开办、营运到结束的各环节）的各种周围境况和条件的总和，包括影响企业活动的社会要素、经济要素、政治要素和法律要素等，亦称商业经营环境、贸易投资环境等。当前，以市场化、便利化、法治化和国际化为标志的营商环境，正成为国家和地区间的竞争核心。营商环境的优劣，深刻地影响着企业经营效率和投融资活动，也影响着政府绩效和公共服务的质量。营商环境被视作一个国家或地区有效开展国际交流与合作、参与国际竞争、体现经济软实力的重要依托。

"营商环境"内涵和外延非常丰富，包含四大要素。一是自然资源，主要包括矿产、水资源、面积等地理因素，人口规模和气候条件；二是经济状况，如当地的经济发展水平、市场的完善和开放程度、基础设施状况、经济和物价的稳定程度和经济政策等；三是政治法律，包括政治的稳定性、政府对外关系、政治体制和法律制度的健全性；四是社会文化，主要包括语言和文化传统、教育状况等。其中，自然资源和社会文化虽然是影响营商环境的重要因素，但其更多的是自然禀赋和历史形成的，可理解为"先天条件"；经济状况和政治法律更多的是"后天形成"，构成了一个城市或经济体竞争能力的核心要素。在经济全球化和区域化发展背景下，国际、国内和城市间的三元竞争格局不断加剧，竞争比拼的不仅是资源或是简单的税收优惠政策，而是综合的营商环境。

世界经济论坛（WEF）自 2008 年起每两年发布一次《全球促进贸易报告》，对全球 100 多个经济体进行"贸易便利指数"排名，主要指数包括市场准入、边境管理、交通和通信设施、经商环境 4 个方面。经济学人智库（EIU）每五年发布一次营商环境排名，对象为全球 82 个国家或地区，涉及政治环境、宏观经济环境、市场机遇、自由市场及竞争政策、外资政策、外贸及汇率管制、税率、融资、劳动市场及基础建设 10 大标准；

EIU 评分时，不仅考虑以往表现，且会评估未来 5 年内的营商环境转变。

从 2002 年开始，世界银行和有关机构启动了全球营商环境报告项目，该研究的一个根本前提是"规则很重要"。经济活动，特别是私营部门的发展，受益于清晰一致的规则，这些规则确定并明晰产权，协助争端的解决，提高经济交往的可预见性，并保护缔结合同的各方免受任意行事和违背合同之忧。研究表明，那些营商便利度排名靠前的经济体不是那些没有监管的经济体，而是那些建立了有助于推动市场交往，同时不对私营部门的发展设置不必要障碍的经济体。在监管烦琐、竞争有限的地方，企业家是否成功往往取决于其认识哪些人。而在监管透明、有效、以简单方式实施的地方，有抱负的企业家可以更容易地实现创新和发展。该项研究指出，在实现有效监管和防止监管负担过重之间保持平衡是一个挑战。因此，项目更加关注"聪明的"营商监管，即简化、有用、可调整、相关、透明的监管，而不一定是减少监管①。

像需要良好的规则来保证城市交通通畅一样，良好的规则对商业的监管可以使经济繁荣，企业扩大交易网络，但如果设计不当，那些旨在保护经济活动、推动商业运行的法规也可能成为营商的障碍。更聪明的商业监管有助于推动经济增长。研究发现，收入水平较低的经济体进行营商便利化监管改革对应了下一年增长速度 0.4 个百分点的提高。按照世行的研究，其记录的近 2000 项改革中，有 2/3 主要针对降低监管的复杂性、减少监管程序的成本。全球范

---

① 相关研究观点可参见世界银行各年的《全球营商环境报告》。

围内的改革努力集中在使开办企业更容易、提供税收管理效率和推动跨境贸易等方面。在过去 8 年中，开办企业的程序在决策者那里得到的重视比报告所考察的其他任何商业监管领域都多。通过世界各地的努力将开办企业平均所需时间从 50 天减少到 30 天，平均成本从相当于人均收入的 89% 降低到 31%。相应的，建立了高效的企业登记制度的经济体，新企业的进入率往往更高，企业的密度也更大。该研究报告称，企业登记的办理速度快，意味着有更多的企业可以注册进入那些增长潜力大的行业。特别是全球需求迅速扩大或生产技术正在变化的行业。而开办企业的手续越便利，对那些往往不受竞争影响的行业的投资就越多，如交通、公用事业和通信行业。此外，更高效的商业监管可以提高企业生产率，改善宏观经济表现。

表 1　世界银行关于全球营商监管便利度的排名（2015 年）

国家/地区	新加坡	中国香港	韩国	美国	中国台湾	日本	中国内地
营商便利度总排名	1	3	5	7	19	29	90
开办企业	4	8	17	46	15	83	128
办理施工许可证	2	1	12	41	11	83	179
获得电力	11	13	1	61	2	28	124
登记财产	24	96	79	29	40	73	37
获得信贷	17	23	36	2	52	71	71
保护少数投资者	3	2	21	25	30	35	132
纳税	5	4	25	47	37	122	120
跨境贸易	1	2	3	16	32	20	98
执行合同	1	6	4	41	93	26	35
办理破产	19	25	5	4	18	2	53

注：排名适用至 2014 年 6 月。
资料来源：世界银行《全球营商环境报告》数据库。

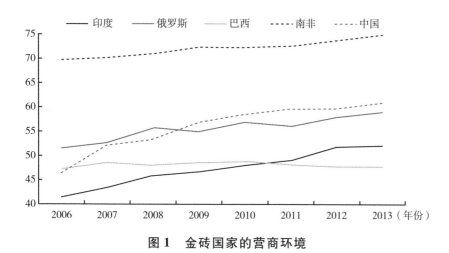

图1 金砖国家的营商环境

注："前沿距离"显示一个经济体离每个"营商环境"指标自2005年以来所达最高水平的总体差距。这个指标被规格化为0~100，100代表最高水平（前沿）。

资料来源：世界银行《全球营商环境报告》数据库。

表2 上海、北京营商环境与前沿水平的差距

单位：%

城市	上海			北京		
主题	DB2015 与前沿水平距离	DB2014 与前沿水平距离	前沿距离的变化	DB2015 与前沿水平距离	DB2014 与前沿水平距离	前沿距离的变化
开办企业	77.76	69.05	↑8.71	77.01	68.31	↑8.70
办理施工许可证	40.90	40.35	↑0.55	47.24	46.69	↑0.55
获得电力	68.59	68.43	↑0.16	63.62	63.45	↑0.17
登记财产	79.30	79.30	没有变化	82.33	82.33	没有变化
获得信贷	50.00	50.00	没有变化	50.00	50.00	没有变化
保护少数投资者	45.00	45.00	没有变化	45.00	45.00	没有变化
纳税	67.45	64.27	↑3.18	67.42	64.48	↑2.94
跨境贸易	72.97	72.89	↑0.08	70.11	69.98	↑0.13
执行合同	69.89	69.89	没有变化	66.15	66.15	没有变化
办理破产	55.31	55.31	没有变化	55.31	55.31	没有变化

资料来源：世界银行《全球营商环境报告》数据库。

表3　WEF：全球贸易便利化指数排名（2014 年）

国家或地区	新加坡	中国香港	韩国	美国	中国台湾	日本	中国内地
贸易便利化总排名	1	2	30	15	24	13	54
市场准入	2	37	120	70	121	111	119
#国内市场准入	3	1	104	27	40	28	98
#国际市场准入	13	135	93	128	137	138	125
过境管理	1	11	19	21	18	5	48
交通和通信设施	1	2	7	8	15	5	36
#交通设施的可获得性和质量	2	3	11	8	13	7	16
#运输服务的可获得性和质量	1	5	18	11	12	4	31
#ICT 的可获得性	8	11	6	13	19	10	82
经商环境	2	1	55	24	18	22	37

　　注：国内市场准入衡量外国商品进入一国或地区的受欢迎程度；国际市场准入反映一国或地区商品进入国外市场的便利度。

　　哪里的营商环境好，哪里就是发展高地——这是世界发达经济体的启示之一。中国香港和新加坡等营商环境评价处于世界一流的城市，界定了作为最佳营商城市的主要标准：地理位置优越；自由经济体；自由港；资讯自由流通；通信、运输和其他基础设施一应俱全；受良好教育而勤奋的工作人口；低税率和简单税制；没有外汇管制；稳定和可自由兑换的货币；高水平的企业管治；完善的知识产权保护制度；优质的营商服务和专业服务；廉洁有效率的政府；政治稳定和治安良好；奉行法治和司法独立；等等。概括来说，这些具备一流营商环境的城市，都具备了市场化、便利化、法治化、国际化四大特征。

　　（1）市场化：价格由市场自由决定。奉行市场开放，机会公平，合理竞争。强调政府不干预企业的正常生产经营活动，主要担负服务与监管职责，通过维护市场秩序、优化营商环境，为全球投资者创造一个公平、开放的发展环境。

（2）便利化：奉行"宽进严管"的理念，即方便商业经营、贸易自由、投资便利，交易成本较低。贸易门槛、投资门槛、市场准入门槛不宜过高，政府有义务通过降低准入门槛、简化审批手续、提供便利促进措施等手段，为企业主体提供高效、便捷的服务，为各类市场主体提供更为自由和广阔的发展空间，而一旦市场主体从事违法经营危害了公平竞争秩序，则严惩不贷。

（3）法治化：高效的监管程序、完善的法律制度，要求：①监管法律严密，相关商务商业法律法规具有覆盖面广、条文规定详细、操作性强的特点，最大限度地减少了自由裁量权，确保政府部门依法行政、有效监管；②管理程序合法，除注重监管过程的合法性外，在管理过程中还注重程序的合法性，通过这种法律和程序上的保障，使得市场监管行为有效运行，从而为经济发展提供良好的制度空间；③执法过程严格，在执法方面制定严厉的罚则，并坚决予以贯彻实施，以达到促进企业自律的目的。

（4）国际化：简而言之就是与国际接轨、与世界融合。营商环境国际化的内涵，也就是一个国家或地区的投资环境不断符合国际水平、国际惯例和国际规则的过程。全球化使经济活动超越国界在全球范围内运作，这必然要求经济活动遵循相关的国际惯例、国际公约和相关协定。TPP、TTIP、TiSA、BIT 等重塑全球贸易投资规则，规则逐步由边境政策走向内部监管，各国政府必须不断创新原有的公共管理机制与模式，适应全球贸易投资自由化的新要求。

发达国家往往是先有市再有城，而中国城市的发展恰好相反，往往是先有城再有市，政府在城市群的形成中扮演了重要的角色。目前，中国城市的基础设施等"硬件"已经达到一定水平，甚至已经过度发展，现在和未来要转向"软件"建设，也就是要提升营商环境，首先需要政府自身进行改革创新，创造一个自由、便捷、高效的就业、商业和创业环境。新加坡的生产要素成本不可谓不高，香港要素成本也远超珠三角，但它们依然可以吸引并聚集全球大量投资，原因在于其将综合营商成本做到了最低。而拥有廉洁、务实、高效和关注民生的政府是其中的关键，政府机构部门少、层次少、效率高，有效解决了住房、医疗、教育、就业、贫富差距等民生问题。

具体而言，在营商环境竞争方面，国际上先行经济体政府管理创新有如下趋势。

第一，营造宽松平等的市场准入环境。美国、德国、韩国、澳大利亚等，在外资领域多采用否定列表，在涉及国家安全的领域设定禁止行业和限制性行业（或敏感性行业），对限制性行业实行股权比例、业务许可等限制性管理方式。除国防相关行业及个别特殊行业外，新加坡向外资几乎全面开放各个经济领域，并且对外资的进入无任何限制，除金融、保险、证券等特殊领域需向主管部门报备外，绝大多数产业领域对外资的股权比例等无限制性措施。中国香港没有专门针对外商投资的优惠政策，对内外资一视同仁，对外商投资几乎没有任何限制，没有制定投资产业政策及相关目录，但也没有规定外商投资项目必须要有本地从业者参与。外来投资者几乎可以投资香港的任何行业领域，并且拥有100%的股权（但金融、电信、公共运输、公用设施及部分大众媒体等监管行业除外，其外资股权不能超过49%）。

表4　世界主要国家或地区投资准入概览

国家或地区	投资主管部门	投资行业规定
美国	• 商务部是外资的主管部门,但没有项目审批的职责;其下属经济分析局负责外资数据统计和信息公布 • 对外国直接投资没有专门的审批程序,外国直接投资事宜适用于所有设立本土公司的法律、法规,依照相关法规进行办理	• 在联邦层面,航空运输、通信、能源、矿产、渔业、水电、金融、保险、证券、法律服务等部门对外国投资者设有一定的限制
德国	• 未设立相关政府部门针对国外投资进行专门管理,但联邦银行承担对国外投资进行统计的职能 • 联邦外贸与投资促进署(GTAI)及各联邦州经济促进公司为外国投资者提供各种服务	• 对外资的市场准入条件基本与德国内资企业一样,允许德国投资者进入的领域一般对外国投资者也不限制 • 明确禁止投资者进入的,只有建设和经营核电站与核垃圾处理项目 • 银行、保险业、拍卖业、出售含酒精饮料的餐饮业,武器、弹药、药品、植物保护剂的生产及其销售,炼油和蒸馏设备的生产和销售,发电和供暖厂,动物的批发和零售,运输和出租公司等,需获得经营许可或生产许可
韩国	• 主管投资及外国投资的政府部门是知识经济部的贸易投资室,主要负责相关政策、法规制定、数据发布等涉及外国投资的有关工作	• 对外资管理采取否定列表的形式,分限制类和禁止类两种 • 禁止外商投资行业主要是指影响国家安全或公共秩序的领域、不利于国民健康的领域以及违反其国内法律的领域,包括邮政业、中央银行、金融市场管理业等62项 • 限制外国投资领域主要包括农业、畜牧业、渔业、出版发行、运输、输电和配电、广播通信等,多采取许可方式,而且有股权限制

续表

国家或地区	投资主管部门	投资行业规定
爱尔兰	• 投资发展署是爱尔兰主管吸引外资的机构,为海外投资者提供从投资可行性研究、公司运行到经营发展等的政策引导,并提供有关财政扶持及咨询服务	• 原则上对外国投资未设任何限制,外资公司同本地公司一样受爱尔兰法律管制 • 严禁在其境内设立军火制造和核能利用企业
新加坡	• 投资主管部门是经济发展局,具体制订和实施各种吸引外资的优惠政策并提供高效的行政服务	• 对外资准入政策宽松,除国防相关行业及个别特殊行业外,对外资的运作基本没有限制 • 除金融、保险、证券等特殊领域需向主管部门报备外,绝大多数产业领域对外资的股权比例等无限制性措施
中国香港	• 投资推广署作为吸引外资的主管部门,服务范围包括提供最新的投资环境报告、香港产业结构概括、营商成本分析、政府重要资料及出版物等,并协助投资者办理注册、申请工作签注、商标注册等手续,同时帮助来港投资企业与商业机构建立联系网络	• 几乎所有的行业领域向私人和外来投资者开放,但赌博业是受政府管制最严格的行业 • 特区政府并无统一立法规定各行业的进入条件,但包括电信、广播、能源、酒制品销售、餐厅、医药和金融等在内的多个行业需要向有关政府部门申请牌照
澳大利亚	• 外国投资的审批机构为财政部,外国投资者必须向财政部外资审查委员会提出书面投资申请	• 没有在法律上明确规定禁止和限制外资进入的领域 • 能源矿产、房地产、金融、保险、航空、媒体、电信、机场等敏感行业的外资项目需要申报和审批,且设有限制措施

第二,实行便利规范的企业设立制度。①企业设立程序简便。在中国香港和新加坡注册成立企业一般只需 3 个程序(中国内地通常需要 13 个);在中国香港和新加坡创办一个企业通常仅需为 3 天(中国内地通常需 33 天)。②商事登记"轻准入、重监督"。"轻准入"主要体现为对商事主体的确权,而非赋权;"重监督"

主要体现为对商事主体行为的控制和监督。③部分行业实行牌照及许可证管理制度。一旦准许企业注册登记设立，一般不会对企业经营的业务范围或行业设置任何管制，但也会根据行业性质采用类似申领牌照或许可证的业务经营管理制度。

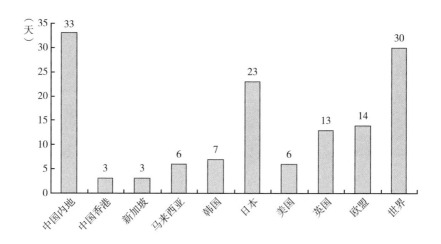

图2 创办企业所需时间的比较

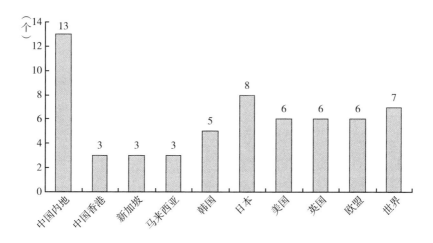

图3 企业注册的启动程序的比较

资料来源：世界银行数据库。

第三，建立高效的市场营商环境监管体系。①基于维护国家安全和市场公平竞争的外资监管制度。并没有专门机构统一对外国直接投资行为进行限制、禁止等行政性指导，对本土和外资企业注册后的运营监管"一视同仁"，但对涉及国家安全的外国直接投资、涉及垄断的外资兼并收购等行为会实行专门的审查制度，通常设有专门立法和监管程序。②以信息公开和社会监督为原则的年度申报管理制度。多采用以审计会计为基础的年度审查，部分国家也辅以企业情况报表进行年度备案，以便于跟踪和掌握企业经营的真实信息。同时，通过向公众开放这些信息，将企业置于全社会的监督之下，形成以公司真实信息披露为主的事后监管模式。③发挥行业协会组织监管作用的行业自律机制。普遍注重发挥行业协会的监管作用。这些国家或地区的行业协会都基本能够较好地适应市场经济的发展需要，有力地维护了市场契约实施秩序和行业发展秩序。

第四，制定完善的贸易便利化措施。在"一站式"通关方面，新加坡和中国香港在建立国家单一窗口设施方面处于全球领先地位，比如，新加坡以电子报关和电子审单为基础，建立起被称为无缝的"一站式"电子通关系统，连接了海关、检验检疫、税务、军控、安全、经济发展局、企业发展局、农粮局等35个政府部门，与进口、出口（包括转口）贸易有关的申请、申报、审核、许可、管制等全部手续均通过贸易网进行。在资质认证管理方面，资质认证管理是国际通行的贸易安全管理手段和贸易便利化工具，被美国（C-TPAT认证）、欧盟（AEO认证）、中国香港（香港认可经济营运商计划）、中国台湾（优质企业认证及管理制度）等发达国家或地区广泛采用。

表5　WEF：贸易便利化指数

贸易便利化指数	
市场准入	国内市场准入 国际市场准入
边境管理	海关管理效率 进出口清关效率 边境管理透明度
交通和通信设施	交通设施的可获得性和质量 运输服务的可获得性和质量 ICT 的可获得性
经商环境	商业环境管理 经营安全度

资料来源：WEF，The Global Enabling Trade Report。

表6　EIU：全球最佳营商环境

贸易便利化指数	
政治环境	宏观经济环境
市场机遇	自由市场及竞争政策
外资政策	外贸及汇率管制
税率	融资
劳动市场	基础建设

资料来源：EIU，Business Environment Rankings。

表7　世界各国或地区提高营商便利度的经验做法

议题	做法	主要国家或地区
使开办企业变得更容易	将相关程序在网上公布	中国香港、马其顿、新西兰、秘鲁、新加坡等106个国家或地区
	没有最低资本限额	墨西哥、摩洛哥、英国、葡萄牙、沙特等91个国家或地区
	提供"一站式"服务	韩国、巴林、越南、秘鲁等88个国家或地区

议题	做法	主要国家或地区
使办理施工许可变得容易	有综合性建筑法规	克罗地亚、新西兰、肯尼亚等 135 个国家或地区
	采用基于风险的建筑审批程序	德国、新加坡、毛里求斯等 86 个国家或地区
	提供"一站式"服务	中国香港、智利、巴林等 31 个国家或地区
使获得电力变得容易	简化审批程序(电力公司获得挖掘许可或根据需要获得使用道路的权利)	奥地利、捷克、巴拿马、亚美尼亚等 104 个国家或地区
	提供透明的连接电力所需费用及程序	法国、德国、爱尔兰、荷兰等 103 个国家或地区
	降低接通电力所需交纳的押金	阿根廷、奥地利、拉脱维亚等 96 个国家或地区
	通过对电力行业的监管而不是对接电程序的监管来保障接电安全	丹麦、德国、冰岛、日本等 40 个国家或地区
使财产登记变得容易	使用电子数据库记录抵押	瑞典、英国、牙买加等 108 个国家或地区
	网上提供不动产估价信息	丹麦、立陶宛、马来西亚等 50 个国家或地区
	提供加急办理程序	阿塞拜疆、保加利亚、格鲁吉亚等 16 个国家或地区
	建立固定交易收费	新西兰、俄罗斯、卢旺达等 10 个国家或地区
保护投资者	允许废除不公正的关联交易	巴西、毛里求斯、美国等 73 个国家或地区
	监管关联方交易的审批	法国、英国、阿尔巴尼亚等 60 个国家或地区
	要求详细披露	中国香港、新加坡、新西兰等 53 个国家或地区
	审理期间允许查阅所有公司文件	智利、爱尔兰、以色列等 46 个国家或地区
	要求对关联方交易进行外部审核	澳大利亚、埃及、瑞典等 43 个国家或地区
	在审理之前允许查阅所有公司文件	日本、瑞典、塔吉克斯坦等 30 个国家或地区
	对董事职责有明确界定	马来西亚、墨西哥、美国等 28 个国家或地区

续表

议题	做法	主要国家或地区
使获取信贷变得容易	允许庭外执行	澳大利亚、印度、俄罗斯、秘鲁等 122 个国家或地区
	允许对抵押物作一般性描述	加拿大、新加坡、罗马尼亚等 92 个国家或地区
	保持统一的信用登记体系	波黑、墨西哥、新西兰、黑山等 67 个国家或地区
	提供数额低于人均收入 1% 的贷款数据	巴西、德国、马来西亚、保加利亚等 123 个国家或地区
	提供正面和负面的信用信息	克罗地亚、意大利、印度等 105 个国家或地区
	不仅提供来自金融机构的信用信息,而且提供来自零售商、贸易贷款机构或公用事业机构的信用信息	斐济、西班牙、立陶宛、沙特等 55 个国家或地区
使交税变得容易	允许自行估算税款	阿根廷、加拿大、中国、土耳其等 156 个国家或地区
	允许电子报税和支付	澳大利亚、印度、立陶宛等 74 个国家或地区
	每个税基只有一个税种	马其顿、巴拉圭、英国等 48 个国家或地区
使跨境贸易变得容易	允许以电子方式提交和处理文件	智利、土耳其、爱沙尼亚等 149 个国家或地区
	采用基于风险的进出口检验	新加坡、中国香港、荷兰、越南等 133 个国家或地区
	提供单一服务窗口	新加坡、韩国、哥伦比亚等 71 个国家或地区
使执行合同变得容易	初审法院对商业案件的所有判决公开	智利、冰岛、俄罗斯、乌拉圭等 121 个国家或地区
	有专门负责商业案件的法院、法院分支机构或法官	法国、波兰、新加坡、布基纳法索等 82 个国家或地区
	允许以电子方式提出诉讼	巴西、韩国、马来西亚、沙特等 19 个国家或地区

续表

议题	做法	主要国家或地区
使办理破产变得容易	在破产程序中给债权人委员会发言权	澳大利亚、美国、菲律宾等 109 个国家或地区
	从法律上规定破产管理人具备专业或学术资格	英国、白俄罗斯、哥伦比亚、波兰等 107 个国家或地区
	对大多数破产程序规定解决时限	意大利、日本、韩国、阿尔巴尼亚等 94 个国家或地区
	对庭外解决提供法律框架	阿根廷、中国香港、罗马尼亚等 82 个国家或地区

表 8　新加坡电子政府建设主要概览

类型	主要功能	服务内容
电子公民中心	电子公民中心（www. ecitizen. gov. sg）是依托用户需求、具有导航功能的门户网站，主要为用户提供搜寻和获取来自政府部门的各类信息，与政府部门进行网上互动，以及交费、缴税、申请许可等政府服务	电子公共服务中心设有 8 个板块,分别是文化、娱乐与体育,国防与安全,教育、学习与就业,家庭与社区发展,健康与环境,住房,运输与旅游,电子公众交流中心
电子商务服务中心	"企业通"作为新加坡最具代表性的电子商务服务中心,是由多个政府机构、商会、工会和新加坡生产力、标准和创新局共建,并由标新局负责支持和维护的综合性网站,集合了企业从注册到生产经营直至终止过程所涉及的所有政府事务办理	除为企业提供一切有助于商业发展的信息外,"企业通"连接了财政部支持的"政府商务中心",企业管理局支持的"商业文件",人力部支持的"工作在线许可"、"电子贸易申办"和"网上商业执照服务"等系统,为企业提供 120 项电子服务,包括执照和准证的申请、变更和终止,申请税务减免,政府采购与投标、申请专利、商务协助和财政资助、申请设施使用权、上网缴付款等内容

续表

类型	主要功能	服务内容
"一站式"服务中心	民联站（Citizen Connect）是为公众轻松便利地使用与政府网上服务的"一站式"服务中心，也是为无法上网或需要为使用政府服务的公众提供帮助的实体服务中心，由新加坡财政部、人民协会及其基层组织于 2005 年共同建立，目前已有 28 个	申请或重设电子政府密码；索取公积金户头结单；报告及支付公众联络所/俱乐部课程与活动；预定新加坡体育理事会的运动设施；申请数码图书馆户口及预留图书；申请或更新建屋发展局/市区重建局季度停车证；支付建屋发展局/失去重建局/交警罚单；预定、更改或取消 IPPT/补助训练（限于国民服役人员）；申请或更新饮食摊位或饮食店执照；申请就业通行证及工作准证；注册新公司或更新公司注册；其他更多网上服务与信息

第五，探索"电子政务"应用的全面深度化。政府应用信息技术创新管理方式的核心是建立整合各项管理资源、提供一站式服务、吸引公众有效参与的电子政务，即通过网络平台将多个政府部

表 9　新加坡电子公众服务中心的便利与效益

名称	在柜台办理	在线办理
提交转售申请	● 访问柜台：1 个 ● 处理时间：3 天	● 无需访问柜台 ● 处理时间：2 天
申请建立公司	● 成本：1200 ~ 1500 元 ● 处理时间：5 天	● 成本：300 元（固定收费） ● 处理时间：2 小时
提交建设计划	● 访问机构：12 个	● 无需访问机构 ● 为用户节省 450 元
获得公共娱乐场所执照	● 访问机构：7 天 ● 处理时间：8 周	● 无需访问机构 ● 处理时间：8 周
申请护照	● 访问柜台：2 个 ● 处理时间：7 天	● 访问柜台：1 个 ● 处理时间：3 天 ● 为用户节省 10 元

门原本分散的服务整合到一个流程中，提供一站式的对外服务，推动公众参与互动，使得先进信息技术与服务关系创新有机结合。新加坡的电子政府建设是最具代表性的案例之一。新加坡是全球公认的电子政府发展最为领先的国家，建成高度整合的全天候电子公共服务平台，电子政府平台按照用户需求设政务、市民、企业和外国人四大门类，提供一年 365 天、每天 24 小时的"一站式"服务，覆盖了政府 98％的公共服务内容检索。

二　厦门打造一流国际化营商环境的进展和经验

世界银行在《2013 年全球营商环境报告》中指出，"人们已经普遍认识到，为企业家创造一个更为友好的环境对实现经济增长至关重要"。在招商引资阶段，常有"要想富先修路""路通财通"的说法，讲的就是良好的交通基础设施可以降低企业运营成本。而同样重要的，还包括一个城市或地区的基础设施、商业制度、信用意识、法治精神等软环境。这种软环境，在某种程度上可视为一种与物质资本、人力资本相对应的社会资本或制度资本，它能协调人们的行动、提高物质资本和人力资本的投资收益、推动区域经济发展。

打造国际一流营商环境，说到底考验的是政府服务，政策是第一保障，政府改革是关键。营商环境建设，提出了政府简政放权、职能转变和服务创新的迫切性。要求政府直接向社会公众提供一部分公共服务事项，按照一定的方式和程序，交由具备条件的社会力量承担，并由政府根据服务数量和质量向其支付费用。在这个过程中，政府从"无所不包""大而全"的公共服务生产者和提供者向公共服务评价者和监督者转变，逐步实现事业单位"养人"向"养事"的转变。通俗地说，就是"百姓点菜、政府买单、社会力量干活"。

厦门一直拥有良好的基础设施，以国内领先的城市环境而著称。改革开放以来，厦门政府职能基本实现了从管理型向服务型的转变，经济管理实现了从传统的企业管理向全行业服务的转变，政府在开放型经济中的服务、监管和调控职能得到了极大的强化。2014年以来，厦门市将建设的重心转移到软环境上，以自贸区创新为契机，大力提高政府效率，营造公开、公正、公平的法治化营商环境。以自贸试验区建设和融入国家"一带一路"建设为契机，着力经济治理制度创新和管理创新，加快构建与国际投资、国际贸易通行规则相衔接的开放型经济新体制，围绕市场、政府、社会、开放、法治、要素和设施等方面进行营商环境建设，并取得了一系列新突破。比如，制定出台了《关于加强市场环境和开放环境建设 营造一流营商环境的行动计划》，对标世界银行营商环境评估指标体系，提出开办企业、办理施工许可、获得电力、登记财产、获得信贷等9个方面25项任务；坚持机制体制创新，率先推行"多规合一"城市治理体系、率先采取"一照一码"商事主体登记制度改革模式、率先建设国际贸易"单一窗口"、率先创新"三互"口岸监管机制等，率先推行"多规合一"城市治理体系。2015年9月6日，《厦门经济特区自贸试验区条例》结束向社会各界征集意见和建议，厦门片区地方立法调研工作正在有序推进。此外，厦门片区也积极从设立社会信用信息共享平台、国际商事仲裁院、国际商事调解中心、自贸试验区司法服务专窗等方面推动营商环境的优化。可以说，厦门营商环境的建设，实现从"外向带动"向"内部激活"的转变，已经在市场化、便利化、法治化和国际化等方面都取得了新突破。

厦门市发改委牵头开展营商环境顶层设计工作，明确了专项任务清单，强化工作调度机制，建立专家咨询和评估机制，并以共同缔造理念，牵头发动镇街广泛征集企业对于营商环境的意见建议，全力推动营商环境改善提升工作。把"市场宽松有序，政府高效透明，设施完善便捷，要素汇聚高效，开放便利可控，社会多元包容，法治公平公正"等国际一流营商环境的标准作为厦门努力的方向。按照《厦门市营造一流营商环境的行动计划》，市发改委牵头确定了相关任务清单，明确了 25 项任务，提出各行业部门分年度落实计划，确保在 2016 年 3 月前取得明显成效。

厦门海关，以自贸区创新为抓手，打造优质口岸通关环境，促进厦台经贸融合发展。落实简政放权，提升服务跨越发展能力，带来的效果极为明显。率先建设国际贸易"单一窗口"，实现了"一个窗口、一个平台、一次申报、一次办结"。进出口货物申报时间，从原来的 4 小时缩短到 10 分钟；船舶检验检疫申报时间，由 50 分钟缩短到 5 分钟，大大减少了船舶在港时间。率先创新"三互"口岸监管机制。关、检共用"一站式"查验平台，通关时间缩短 40%，每个集装箱节约成本 600 元。通过平台将口岸管理部门的业务流程由串联办理变为并联办理，有效简化申报流程、避免同类数据项重复录入。目前，自贸试验区报关报检一单两报、对台海运快件监管、跨境电商综合服务等业务都可以在该平台上实现"一站式"办理。国际贸易"单一窗口"为厦门片区内企业提供了更便捷、更便宜、更高效的服务，使厦门口岸贸易便利化走上

"互联网＋"之路。

厦门检验检疫局进一步深化检验监管模式改革，在风险可控的条件下，进一步降低部分进口商品抽检比例，促进闽台交流合作，提升通关便利化水平。

厦门商务局以自贸试验区为载体，在创新外商投资管理体制、构建外贸可持续发展新机制、建立促进"走出去"战略新体制等方面着力，以加快构建开放型经济新体制，主动对接国际标准，推动对外开放水平的提升。

2015年7月28日自贸区成立刚满3个月，厦门市场监管局和厦门片区管委会就共同制定出台了《服务中国（福建）自由贸易试验区厦门片区建设的若干意见》。该意见要求进一步创新市场准入机制，放宽商事主体名称选用限制、住所登记和经营场所备案条件，这对于加快推进厦门市自贸试验区建设，营造更加国际化、市场化、法治化的营商环境具有重大意义。在自贸试验区外设立经营场所，只要向市场监管部门备案，不用再另外申请成立分支机构。这项审批取消，降低了企业的创业成本。

厦门市经信局推动出台了稳增长的一系列政策，最大限度放大政策效应，激发市场活力，提振企业信心，包括《关于促进工业创新转型稳定增长十条措施》《关于进一步扶持小微企业加快发展八条措施》《厦门市关于加快互联网经济发展实施意见》等。厦门市不断完善中小微企业服务体系，为厦门工业4.0和智能制造提供支撑。此外，厦门市还积极帮助企业开拓市场，帮助企业"走出去"。

厦门市税务部门厘清权力边界，多措并举优化营商环境，让纳税人少来、少等、少带。国税局通过与"互联网＋"的结合，实现流程再造,目前厦门国税约95%的办税事项已经实现全程网上办理,通过电子眼监控预警,确保公权不滥用、用权有监督。国税局率先推出"手机领票"服务,通过"互联网+"为纳税人提供个性化的服务渠道。在厦门自贸试验区,厦门国税地税和有关部门密切配合,在半年时间里,从"三证合一"到"一证三码",最后到"一照一码",为全国"三证合一"全面改革作出了有益探索。

厦门火炬高新区管委会坚持全面推进与重点突破相结合,降低企业营商成本,特别是大力建设充满活力的创新创业生态环境,推动大众创业、万众创新,加强创新平台及要素建设,营造优良的创新创业氛围,吸引海内外人才。以打造千亿产业链(群)为目标,着力承载空间的拓展,加快火炬翔安产业园区、火炬同安产业园区、软件园三期、两岸新兴产业和现代服务业合作示范区等一批项目载体建设,吸引更多的"高、大、新"项目落地,为项目早开工、早竣工、早投产创造良好的条件。从火炬高新区到美丽的五缘湾乃至岛外各区,创客空间、创新孵化器、创意区等创意创业单元如雨后春笋般涌现,激发了厦门市"大众创业、万众创新"的活力。

厦门自贸区率先推行"多规合一"城市治理体系。实施建设体系流程再造,形成"四个一"工作机制,即一张图纸、一个平台、一张表格、一套机制。审批工作时限由180个工作日缩短到49个工作日,前期工作总时限压缩1/3以上。

这些举措,大大激发了企业家的创业和投资热情。截至2015年8月31日,厦门片区新设企业3008家;注册资本529亿元;在谈项目437个,总投资737亿元;累计企业8695家,注册资本930亿元。企业注册从最初的每个工作日5~6家增加为现在的35家。

2015 年以来，厦门新增各类商事主体 3.6 万户，注册资本 1182.5 亿元。

两岸贸易便利化。目前，厦门实行台湾输大陆商品快速验放机制，已有 110 种台湾产品通过监管审核，比"大三通"模式节省 2~3 天的时间。厦门片区率先出台专门政策措施，建设两岸青年创业创新创客基地，已吸引了 39 家企业入驻，正在办理注册手续的还有 35 家，另有 54 家有入驻意向。厦门全面试水跨境人民币贷款业务，首批签订 12 笔合作意向，协议金额 11.72 亿元。两岸信息消费研究院落户厦门片区，将在厦门着力打造城市运营管理和科技文化融合两大平台。

福建自贸区厦门片区对照世界银行评价体系 10 个方面 31 个指标，针对在开办企业、办理施工许可等 9 个方面 25 个指标上的差距，提出追赶行动计划。比如，正在试运行的社会信用信息共享平台，成为全国第二个社会信用信息共享平台和人行征信系统可并行查询的地区；厦门片区厦门国际商事仲裁院、厦门国际商事调解中心也已揭牌。

厦门片区还实现与"一带一路"的无缝对接。8 月 16 日，厦门片区开出中欧（厦蓉欧）、中亚国际货运班列，全程运行 15 日，比传统铁路运输时间缩短一半，运输成本降低 40%。同时，厦门还在加快建设 5000 多亩前场铁路物流园，加快推进海铁联运。厦蓉欧这条"黄金物流大通道"，将成为连通海上"丝绸之路"与陆上"丝绸之路"的节点，将中国大陆、中国台湾和东南亚以及欧洲紧密串联在一起。

这里需要重点提一下的是厦门市率先推出"三证合一、一照一号"的商事登记改革模式。概括来说，就是商事主体登记注册过程中，将原来由市场监管、质监、税务三个部门分别审批发放的营业执照、组织机构代码证、税务登记证进行整合，统一发放载有唯一证照编号的营业执照，相关部门实现数据交换、信息共享、并联办理，从自贸试验区综合服务大厅"一口受理"窗口正式受理，全部办结时限为3个工作日。厦门片区企业设立采用"一口受理、一表申报、并联办理、一照一号"的办法，主要流程如下：第一步，名称预核准，需登录厦门市商事主体登记及信用信息公示平台（www.xiamencredit.gov.cn）；第二步，用户注册，登录"中国（福建）自由贸易试验区厦门片区管理委员会"网站（www.xmftz.gov.cn），点击进入企业设立"一口受理"流程，根据提示内容输入相关信息；第三步，根据系统提示到自贸试验区综合服务大厅"一口受理"窗口递交申报材料；第四步，窗口受理后，将采集的信息立即通过系统共享至工商、质监、国税、地税等部门，并按照各自职责分工，启动办理流程；第五步，窗口领照，受理后的第3个工作日，企业到窗口领取载有唯一证照编号（24位）的营业执照。厦门片区分别在厦门国际航运中心二层及海沧区行政服务中心设有"一口受理"窗口为企业提供全方位、"一站式"服务。自2015年3月26日起在福建自贸试验区厦门片区新设企业正式实行"一照一号"登记模式，此前设立的企业以及从自贸试验区外新迁入的企业暂时保留原工商登记注册号、组织机构和税务登记号。

"三证合一、一照一号"登记模式，有以下特色：一是率先建立了开放式网络信息平台，企业设立、变更、查询等均可通过该平台自主操作，条件、程序公开、透明，极大地方便了企业；二是该平台整合、统一规范了原审批部门所需要的各类表格、表式，大幅度精简、压缩了申报内容，实行一表申报、信息共享，企业不需要重复填报大量的纸质材料，节省了时间和成本；三是对外商投资企业实行负面清单外备案制度，外商投资企业在网上通过经营范围比对实行备案；四是实行"一口受理"，各相关部门在系统平台（后台）上并联审批、核准、备案，企业不再分别到原审批部门提交材料和申报，企业设立仅需要 3 个工作日，提高了行政效率；五是实现多部门互联互通、信息共享、资源整合、流程简化，为事中事后监管奠定了良好的基础。

三 厦门营商环境评估：与国际前沿差距及改进方向

为了找寻厦门市营商环境与先进国家（地区）的差距，参照世界银行的国际化营商环境评价体系和标准，厦门市发展研究中心对影响企业"开办、营运、结束退出"等 10 个领域的 30 多项指标进行了评价。结果表明，厦门市对标新加坡、新西兰等先进国家还存在一定的差距[①]。结合国际先进经验，厦门市在这 10 个领域还有不少的工作需要开展。

（一）开办企业

厦门自评现状：得益于厦门市推行商事登记制度改革和并联审批，在厦门开办普通企业所需办理的手续数量仅 2 个（网上名称预审核、并联审批窗口递件），虽未达到世界最前沿水平，但比新加

---

① 本部分引自厦门市发展研究中心《"营商环境"国际比较研究报告》，《厦门发展改革动态和研究》2015 年第 26 期。

坡的手续数少 1 个。此外，由于全面实施资本认缴制，普通企业的最低实缴资本为 0，该项指标已达到世界最前沿水平（见表 10）。

表 10　厦门与先进国家"开办企业"指标比较

"开办企业"指标	新西兰（2015 年该指标排名第一）	新加坡（2015 全球营商环境第一）	厦门（自评）
手续（个）	1	3	2
时间（天）	0.5	2.5	4.5
成本（占人均国民收入的比重,%）	0.3	0.6	1.4
最低实缴资本（占人均国民收入的比重,%）	0	0	0

资料来源：参见厦门市发展研究中心《"营商环境"国际比较研究报告》；新西兰、新加坡数据来源于世界银行"Doing Business 2015"；厦门自评数据由市政务中心提供。

差距：尽管厦门市开办普通企业所需办理的手续较少，但办理手续时间理论上需 4.5 天，仍比新加坡多耗时 2 天。

根据世界银行《2015 年全球营商环境报告》，近年来全球各经济体在改善"开办企业"指标方面主要采取以下措施：简化前置手续或程序、取消或减少最低资本限制、取消或简化后置手续、引进或改进线上系统、提供"一站式"服务等。

表 11　全球在改善"开办企业"指标方面的主要做法

改进方式	主要做法
简化前置手续或程序（如发布、公证、检验及其他要求）	●内部流程一体化 ●将公司名称预登记统一到单一窗口
取消或减少最低资本限制	●取消最低资本要求 ●无需设银行账户、取得资金证书
取消或简化后置手续（如税务登记、社会安全注册、许可证等）	●取消对公司印章的要求 ●取消发布公司章程的要求

续表

改进方式	主要做法
引进或改进线上系统	• 引进线上商务登记平台 • 引进免费线上公司注册系统
提供"一站式"服务	• 建立企业电子数据库 • "一站式"包括预留公司名称、申请和获得注册号、发布章程等

资料来源：世界银行"Doing Business 2015""Doing Business 2014"；厦门市发展研究中心《"营商环境"国际比较研究报告》。

利用计算机网络技术平台是提升"开办企业"简易程度的关键。国际先进经验表明，以下三个方面是关键的突破点：①建立全面有效的电子数据库；存储新注册和现有企业的最新信息，便于记录、检索和统计；②提供"一站式"服务，即从一个窗口提交文件，再内部分发到不同部门，这种服务方式已经变得越来越普遍，目前全球已有100多个经济体推出"一站式"服务，其中64个为中低收入国家；③建设线上平台实现电子化审批，列入世界银行《2015年全球营商环境报告》的189个经济体中，已有144个经济体推出了线上登记平台，有些甚至整个商业登记过程都可以在线处理，常见的功能包括在线公司名称搜索、提交电子文件、网上备案年度账户、不同机构的数据交换等。

新加坡（2015年全球营商环境排名第一）和新西兰（2015全球"开办企业"手续和时间最少）在"开办企业"方面，最突出的做法是实现各部门间的数据互联互通，从而通过网络远程完成企业的登记注册，无需到窗口办理，大大节约了开办企业的时间和成本。新西兰不仅实现了线上完成企业登记注册全流程，更在2013

年推行了"一码通用"——以 13 位"新西兰商业编码"（NZBN）取代原来的税号和商业 GST 号。由于多个部门参与该项改革，目前 NZBN 可以在各项商业活动中无障碍地使用。NZBN 的引入，也被视为新西兰企业注册实现电子化的重要一步。

因此，厦门市在"开办企业"方面可以从以下几点入手加以提升：①推进全流程电子化审批，在目前"一站式"窗口递件和并联审批的基础上，进一步建设面向多部门的登记注册信息数据库，实现部门内的无纸化审批和部门间的信息互联互通；②建设线上企业登记注册平台，在实现内部全流程电子化审批的基础上，建设面向社会的线上企业登记注册平台，使用户可以通过网络平台完成企业登记注册全流程；③在全市范围推行"一照一码"，"一码通用"已经在部分先进经济体实施并取得较好成效，厦门自贸试验区在"一照一码"、"三证合一"等方面已取得明显成效，处于全国领先水平，可在全市范围内继续推动该项改革实施；④争取减少印章制作的时间和成本。厦门在"开办企业"的时间和成本（占国民收入的比重）两项指标上落后于新加坡，主要原因是印章制作耗时较长、收费较高，应争取推动快速制章和降低收费的先行先试。

（二）办理施工许可证

厦门自评现状：得益于厦门实施"多规合一"和并联审批改革，在厦门办理施工许可证仅需 5 个手续（项目备案及报建、工程规划许可、施工图审查、施工许可、竣工验收备案），手续个数的理论数值达到全球最前沿水平，但在实效性方面仍有待提升（见表 12）。

表 12　厦门与先进国家或地区"办理施工许可证"指标比较

"办理施工许可证"指标	中国香港(2015 年该指标排名第一)	新加坡(2015 年该指标排名第二)	厦门（自评）
手续（个）	5	10	5
时间（天）	66	26	76
成本（占建筑价值的比重,%）	0.4	0.3	7.6

资料来源：世界银行"Doing Business 2015""Doing Business 2014"；厦门市发展研究中心《"营商环境"国际比较研究报告》；中国香港、新加坡数据来源于世界银行"Doing Business 2015"；厦门自评数据由市政务中心提供。

差距：在办理手续时间方面，部门承诺为 54 个工作日（即日历天数 76 天），落后于新加坡 26 天的水平，且企业反映实际办理时间往往在 150 天以上。所需费用占建筑价值的比例约为 7.6%，远高于新加坡（0.3%）、中国香港（0.4%）。

根据世界银行 2014 年、2015 年的《全球营商环境报告》，近年来全球各经济体在改善"办理施工许可证"指标方面主要采取以下措施：建立有效的建筑法规、精简审批程序、提供"一站式"服务、引进或改进线上系统、建立风险分类审批制度等（见表 14）。

表 13　全球改善"办理施工许可证"指标的主要做法

改进方式	主要做法
建立有效的建筑法规	• 法规具有明确性和连续性,地方执行一致 • 法规具有灵活性,可不断更新调整
精简审批程序	• 取消重复设置的政府审批部门 • 简化申请文件 • 实行严格的审批时间限制
提供"一站式"服务	• 实现信息共享 • 建立共同监管机制

续表

改进方式	主要做法
引进或改进线上系统	● 推出电子政务平台,允许在线提交施工许可申请并简化内部审查
建立风险分类审批制度	● 根据建设目标、建设地点、建设规模的不同,对建设项目进行风险分类 ● 建立风险分类审批制度,简化部门认证和审批手续

资料来源:世界银行"Doing Business 2015""Doing Business 2014";厦门市发展研究中心《"营商环境"国际比较研究报告》。

其中,以下三个方面的改进措施效果较明显:①建立有效的建筑法规,对建筑商需要遵守和执行的所有事项进行明确规定,以避免施工延误和监管腐败。②提供"一站式"服务,以此简化流程,协调建设审批涉及的多方机构,建立共同监管机制。③建立风险分类审批制度,效率较高的政府往往采取风险分类审批制度,即根据建设项目的风险程度进行分类(基于建设目标、建设地点、建设规模等),并相应采取不同的审批程序,对风险较低的项目,如仓库等,要求的材料较少,审批程序较简单;对于高风险项目,如医院、电影院等,则有针对性地开展比低风险项目更多的安全审查。目前全球已有近90个国家采取风险分类审批制度。

世界银行在2015年的报告中特别强调了城市分区规划对简化建设审批的重要性,指出通过城市分区规划在地图上明确不同区域的允许用途,如住宅、商业、工业、公共建筑、公园和绿地等,并以条例明确不同区域的建筑尺寸、高度、外观形状和颜色、密度等,不仅可以确保投资者快速有效地办理施工许可手续,而且可以在规划过程中推动社会广泛参与,从而保护各方利益。

新加坡改善"办理施工许可证"主要做法如下。①在规划方面，制定实施总规划图和分区开发指导规则，明确规定了全国55个分区的土地用途、容积率、控制高度等基本使用要求。各空间的使用和建设必须符合规划意图，并由新加坡重建局（URA）制定更为细化的街道详图。②在审批方面，实现信息化、并联审查和分类受理。一是实现高度信息化，所有呈图、转送、审核、归档均可通过网络完成，实现全天候规划受理和审查。二是重建局（URA）在收件后即转送至各相关部门，各部门均在短时间内反馈意见，通过横向并联审查节约办理时间。三是针对不同类型的建设申请，进行分类受理并设定不同的审批时限。③对违规行为进行严厉处罚。新加坡规定对违反施工许可相关规定的行为处以10万元新加坡币以内的罚款，或12个月以下监禁，持续性犯罪每天处以1000元新加坡币以内的罚款。

因此，厦门市在"办理施工许可证"方面，亟待推进的工作如下。①建立风险分类审批制度。根据建筑的复杂性，对项目进行风险分类。针对不同风险类型，采取不同的监管级别，优化审批流程，从而减少低风险项目的办理手续和时间。②完善"多规合一、业务协同"平台，引入分区规划制度。进一步完善"一站式"服务，优化并联审批流程，建立有效机制协调各审批机构工作，确保信息共享。并在"多规合一"平台中引入分区规划制度，明确不同区域的用途和具体建筑规范，提高建设审批效率。③简化审批文件和事项。在满足市场规范运行的基础上，最大限度地简化或取消依据地方性文件设定的审批要件。进一步简化前置审批事项，将部分审批事项由事前审查改为事中、事后审查，减少前置审批手续。

（三）获得电力

厦门自评现状：企业获得高压电力仅需办理 4 个手续（"一证启动"、供电方案答复、竣工报验、签订供电合同），与新加坡手续数量相同（见表 14）。

表 14　厦门与先进国家"获得电力"指标比较

"获得电力"指标	韩国（2015 年该指标排名第一）	新加坡（2015 全球营商环境第一）	厦门（自评）
手续（个）	3	4	4
时间（天）	18	31	60
成本（占人均国民收入的比重,%）	41.1	26.3	477

资料来源：厦门市发展研究中心《"营商环境"国际比较研究报告》；韩国、新加坡数据来源于世界银行"Doing Business 2015"；厦门自评数据由市电业局提供。

厦门市在获得电力方面与国际前沿水平的差距：尽管手续较少，但办理耗时较长（60 天），新加坡仅需 31 天，排名第一的韩国仅需 18 天；成本较高（占人均国民收入的 477%），远高于新加坡（26.3%）、韩国（41.1%）。

根据世界银行报告，近年来全球各经济体在改善"获得电力"指标方面最普遍和有效的措施包括简化审批程序、加强费用和程序的规范性、提高电力连接效率等（见表 15）。①简化审批程序。通过优化流程，降低对接延误和重复手续，将审批程序简化为提交申请、完成对接和获得最终检查等环节。对于电缆入地或延展连接电线的操作，缩短电力公司获得挖掘许可或使用道路权力的时间。②规范电力行业。在保障用电安全方面，主要通过对电力行业的监管而非对接电程序的监管来实现。比如，与电力合同商签订有清晰责任的合作协议，要求按照高标准施工、施工技师必须取得由权威机构颁发的房屋电力安全安装注册执业资格等。③加强费用和程序的规范性。在发达经济体，往往可以在规章制度、网页、小册子、用户服务卡上获得明确的费用信息。比如，在电力机构官网上详细发布根据不同连接方案、不同公司所计算的电力连接费用；提供分析用电行为的模拟工具，使用户可更有效地利用能源。④减少获得电力所需缴纳的押金，或实施有偿返还押金制度。

表15　全球改善"获得电力"指标的主要做法

改进方式	主要做法
简化审批程序	• 减少审批手续 • 电力公司获得挖掘许可
加强费用和程序的规范性	• 透明的获得电力所需费用及程序信息 • 减少押金
提高电力连接效率	• 聘请私人承包商完成电力外部连接工作

资料来源：世界银行"Doing Business 2015""Doing Business 2014"；厦门市发展研究中心《"营商环境"国际比较研究报告》。

由此看来，厦门市在"获得电力"方面，可以推进的工作如下：①简化办电服务流程。实施"一站式"服务，客户申请用电后，由供电公司安排专职客户经理跟踪流程，代为承办内部流程和协调事宜。进一步简化或取消办电环节，取消普通客户受电工程设计审查和中间检查环节，压缩流程和办理时间，提高效率。②向上争取收费政策优化。积极向国家及省物价管理部门争取适当调整供电业务收费标准或下放收费权限。③提供更有效的获得电力所需费用信息。除了公布供电公司办电流程收费情况外，进一步调研并规范各施工公司收费行为，发布根据不同连接方案、不同公司所计算的电力连接全流程费用。

（四）登记财产

厦门自评现状：企业买卖仓库进行的财产登记仅需 2 个手续环节（窗口递件、缴税），比新加坡少 2 个手续。财产登记所需费用占财产价值的比例也较低（见表 16）。

表 16　厦门与先进国家"登记财产"指标比较

"登记财产"指标	格鲁吉亚（2015 年该指标排名第一）	新加坡（2015 全球营商环境第一）	厦门（自评）
手续（个）	1	4	2
时间（天）	1	4.5	30
成本（占财产价值的比重，%）	0.1	2.8	3.6

资料来源：厦门市发展研究中心《"营商环境"国际比较研究报告》；格鲁吉亚、新加坡数据来源于世界银行"Doing Business 2015"；厦门自评数据由市国土房产局提供。

差距：尽管手续较少，但耗时较长，需花费 30 天，远高于新加坡（4.5 天）和格鲁吉亚（1 天）。

根据世界银行报告，近年来全球各经济体在改善"登记财产"指标方面主要采取以下措施：设定办理期限、降低税费、取消或简化财产登记手续、无纸化管理等（见表 17）。

国际先进经验表明，以下两个方面是关键的突破点：①提供"一站式"服务，即从一个窗口提交登记财产所需文件，不需要分别到土地、税收、资产评估等相关部门办理相关程序，从而有效减

表 17 全球改善"登记财产"指标的主要做法

改进方式	主要做法
设定办理期限	● 采取办理时限承诺制 ● 通过电子化操作和重组等手段提高办理效率
降低税费	● 降低财产转让税 ● 取消或减少登记财产费用
取消或简化财产登记手续	● 提供"一站式"服务 ● 取消或减少部分程序
无纸化管理	● 引进线上电子财产登记系统

资料来源：世界银行"Doing Business 2015""Doing Business 2014"；厦门市发展研究中心《"营商环境"国际比较研究报告》。

少企业与政府部门打交道的频率，缩短财产登记时间。建立"一站式"服务的关键是要协调好土地、税收、资产评估等相关部门。②建设线上电子登记系统，实现电子化管理。在全世界63%的经济体中，财产登记处设有电子档案。电子化管理比纸质管理能节约近一半的时间，且出错率低，也能更容易地获取信息。全球已有119个经济体建立了财产电子登记系统，实现无纸化管理。

新加坡在改善"登记财产"指标方面，最突出的做法是建立电子登记系统。2013年新加坡推出了不动产电子登记系统。通过该系统，所有人都能查到某一张地契所在地块的详细信息，如果房主姓名和国籍，以及这套房屋建好后曾经转手过多少买家、有无相关贷款和按揭等信息。如果支付更多的信息费，还可以查看房屋所在地块的市政规划图，由此判断未来地铁线路等基础设施建设是否会影响到房屋的前景等。上述信息不仅对房屋买卖的委托律师和房产中介开放，普通人在政府土地管理局也可查询获得。

对策建议如下：①简化财产登记手续。精简土地房屋登记收件

材料，研究简化单位存量房转移登记材料（如企业章程、股东会
或董事会决议、股东决定等）。对收件材料少、审查难度小的业务
进一步压缩办理时间。②提高财产登记电子化水平。继续推动房产
登记的电子化建设，实现内转环节和管理无纸化。在条件成熟时，
争取在全国先行先试电子财产登记系统。③适度公开土地房屋信
息。结合全国不动产登记和信息电子化进程，研究对社会适度开放
相关信息的相关机制，促进土地房屋买卖市场进一步规范。

（五）获得信贷

厦门自评现状：信用信息指数是用以衡量信贷信息覆盖面、范
围和开放程度的指标。厦门信用信息指数分值为 7 分，与新加坡持
平（见表 18）。

表 18　厦门与先进国家"获得信贷"指标比较

"获得信贷"指标	新西兰（2015 年该指标排名第一）	新加坡（2015全球营商环境第一）	厦门（自评）
信用信息指数（0~8 分）	8	7	7
合法权利指数（0~12 分）	12	8	4

资料来源：厦门市发展研究中心《"营商环境"国际比较研究报告》；新西兰、新加坡数据来源于世界银行"Doing Business 2015"；厦门数据中"合法权利指数"由于法律制度与北京、上海相同，参照世行对北京、上海的取值；"信用信息指数"自评数据由人行厦门支行提供。

差距：合法权利指数是用以衡量担保和破产法保护借方和贷方
权利情况的指标，厦门合法权利指数分值为 4 分，远低于新加坡
（8 分）和新西兰（12 分）。

根据世界银行报告，近年来全球各经济体在改善"信用信息

指数"指标（提高信用信息覆盖率和征信系统使用率）方面，主要采取以下措施：扩大信用信息共享范围和类型、改进信用报告监管框架、增加信用增值服务、在线获取信息等（见表19）。

表19 全球改善"信用信息指数"指标的主要做法

改进方式	主要做法
扩大信息共享范围和类型	• 信用报告中同时发布正面(如按时偿还贷款)和负面(如拖欠和逾期付款)信息 • 采集非银行信用信息,将电信运营商、电力公司、天然气公司等零售商和公用事业公司数据作为信用信息来源
降低或消除贷款信息门槛	• 收集和发布小额信贷数据
在线获取信用信息	• 提供互联网在线访问 • 提供用户和征信机构系统间的连接和集成
增加信用增值服务	• 信用评分 • 营销服务 • 组合监控 • 债务收集
改进信用报告监管框架	• 设立由中央银行管理的中央信贷登记部门

资料来源：厦门市发展研究中心《"营商环境"国际比较研究报告》；世界银行"Doing Business 2015""Doing Business 2014"。

新加坡信用信息管理的特点如下：①建设完备的信用数据信息系统。客户只需一次录入或更新，该系统即可在各机构之间完成数据交换和信息共享集成，实现单点接入和无缝、迅速的服务。②征信管理私有化运作。新加坡有两家征信系统公司（新加坡消费者信贷资料中心、新加坡DP资讯集团）。其中，消费者信贷资料中心主要运营个人消费信贷记录信息，而DP资讯包括个人和企业的记录。③信用记录双向公开。新加坡消费者信贷资料中心在管理信用记录时遵循双向透明的原则，一方面会员企业可以通过数据库查询消费者的信用报告，据此评估其消费信贷风险；另一方面，作为个人的消费者可以通过现场、邮局及网络查询自己的消费信贷报告，如果信息有误，可随时提出异议。④信用数据全面覆盖。新加坡消费者信贷资料中心的数据覆盖当地每一名使用消费信贷的个人，其 25 家会员金融机构的消费信贷记录全部进入数据库，不仅包括负面信息，也包括正面信息。

结合厦门市社会信用体系和信用信息共享平台建设情况，推动改善"信用信息指数"指标。①扩大公共信用信息规模和覆盖面。进一步归集、发布法人和自然人的信用信息。除了银行征信信息外，还要加快各政府部门和公共事业公司相关数据归集，尽快实现各机构实时或定期向厦门市社会信用信息共享平台推送数据。培育信用第三方机构，归集各零售商的信用数据。②完善信用信息发布制度和载体。规范信用数据发布规则，在厦门市社会信用信息平台建设的基础上，开通信用信息发布和查询服务功能，为社会公众、企业和信用服务机构提供查询服务。③鼓励信用评级及应用。发展壮大信用评级机构，提升信用评级水平。鼓励和引导金融机构加强对信用评级信息结果的应用；引导企业积极运用信用评级、信用保险等信用服务产品扩大融资。推动政府部门在行政审批、资金扶持、园区准入等过程中，加强对企业信用登记评定结果的应用。

根据世界银行报告，近年来全球各经济体在改善"合法权利指数"指标方面主要采取以下措施：一是成立统一的动产登记机构；二是引入多功能、全面、集成的担保交易制度，如以法律形式允许使用所有类型的动产作为抵押物进而取得贷款；三是在重组过程维护担保债权人的权利；四是允许法院强制执行；五是扩大可作为抵押物的动产范围；等等。

"合法权利指数"主要取值于担保法和破产法的规定，由于依照《中华人民共和国立法法》，担保、破产方面的民事基本法律制度和诉讼制度属于国家专属立法事项，地方没有相应的立法权限，难以进行立法突破，"合法权利指数"指标未列入厦门市《关于加强市场环境和开放环境建设 营造一流营商环境的行动计划》，建议后续由相关部门进行专题研究改进。

（六）保护少数投资者

纠纷调解指数是用以衡量关联方交易透明度、交易问责及股东诉讼中取得证据和法律费用情况的指标。从厦门自评情况看，厦门纠纷调解指数分值为 5 分，远低于新加坡和新西兰的 9.3 分（见表 20）。股东治理指数是用以衡量股东的监管权力、董事会结构合理性及公司信息透明度情况的指标。厦门股东治理指数分值为 5.3 分，也远低于新加坡（6.7 分）、新西兰（7 分）。

表 20 厦门与先进国家"保护少数投资者"指标比较

"保护少数投资者"指标	新西兰（2015 年该指标排名第一）	新加坡（2015 全球营商环境第一）	厦门（自评）
纠纷调解指数（0~10 分）	9.3	9.3	5
股东治理指数（0~10 分）	7	6.7	5.3

资料来源：厦门市发展研究中心《"营商环境"国际比较研究报告》；新西兰、新加坡数据来源于世界银行"Doing Business 2015"；厦门数据中"纠纷调解指数"由于制度与北京、上海相同，参照世行对北京、上海的取值；"股东治理指数"自评数据由市证监局提供。

根据世界银行报告，近年来全球各经济体在强化"保护少数投资者"方面主要采取以下措施：保证关联方交易的透明度、在关联方交易表决中引入非利害关系股东、明确董事的行为责任等（见表21）。

表 21　全球改善"保护少数投资者"指标的主要做法

改进方式	主要做法
保证关联方交易的透明度	• 制定关联方交易信息披露的严格规定 • 制定相关法律条款 • 要求公司在年报中提供关联方交易的信息
在关联方交易表决中引入非利害关系股东	• 要求关联方交易获得股东表决 • 要求关联方交易获得非利害关系股东的赞成 • 要求由一个独立机构（如独立审计师）评估这些交易的条款，并出具评估意见，从而辅助股东做出正式决策
明确董事的行为责任	• 针对非公平交易中公司董事承担的责任制定明确的规则，使董事有效履行职责 • 制定公司董事在关联方交易过程中的滥权行为应当承担的责任规则
为获得公司文件提供便利	• 允许完全获得庭审中和庭审前的文件证据 • 允许股东向政府检察官申请，获得检查和取得公司任何文件复件的充分权力 • 要求涉案公司在庭审中公开文件以备检查
在公司管理中增强股东的作用	• 颁布防止公开上市公司股票合并过程中滥用补偿金的法令 • 引入多重保护，包括建立补偿金委员会和增加董事成员补偿金计划的透明度

资料来源：厦门市发展研究中心《"营商环境"国际比较研究报告》；世界银行"Doing Business 2015""Doing Business 2014"。

与其他国家相比，新加坡中小股东权利能更好地被法律所保护，当大股东或管理者的行为违背企业或股东利益时，中小股东可以获得有效的补救措施。2001年，新加坡国会通过《证券与期货法》，首次将新加坡证券业法、期货交易法、交易所法、公司法部份条文等并入一个全新的法律。该法首次确立新加坡金融管理局（Monetary Authority of Singapore，MAS）作为证券与期货市场监管主体的地位；在 2005 年的修改案中，明确新加坡交易所（SGX）为日常市场监管的负责机构。新加坡《证券与期货法》非常重视保护中小投资者和中小股东的利益，依据该法，MAS 有权为保护小投资者或社会公共利益而禁止某些特定证券交易。

对策建议如下：①保障中小投资者的知情权。健全内部信息披露制度和流程，制定真实、准确、完整、及时的信息披露规则，披露内容应简明易懂、充分揭示风险，从而使中小投资者充分获得有效信息。②健全中小投资者投票机制。特别是建立中小投资者单独计票机制，当上市公司股东大会审议影响中小投资者利益的重大事项时，实行对中小投资者表决单独计票，并报送证监部门。③建立健全多元化纠纷解决机制和中小投资者赔偿机制。由证监部门健全登记备案制度，支持投资者与市场经营主体协商解决争议。支持自律组织、市场机构依法开展专业调解，为中小投资者提供免费服务。优化中小投资者依法维权程序，督促违规或涉案当时人依法赔偿投资者。

（七）纳税

从厦门自评情况看，"纳税"方面与国际前沿水平差距较大（见表22）。厦门纳税时间 222 小时，远高于新加坡（82 小时）、阿联酋（12 小时）；总税率为 64.5%，远高于新加坡（18.4%）、阿联酋（14.8%）。

根据世界银行报告，近年来全球各经济体在改善"纳税"指标方面的改革趋势是降低税率、提高纳税便捷度和改变税收减免政策。最常见的改革是降低收入所得税税率，2004～2012 年全球平均

表 22　厦门与先进国家（地区）"纳税"指标比较

"纳税"指标	阿联酋（2015 年该指标排名第一）	新加坡（2015全球营商环境第一）	厦门（自评）
纳税次数（次/年）	4	5	7
纳税时间（天/年）	12	82	222
总税率（占利润的比重,%）	14.8	18.4	64.5

资料来源：厦门市发展研究中心《"营商环境"国际比较研究报告》；阿联酋、新加坡数据来源于世界银行"Doing Business 2015"；厦门数据中"纳税次数""总税率"由于税制与北京、上海相同，参照世行对北京、上海的取值；"纳税时间"自评数据由市国税局、地税局提供。

总税率下降9.1个百分点。在提高纳税便捷度方面，全球经济体的主要做法包括税收电子化、不重复征税、开展纳税人诚信管理等（见表23）。

表 23　全球改善"纳税"指标的主要做法

改进方式	主要做法
税收电子化	• 在网上发布详细的帮助手册和演示表格 • 分发载有软件和帮助内容的光盘 • 在税务机构办事处设置帮助中心 • 与特许会计师协会合作,组织会计师与纳税人电话直播问答
不重复征税	• 合并或取消某些税种 • 针对同一税基,允许联合申报和缴纳税款 • 统一和简化税收制度,包括社会保障法律规定等
开展纳税人诚信管理	• 提高税收规则的透明度 • 自动报告处理过程 • 开展审核过程的风险评估 • 加大违规处罚力度

资料来源：厦门市发展研究中心《"营商环境"国际比较研究报告》；世界银行"Doing Business 2015""Doing Business 2014"。

其中，力度最大是实行税收电子化，大部分国家都积极采取措施简化税收征缴程序，引入或完善税务文件提交系统、收款支付系统，减轻纳税人和征税管理负担。一是对于税务机关，可减少工作量，节约时间，降低存储文档和处理纳税申报等管理成本，并提高纳税依从度。二是对于纳税人，电子报税可以降低差错率，使纳税准备、缴纳和归档更便捷。三是可减少潜在腐败的发生。

新加坡针对"纳税"的改革主要做法如下：①简化税种。经过多年改革，目前新加坡的主要税种数量较少，主要有所得税、商品和劳务税、机动车税、财产税、印花税、博彩税、关税等。②降低税率。为促进外向型经济，尤其是高新科技与战略性产业发展，新加坡政府不断降低所得税（最主要税种）税率，同时推出双重税收扣除、5~10年所得税全免等颇具力度的税收优惠政策。此外，新加坡还设计了各种有利于投资和吸引人才的税收扣除及减免优惠政策，进一步减轻了新加坡企业和个人的实际税负，使新加坡经济与税源之间形成"相生相长"的良性循环。③税收电子化和信息化。新加坡国内税务局专门建立了税收计算机中心，对各种税收的征收、资料储存及查询进行电子化和信息化改革，并建立以联网数据库为支撑的信息分析处理系统。税收电子化和信息化使报税和查税都很方便，也降低了税务机关稽查成本。④完善纳税人诚信管理制度，主要包括：充分培养纳税人的纳税意识；主动服务、方便纳税人，简化纳税程序；严格检查、奖罚分明、司法介入等。2014年新加坡的个人所得税申报率再破纪录，达到95%。

对策建议如下：①实行全面便捷的税收电子化。进一步完善全税种网上申报和缴税系统，提高企业电子申报缴纳比例。完善网上涉税审批系统，提高无纸化办税率，扩大网上审批备案项目范围，压缩涉税审批时限。继续推行普通发票网上申领和寄送工作，实现纳税人足不出户就能领用发票。通过开发 APP，积极推广掌上移动办税平台和发票申领系统。②开展纳税咨询辅导和宣传。定期进行专题纳税辅导，对纳税人在计算税额和申报填写时需耗时较多的项目开展辅导，减少企业纳税时间。通过互联网、APP、电视、报纸等多渠道加大税收政策宣传力度，使纳税人能及时了解、掌握税收的新规定和新政策。③加强国、地税间业务合作。在特定区域实行国、地税业务"一窗联办"，成熟后向全市推广。探索试行国、地税电子化业务的"一网联办"。

此外，由于自贸区和其他国家政策不涉及税收优惠，向中央争取普惠的税率降低难度较大，"总税率"指标未列入厦门市《关于加强市场环境和开放环境建设 营造一流营商环境的行动计划》，建议后续由相关部门进行专题研究，从特定行业、特定领域等方面进行突破和改进。

（八）跨境贸易

厦门自评现状：得益于厦门海关、检验检疫等口岸部门"三互""三个一"改革试点工作的推进，以及厦门口岸大通关一体化平台的更新升级，在厦企业办理出口仅需 5 天，比世界最前沿水平新加坡少 1 天（见表 24）。

差距：在提交文件（单证）数量方面，厦门市出口需提交 5 件，进口需提交 7 件，多于新加坡和中国香港（进出口均为 3 件）。在成本方面，厦门市出口成本 600 美元/箱，基本上与中国香港基本持平，但高于新加坡（460 美元/箱）；厦门市进口成本 650 美元/箱，高于新加坡（440 美元/箱）、中国香港（565 美元/箱）。在时间方面，厦门市企业办理进口手续需 6.5 天，多于新加坡（4 天）、中国香港（5 天）。

表 24　厦门与先进国家或地区"跨境贸易"指标比较

"跨境贸易"指标	新加坡（2015 年该指标排名第一）	香港（2015 年该指标排名第二）	厦门（自评）
出口文件/单证数（件）	3	3	5
出口时间（天）	6	6	5
出口成本（美元/箱）	460	590	600
进口文件/单证数（件）	3	3	7
进口时间（天）	4	5	6.5
进口成本（美元/箱）	440	565	650

资料来源：厦门市发展研究中心《"营商环境"国际比较研究报告》；新加坡、中国香港数据来源于世界银行"Doing Business 2015"；厦门自评数据由市商务局提供。

根据世界银行 2014 年、2015 年的《全球营商环境报告》，近年来全球各经济体在改善"跨境贸易"指标方面主要采取以下措施：引进或改进电子系统、引入电子单一窗口、改善海关管理、加强基础设施建设、改进港口管理程序、改进风险检验等（见表 25）。

表 25　全球改善"跨境贸易"指标的主要做法

改进方式	主要做法
引进或改进电子系统	• 使用电子数据交换系统,减少通关时间 • 允许以电子方式提交和处理进、出口文件
引入电子单一窗口	• 建设并完善贸易电子单一窗口
改善海关管理	• 减少必须提交的单证 • 取消登记进、出口合同
改进港口管理程序	• 推出集装箱码头预定电子系统 • 在港口推出新的终端操作系统
加强基础设施建设	• 修建关键运输道路 • 加强港口投资建设,减少船舶等待时间
改进风险检验	• 引进风险检验的扫描仪设备

资料来源：厦门市发展研究中心《"营商环境"国际比较研究报告》；世界银行"Doing Business 2015""Doing Business 2014"。

其中，最有力的举措是引入电子单一窗口。实行电子单一窗口可以从三个方面提高贸易便利化：一是可有效提高信息在各相关单位（包括政府各口岸部门、私人代理机构、银行、保险等）的利用率，从而减少贸易时间和成本；二是有助于系统地采集数据，帮助口岸部门以风险程度进行分类管理，从而提高进出口货物查验效能和通关速度；三是可以结合门户网站建设，提供关税、法律的最新信息，并整合线上支付系统，使企业能够快速、准确地进行操作。

作为全球"跨境贸易"便利度排名第一的经济体，新加坡在建立贸易电子单一窗口方面一直处于全球领先地位。新加坡贸易发展局在 1989 年就启动建立 TradeNet 自动化系统，以电子报关和电子审单为基础，连接海关、检验检疫、税务、安全等 35 个政府部门，与进、出口（包括转口）贸易有关的申请、申报、审核、许可、管制等全部手续均通过该系统处理。该系统 24 小时运行，企业通过电脑终端最快 10 秒钟即可完成全部申报手续，10 分钟即可获得批准与否的答复，货物是否需要查验也由 TradeNet 系统来自动确定。TradeNet 系统正在逐步发展为一个国际性网络，其已实现与日本富士通网络、美国 GE 网的联网。同时新加坡积极与其他东盟国家进行联网建设，提出了于 2015 年建成东盟单一窗口的宏伟目标。

2007 年起，新加坡致力于打造"贸易交换网"（TradeXchange）该系统对原有的 TradeNet 进行拓展，主要功能包括：贸易单证的准备（如商业发票、货票等）、供应链管理、物流和货运管理、贸易融资（如外贸保险、保理等），可实现贸易商业运作和管理制度之间的无缝连接。同时，新加坡积极推进电子供应链管理（eSCM）、无线射频识别（RFID）、物流及航运领域的 ICT 技术革新，通过中央系统监控，可以实时看到货物在港口和公路的流转情况，使港口和其连接的公路运力得到最大化发挥。

对策建议如下：①完善口岸通关一体化平台。连接海关、国检、边检、海事等政府口岸部门，将与进出口贸易相关的申请、申报、审核、许可、管制等全部手续均通过该平台处理，实现全程无纸化通关，以及贸易货物一次申报、一站式联合查验和一次放行。②建设港口管理平台。连接港务局、船公司、仓库中转站和货车运输业等单位，以先进的技术平台和高效的数据交换，使企业在线获得船只进出港信息、货物在港状态，以及预定舱位、拖车处理、集装箱运输实时跟踪等信息，提高外贸物流运作效率。③打造无缝连接的电子单一窗口。在口岸通关一体化平台和港口管理平台建设、运行较完善的基础上，推动两个平台的对接整合，并进一步接入外贸企业、货代、银行、保险等机构，实现单证准备、通关检验、贸易融资、供应链管理、物流货运管理等功能的无缝连接。④与商界合作，让企业全程参与。借鉴新加坡推行的“客户导向”的做法，在外贸单一窗口建设过程中，深入调研企业的意见和建议，邀请企业深度参与单一窗口的方案设计，满足企业的实际需求。

（九）执行合同

厦门自评现状：企业执行合同成本较低，占标的额的比重为14%，低于新加坡（25.8%）（见表26）。

差距：企业执行合同所需办理手续36个，多于新加坡（21个）、卢森堡（26个）；执行合同耗费时间是指从原告方决定向法院提起诉讼之时起至货款支付时止，厦门需要365天，多于新加坡（150天）、卢森堡（321天）。

表 26　厦门与先进国家"执行合同"指标比较

"执行合同"指标	新加坡(2015年该指标排名第一)	卢森堡(2015年该指标排名第二)	厦门(自评)
手续(个)	21	26	36
时间(天)	150	321	365
成本(占标的额的比重,%)	25.8	9.7	14

资料来源：厦门市发展研究中心《"营商环境"国际比较研究报告》；新加坡、卢森堡数据来源于世界银行"Doing Business 2015"；厦门自评数据由厦门中院提供。

根据世界银行报告，近年来全球各经济体在改善"执行合同"指标方面主要采取以下措施：①设立专门负责商业案件的法院或法官，使合同的执行更快且成本更低。商业法官是专门处理商业纠纷的专家，更具专业性；商业法院的程序也更为简单（常规法院需要书面程序，而商业法院允许口头辩论）。②允许以电子方式提出诉讼（见表27）。一是引入电子文档管理，将诉讼文件电子化；二是推出电子申请系统；三是允许法庭以电子文件的形式进行初始投诉和答辩；四是建立电子案件管理系统，实现案件自动分配，以及企业可在线访问法庭记录、检查案件进展、对法官和法庭进行评估等。

表 27　全球改善"执行合同"指标的主要做法

改进方式	主要做法
在主审法院提高程序效率	● 引入民事诉讼新规则 ● 简化和加速审判程序,降低成本 ● 调整案件金额门槛
引入电子诉讼系统	● 推出商业案件的电子诉讼系统 ● 允许律师在线提交初始传票

续表

改进方式	主要做法
引进或扩大专门法庭	• 成立专门的商业法庭 • 在法院内设立专门受理商业案件的机构 • 配置只解决商业纠纷的法官
提升法院自动化水平	• 推出电子诉讼制度，以简化程序
提高判决执行有效性	• 建立私人法警制度 • 建立违规债务人处罚条例

资料来源：厦门市发展研究中心《"营商环境"国际比较研究报告》；世界银行 "Doing Business 2015" "Doing Business 2014"。

新加坡改善"执行合同"指标的主要做法如下：①强调纠纷解决效率。在各国政府寻求平衡的合同自由度和纠纷解决效率之间，新加坡法律更强调纠纷解决效率，通过限制合同自由度来强化合同执行的确定性，使法院强制执行商业纠纷的平均时间仅需150天，为全球最高标准。各经济体的大量事实证明，缓慢的合同解决程序会抵消合同自由度带来的效用。②引入电子诉讼系统。2013年新加坡以"电子诉讼制度"的新升级系统替代了原来的"电子申请系统"，在新加坡司法机构延展了电子功能并简化诉讼程序，以提高效率和改善司法。该系统功能包括：一是申请可在网上完成或保存以便日后提交；二是案卷可以通过邮件、短信和警报实现主动管理；三是听证会的日期可以通过日程和管理软件选择；四是法院的用户可以通过门户网站访问自己的所有案件档案；五是专家证据可通过视频会议收集。

对策建议如下：①建设完善的电子诉讼系统。将海沧法院律师平台的先进做法推广至全市及各区法院。完善网上申请及确认立案、提交材料，以及送达、发送电子传票等功能。进一步研究拓展法庭以电子文件的形式进行投诉和答辩、用户在线访问法庭记录、检查案件进展等功能，从而提高司法效率。②探索开设厦门自贸区法庭。借鉴上海自贸区法庭的建设经验，开设厦门自贸区单列法庭，以商业案件为重点，实现涉自贸区纠纷的快速有效化解；针对自贸试验区建设涉及的新领域、新模式、新业态，从司法理念、审判机制、案件裁判等方面，促进自贸试验区跨境投资和贸易规则体系的率先建立。③有效减少法律费用。探索建立小额诉讼、公司诉讼等商业纠纷由败诉方承担合理诉讼和仲裁费用的机制。

（十）办理破产

厦门自评现状：破产框架力度指数包括启动程序指数、管理债务人资产指数、重整程序指数和债权人参与指数，厦门自评得分为14.5分，已达到世界最前沿水平，高于新加坡（9.5分）（见表28）。

表28　厦门与先进国家"办理破产"指标比较

"办理破产"指标	芬兰（2015年该指标排名第一）	新加坡（2015全球营商环境第一）	厦门（自评）
回收率（%）	90.2	89.7	36
破产框架力度指数（0~16分）	14.5	9.5	14.5

资料来源：厦门市发展研究中心《"营商环境"国际比较研究报告》；芬兰、新加坡数据来源于世界银行"Doing Business 2015"；厦门数据中"回收率"由于法律制度与北京、上海相同，参照世行对北京、上海的取值；"破产框架力度指数"自评数据由厦门中院提供。

差距：回收率指标是按照债权人通过重组、清算或债务执行（抵押物没收或破产）等法律行动收回的债务占债务额的比重来计算的。厦门回收率为36%，远低于芬兰（90.2%）和新加坡（89.7%）。

根据世界银行报告，近年来全球各经济体在改善"办理破产"指标方面主要采取以下措施：一是引入新的重组程序，提高破产重组的可能性；二是加强债权人权利保护，在破产程序中给予债权人委员会话语权；三是为庭外解决提供法律框架；四是对大多数破产程序规定解决时限；五是从法律上规定破产管理人具备专业或学术资格；六是改变撤销交易条款，允许撤销被低估的交易；等等。

"办理破产"各指标主要取值于破产方面的法律和诉讼制度。由于依照《中华人民共和国立法法》，破产方面的民事基本法律制度和诉讼制度属于国家专属立法事项，地方没有相应的立法权限，难以进行立法突破，"办理破产"指标未列入厦门市《关于加强市场环境和开放环境建设 营造一流营商环境的行动计划》，建议后续由相关部门进行专题研究加以改进。

四 展望：打造高效政府，实现良好治理 2.0 版

本文考察了厦门市打造国际营商环境方面的努力和自贸区创新举措，结合厦门市发展研究中心的评估报告，探讨了厦门市对标世界前沿水平的差距和发展方向。从更高的层面看，未来厦门应从五个方面丰富国际一流营商环境的内涵。第一，在经济运行上与国际接轨，如市场秩序和对外开放程度在全国居于前列，国有、私营、外资企业等混合所有制经济较为活跃且能基本平等地参与市场竞争，具有较好的创新环境。第二，产业实力在国际价值链分工处于中游以上的水平。厦门高新技术与知识型密集产业保持较快发展速度，服务业较为发达，成为海峡西岸航运物流、旅游会展、软件信息的重要中心城市。第三，在基础设施上达到国际标准。第四，在

社会治理上向国际看齐,政务环境高效专业、廉洁透明的政府服务
体系;社会治安良好。第五,在文化环境上对国际开放。民众普遍
具有较高的道德水准、教育素质和法律意识,具有开放和亲商重商
意识,在包容国际文化的同时具有闽南地方文化特色。

我们需要再次强调的是,打造国际一流的营商环境,其核心是
政府转型和职能转变,实现高效服务和有效治理,即"良治"(或
"善政",good governance)。良治是指政府提供充分的公共物品,
行政服务高效,为保障竞争和公共秩序而实行有效的监管,程序合
法而透明等。联合国亚太经济与社会委员会(UNESCAP)认为,
实现有效治理,需要从保证公民参与、落实法治、强调公共决策的
共识导向、实现所有公民的政治平等、提高透明度、强化责任政府
与问责制、改善政府对公民需求的回应性以及提升政府效能与行政
效率等 8 个方面入手。这也可以被视为联合国对亚太地区国家
"推进国家治理体系与治理能力现代化"提出的建议。

如何衡量国家治理体系与治理能力现代化的程度呢?目前最流
行 的 方 法 是 "世界治理指数"(World Governance Indicators,
WGI)。世界银行推出的这一指数由 6 个指标构成,分别是:公民
表达与政府问责、政治稳定与低暴力、政府效能、管制质量、法
治、控制腐败。世界银行认为,国家治理体系与治理能力现代化的
目标,应该是更强的政府问责、更高的政治稳定与更少的社会暴
力、更高的政府效能、更高的管制质量、更完善的法治、更少的腐
败。OECD 也提出了好监管(good regulation)的"八原则"[①]:服

---

① OECD, OECD Guiding Principles for Regulatory Quality and Performance, www.oecd. org/fr/
reformereg/34976533. pdf, accessed 10 October 2012.

务于明确的政策目标，并能有效地实现这些目标；健全的法律和经验基础；产生收益，证明成本的正当性，把对经济、环境和社会的影响考虑在内，考虑到对全社会及各部分的效应；把成本和市场扭曲降至最低；通过市场激励和目标导向的方法促进创新；为服务用户而更清晰、简单和实用；与其他的法规和政策相一致；在国内和国际层面的原则，尽可能兼容竞争、贸易和投资便利化。

厦门的政府服务效率在国内是相当不错的。根据中国社会科学院经济所增长前沿课题组"中国经济增长前景评价"的一项早期研究，在全国 265 个大中城市中，厦门市的"政府服务效率"1991 年排第 37 位，2001 年排第 25 位，2011 年上升至第 8 位，在国内处于比较领先的位置。厦门的政府职能转变和创新当然不应就此止步，而应当细致对照国际上政府"良治"、"好监管"的更高标准，用足用好特区、新特区和自贸区的"三区"战略性机遇，以开放倒逼自身体制、机制改革，打造出一个高效政府，建设国际一流的营商环境，从而开启厦门发展新的时代。

如果把中国香港和新加坡等发达经济体作为"政府良治3.0版本"的话，囿于国内的政治条件、环境等基本因素，厦门在近期内要从现有的1.0版本跃升至3.0版还是有较长的路要走。因此，我们提出了厦门实现"良治"的近期路径：

政府效率，主要是商事制度和便利化制度改革；

政府权力，透明规划与立法、独立融资和适度税收权力等；

监管一致化，基于信用主体与行为过程的监管一致化体制，强调监管的过程管理，公平竞争机制，参照 TPP、BIT 等区域协议中的公平、负面清单建立；

社会参与，通过完成自贸区管理转型，从而带动整个城市管理转型。

这是一个比较务实的综合奋斗目标，可称为政府"良治"2.0版本。其实质在于以深入实施综合配套改革试验总体方案为依托，实现从"发展型政府""管控型政府"向"服务型政府""法治型政府"的转变，实现政府与市场的合理分工和良性互动，并在互联网经济条件下，实现"政府＋互联网"的治理升级，解决政府的信息分割问题，实现部门间共享、政府和社会共享以及更高的透明度，保证制度的自我约束力、稳定性和可预期性，把厦门打造为具有中国特色的"良治"样本。

分报告三：厦门自贸区贸易便利化进展及提升路径研究

谢　谦[*]

摘　要： 随着经济全球化和国际贸易的发展，贸易便利化成为全球经贸新规则的核心要素。本文从福建自由贸易试验区贸易便利化的目标任务和最新进展出发，依托国际通行的贸易便利化内涵和评价标准，结合我国国际贸易的发展情况，构建贸易便利化评价标准框架，分析总结主要发达国家国际贸易便利化促进措施的特点，评估中国（福建）自由贸易区厦门片区自设立以来贸易便利化所取得的成效，针对存在的问题通过借鉴国外贸易便利化经验，提出自贸区进一步提升贸易便利化水平的路径选择。

随着经济全球化和国际贸易的发展，贸易便利化成为全球经贸新规则的核心要素。贸易便利化以通行的国际惯例和规则为基础，以为国际贸易顺利开展创造公平、透明、高效的环境为宗旨，以降

---

* 谢谦，中国社会科学院经济研究所助理研究员、博士。

低贸易成本、提高贸易效率为目标，不仅成为世界贸易组织、世界海关组织、世界银行、亚太经合组织等诸多国际组织的重要议题，也是发达国家和发展中国家共同关注的话题。国际贸易便利化规则逐渐境内化，以贸易便利化为目标的外贸制度改革在全球展开，我国作为贸易大国，正以积极的态度深入开展和推进贸易便利化的实施与改革，并将贸易便利化上升为国家战略。《国务院关于印发落实"三互"推进大通关建设改革方案的通知》（国发〔2014〕68号）提出，"实现口岸管理相关部门信息互换、监管互认、执法互助，提高通关效率，加快自由贸易园（港）监管制度创新与制度推广，畅通国际物流大通道，落实世界贸易组织《贸易便利化协定》"，贸易便利化成为一个现实而紧迫的战略课题。

一 贸易便利化的内涵及评价标准

（一）各类组织机构对贸易便利化的界定及评价标准

"贸易便利化"（Trade Facilitation）一词源于 20 世纪上半期，目前，全世界从事贸易便利化的机构有 10 余家。迄今为止，贸易便利化没有一个统一的定义，各类组织机构对贸易便利化有各自的界定，对贸易便利化水平的评价指标也不尽相同，但有交叉和重合。

世界贸易组织（WTO）认为贸易便利化是指对国际贸易货物流动过程中所涉及的行为、惯例及手续进行简化与协调。WTO 贸易便利化委员会制定了贸易便利化自评指南（WTO Negotiations on Trade Facilitation Self Assessment Guide，以下简称"测评指南"），选用指标 43 项，主要包括透明度、信息公开、预裁定、申诉权、进出口货物检测、进出口环节费用、清关、边境机构工作协调、文件与程序简化、税收、中转手续、海关合作与贸易便利化委员会等。

亚太经合组织（APEC）认为贸易便利化是指使用新的技术和其他措施，简化和理顺阻碍、延迟跨境货物流动的程序和行政障碍，降低货物流通成本。APEC 在 2007～2010 年发表的《贸易便利化行动计划第二阶段最终评估报告》选用的关键绩效指标（Key Performance Indicator，KPI）分为 4 大类：海关程序、标准与一致性、商务流动性和电子商务。[①] 具体指标包括进出口通关时间、经认证的经营者（Authorized Economic Operators，AEO）的数量及其所占贸易百分比、进出口海关要求文件数、进出口电子化报关和处理的比例、进口采取 IECEE/CB 国际标准而与国内标准不同的特定产品的百分比及其成本降低、商务旅行卡的费用、过关时间和申请、电子商务运营与提供服务成本下降的百分比、相关数据的利益相关者可以电子化获得数据的百分比、利益相关者将电子交易纳入其业务流程的规模等。[②]

世界银行（WB）认为贸易便利化主要集中在减少与货物运输、国际供应链服务相关的费用上。世界银行开发的物流绩效指数（Logistic Performance Index，LPI）[③] 是衡量贸易便利化水平的主要标准，主要调查海关清关过程效率、贸易及运输相关的基础建设质量、是否有能力安排具有价格竞争力的运输、物流公司所能提供的服务与质量、并柜及追踪并柜货物的能力、货物在预计时间内准时

---

① APEC，APEC's Achievements in Trade Facilitation 2007 – 2010：Final Assessment of the Second Trade Facilitation Action Plan，2012.
② 王中美：《全球贸易便利化的评估研究与趋势分析》，《世界经济研究》2014 年第 3 期。
③ World Bank，Logistics Performance Index 2010，http：//lpisurvey. worldbank. org /.

到达的频率等核心的物流能力。

联合国贸易便利化与电子业务中心（UN/CEFACT）认为贸易便利化是推广国际贸易便利化和标准化，制定全球统一的标准以消除国际贸易中的技术壁垒，提高效率，其涵盖国际贸易程序和相关信息流，整个供应链的付款，以及产品标准和评定等境内措施，商业便利化、电子商务、贸易融资和物流服务等。到目前为止，UN/CEFACT 相继发布了 35 个建议书、2 套标准和 5 套技术规范，形成了一整套全球统一的贸易便利化措施和国际贸易数据交换标准，主要针对国际贸易过程中的手续、程序、单证，以及操作的简化、协调和标准化等。[①]

世界海关组织（WCO）认为贸易便利化主要指海关程序的简化及标准化，同时将平衡贸易便利化与贸易安全两者的关系，衡量指标主要包括海关活动的透明性和可预测性、货物申报手续与单证的简化和标准化、授权人的程序简化、信息技术使用等。WCO 与 WB 共同研究开发放行时长研究软件（Time of Release Study, TRS），测算货物放行所需平均时间和每一环节时长，用于评价海关便利化水平的落实情况。

（二）货物贸易便利化议题进展

贸易便利化议题最早是在 1996 年召开的新加坡部长级会议上被列入 WTO 工作日程，与政府采购透明度、贸易与投资和贸易与竞争政策三个议题一并被称为"新加坡议题"。2001 年多哈部长级

---

① 胡涵景：《国际上各贸易便利化机构所从事的贸易便利化工作概述》，《中国标准导报》2013 年第 3 期。

表 1　贸易便利化内涵界定及评价标准

组织机构	内涵界定	评价标准
世界贸易组织（WTO）	对国际贸易货物流动过程中所涉及的行为、惯例及手续进行简化与协调	透明度、信息公开、预裁定、申诉权、进出口货物检测、进出口环节费用、清关、边境机构工作协调、文件与程序简化、税收、中转手续、海关合作与贸易便利化委员会等
亚太经合组织（APEC）	使用新的技术和其他措施，简化和理顺阻碍、延迟跨境货物流动的程序和行政障碍，降低货物流通成本	海关程序、标准与一致性、商务流动性和电子商务
世界银行（WB）	减少与货物运输、国际供应链服务相关的费用	通关效率性、基础建设质量、运输价格竞争力、物流服务质量、并柜及追踪并柜货物的能力、货物准时到达频率
联合国贸易便利化与电子业务中心（UN/CEFACT）	推广国际贸易便利化和标准化，制定全球统一的标准以消除国际贸易中的技术壁垒，提高效率	贸易程序便利化、产品标准、电子商务、贸易融资和物流服务
世界海关组织（WCO）	海关程序的简化及标准化，同时将平衡贸易便利化与贸易安全两者的关系	海关活动的透明性和可预测性、货物申报手续与单证的简化和标准化、授权人的程序简化、信息技术使用等

资料来源：根据相关资料整理。

会议决定，贸易便利化议题的谈判将于坎昆部长会议后，在会议就谈判模式达成明确一致的基础上启动。2004 年 7 月，总理事会通过了多哈工作计划（July Package），明确以附件 D "贸易便利化谈判模式" 作为基础启动贸易便利化谈判。2004 年 10 月贸易便利化谈判组成立，谈判正式启动。2013 年 12 月 3 ~ 7 日，世界贸易组织第九届部长级会议发表了《巴厘部长宣言》，达成 "巴厘一揽子协议"，《贸易便利化协议》（Agreement on Trade Facilitation）是其中最重要的协议之一。

《贸易便利化协议》谈判旨在澄清和改进 GATT1994 第 5 条（freedom of transit，过境自由）、第 8 条（fees and formalities connected with import and export，进出口规费和手续）、第 10 条（publication and administration of trade regulations，贸易法规的公布和实施）相关内容，以期进一步加速货物的流动、放行和清关，包括过境货物。协定内容由三部分组成：第一部分贸易便利化措施、第二部分发展中与最不发达成员的特殊差别待遇、第三部分最终条款。第一部分共 13 个条文，主要是海关当局对受海关监管的货物和运输工具采取的措施，具体条文内容如表 2 所示。

表 2 《贸易便利化协议》的主要内容

序号	成员国的义务	具体规定
1	信息的公开与提供	公布进口、出口和过境时需要的表格和单证，海关产品归类或估价规定，与原产地规则相关的法规，相关关税及国内税率，关税配额管理程序等
2	评论机会、生效前的信息及磋商	向贸易商提供机会对货物流动、放行和结关的拟议或修正法规进行评论；保证货物流动、放行和结关的新立或修正法规生效前尽早公布
3	预裁定	提供货物税则归类及原产地等事项的待遇的书面决定
4	上诉或复议程序	规定海关所作行政决定针对的任何人在该成员领土内有权提出行政申诉或复议，或提出司法审查，保证其行政复议或司法审查程序以非歧视的方式进行
5	增强公正性、非歧视性及透明度的其他措施	为保护其领土内人类、动物或植物的生命健康，可酌情发布增强对食品、饮料或饲料边境监管的通知
6	进出口费用及收费纪律	公布规费和费用、征收原因、主管机关及支付时间和方式；海关服务的规费和费用应限定在服务成本以内且不得与特定进口或出口相关联；海关针对违反其海关法律、法规或程序性要求而作出处罚

续表

序号	成员国的义务	具体规定
7	货物放行与通关	允许在货物抵达前处理相关的单证；允许电子支付关税、国内税、规费和费用；在满足提供担保等管理要求下，允许在关税、国内税、规费和费用最终确定前放行货物；尽可能设立以海关监管为目的的风险管理制度；每一成员应设立后续稽查以保证海关及其他相关法律法规得以遵守；定期并以一致方式测算和公布其货物平均放行时间；为授权经营者提供与进口、出口和过境相关的额外的贸易便利化措施；允许对申请人快速放行通过航空货运设施入境的货物；为防止易腐货物损坏或变质，每一成员应规定对易腐货物在最短时间内放行并在适当的例外情况下允许在工作时间之外放行
8	边境部门合作	保证其负责边境管制和货物进口、出口及过境程序的主管机关相互合作并协调，以便利贸易；应与拥有共同边界的其他成员根据共同议定的条款进行合作，以协调跨境程序，便利跨境贸易
9	受海关监管的进境货物的移动	允许进境货物在其领土内、在海关监管下从入境地海关移至予以放行或结关的其领土内另一海关
10	进出口及中转手续	保证货物快速放行和清关；接受单证的纸质或电子副本；鼓励使用国际标准作为进出口及过境手续的依据；建立单一窗口；不得要求使用与税则归类和海关估价有关的装运前检验；不得强制使用报关代理等
11	过境自由	不得对过境征收费用，但运费、行政费用或服务费用除外；不得对过境采取任何自愿限制；给予从其他成员领土过境的产品不低于此类产品不需过境应享受的待遇；鼓励为过境运输提供实际分开的基础设施；货物被送入过境程序，自一成员领土内始发地启运，不必支付任何海关费用或受到不必要的延迟或限制，直至在该成员领土内目的地结束过境过程等
12	海关合作	鼓励贸易商自愿守法并对违法实施严厉的措施，鼓励各成员分享遵守海关规定的最佳实践案例，对管理措施在能力建设方面提供技术指导或在援助中开展合作；对进口或出口申报信息的请求要严格保密
13	机构安排	设立贸易便利化委员会或指定现有机制以促进国内协调和协定条款的实施

资料来源：根据杨荣珍、王玮《〈贸易便利化协议〉的主要内容及影响分析》整理。

（三）贸易便利化内涵及评价标准界定

各类组织机构对贸易便利化定义诠释有所差别，衡量的指标也不完全相同，《贸易便利化协议》也对贸易便利化提出了新的要求。综合来看，贸易便利化的内涵和外延都在拓展，评价指标越来越多、越来越细，不仅涵盖许可、检验检疫、运输仓储、数据传输、结算支付、保险等所有贸易流程便利化，而且延伸到国内贸易环境优化，主要包括制度政策、机构协调等软环境和基础设施、电子商务、信息技术等硬环境。本文认为贸易便利化是指整个国际供应链措施的便利化，即最大程度简化贸易流程、增加贸易规则的透明度和可预见性、构筑贸易的法律基础、消除贸易中的技术性和机制性障碍、完善配套服务、加速要素跨境流通、降低交易成本、减少贸易风险和不确定性、提高贸易效率和资源配置水平，最终达到贸易的自由与开放。贸易便利化具体概括为：一方面是口岸效率和海关管理等跨国因素的便利化，另一方面是制度环境、基础设施、信息技术等国内因素的便利化（见图 1）。评价标准概括为"八项"，即贸易流程简化、数据元标准化、信息处理无纸化、程序法治化、成本节约、机构协调、监管信息化、海关合作。

（四）对照贸易便利化评价标准评估

根据对贸易便利化评价标准的界定，即贸易流程简化、数据元标准化、信息处理无纸化、程序法治化、成本节约、机构协调、监管信息化及海关合作，对自贸区出台的贸易便利化措施进行评估，其中，达到贸易流程简化和成本节约标准的措施分别有 11 项和 10 项，海关合作有 4 项，监管信息化有 3 项，信息处理无纸化和机构

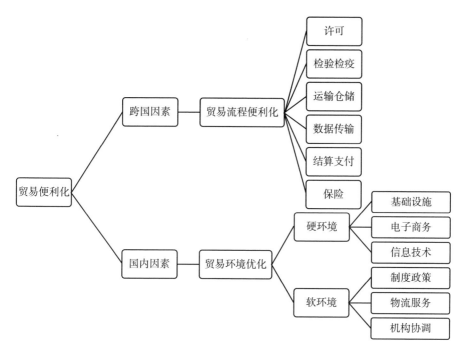

图1 贸易便利化涵盖范围

协调各有 1 项，程序法治化和数据元标准化为 0。

　　自贸区在简化贸易流程、提高通关效率、节约贸易成本等方面成效显著，例如，"先进区，后报关"制度使一线进境货物从口岸到区内仓库时间从 2~3 天缩短至半天，企业物流成本降低 10%；"区内自行运输"大幅度节约企业物流成本和通关时间，据前期试点企业测算，每车每次运输可节约等候时间 30 分钟，一年可节约物流成本约 20 万元；"集中汇总征税"进一步简化税收征管手续，应税货物通关时间可节省 70%；"企业注册登记"简化了作业流程，报关企业备案等作业平均耗时 3 个工作日，较报关企业行政许可手续规定的 40 个工作日审批时间大幅缩短；"保税展示交易"允许企业在自贸区物流围网以外场所进行保税展示交易，企业可按照经营需要进行物流配送，已销售货物在规定时限内进行集中申报并完税，帮助企业降低物流成本和终端售价，加快物流运转速度；"融资租赁"允许承租企业分期缴纳租金，对融资租赁货物按照海关审查确定的租金分期征收关税和增值税，大大减小了企业采购大型进口设备的资金压力，降低企业融资和交易成本；"批次进出、集中申报"改"一票一报"为"多票一报"，扩大企业申报自主权，大幅减少企业申报次数，加快企业物流速度，有效降低通关成本，为自贸区内企业开展"多批次、小批量"进出口业务提供便利；"内销选择性征税"使企业可根据需要自主选择内销货物按进口料件或按实际报验状态缴纳进口关税，扩大企业自主选择权，达到合理减少税负、降低成本的目的；"取消通关单核验"对从各口岸入境直接进入自由区的进境备案保税货物在进境备案申报环节，检验检疫部门不再签发入境货物通关单或在进境货物备案清单上签章，海关不再验核入境货物通关单或相应签章；等等。

在海关合作与监管信息化等方面也积极出台了措施。在海关合作方面，"海关 AEO 互认"使区内 AA 类企业享受 AEO 互认优惠措施，在国外海关通关速度加快了 10% 左右；"企业协调员试点"有效落实海关"由企及物"管理理念，建立了海关与企业"点对点"的联系渠道，提高试点企业通关物流环节的效率，节省企业在生产运行过程中涉及海关通关环节和海关管理环节的运行成本，帮助企业提升市场竞争力；"企业自律管理"给予企业一个可以通过自我管理发现问题并能得到海关减免处置的有效平台，同时有助于建立海关与企业之间透明的合作伙伴关系。在监管信息化方面，"加工贸易工单式核销"使企业每日通过监管信息化系统向海关发送工单数据，海关进行动态实时核算，即时计算核销结果，企业库存差异认定时间从原来的约 1 个月减少到 1~2 天，节省企业申报时间，为区内维修和研发等新型业务类型提供与之相适应的核销模式；"仓储企业联网监管"对使用仓储管理系统（WMS）的企业，实行"系统联网＋库位管理＋实时核注"的管理模式，实现对货物进、出、转、存情况的实时掌控和动态核查，不同性质、不同类别货物的仓储管理将提升精细化、精准化水平，实现物流仓储的动态、实时管理，方便企业对不同状态货物实施同库仓储经营，提高物流运作效率，降低企业运营成本，适应企业内外贸一体化运作的需求，全面提升自贸区物流仓储服务能级；"智能化卡口验放管理"安装电子车牌、使用安全智能锁的车辆通过卡口智能化通道，车牌平均过卡时间从 6 分钟缩短至 45 秒，提升通关效率。

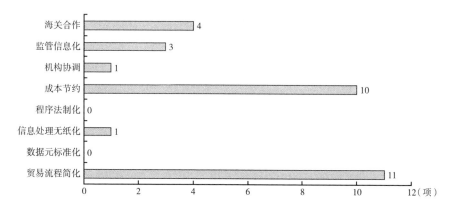

图 2　自贸区贸易便利化措施达标情况

机构协调和信息处理无纸化改革幅度较小。"统一备案清单"将自贸区内企业不同海关特殊监管区域的两种备案清单格式统一为 30 项申报要素促进自贸区内 4 个海关特殊监管区域一体化运作；"简化通关作业随附单证"对一线进出境备案清单以及二线不涉税的进出口报关单取消附单证的要求，必要时再要求企业提供，简化企业报关手续，提高通关作业自动化率。但是，对海关、商检、外汇等管理部门的协同监管并未涉及，信息处理无纸化也只限于取消部分的单证。

程序法治化与数据元标准化并没有相应的促进措施，是未来需要加强的方面。

二　国际贸易便利化促进措施概览

发达国家是国际投资贸易新规则的试行者，积极提高贸易便利化水平，丰富贸易便利化措施，有一部分措施已经成为双边、区域性或多边的贸易便利化安排，发达国家的实践经验可供福建自贸区厦门片区学习借鉴，使我国更好更快地融入全球贸易便利化的潮流中。

（一）信息技术先进

贸易便利化有赖于高效的信息处理技术，整个信息处理过程达到无纸化、自动化和标准化，发达国家贸易便利化很大程度上来自于其在信息化方面的优势。

美国对外贸易区海关注重运用信息技术，自20世纪90年代开始应用电子数据交换（EDI）无纸化通关技术，目前美国海关绝大部分的货物通过都采用 EDI 方式自动处理，无纸通关比例占到50%，现行最主要的无纸化运行系统是自动化贸易环境管理作业（Automated Commercial Environment，ACE）系统。ACE 系统是一种跟踪、控制并处理所有进入美国货物的系统，它使得美国海关建立统一的口岸数据平台，实现口岸数据共享。美国海关与新加坡、中国等有关部门联网，以 EDI 方式交换纺织品配额许可证发证信息。① 美国对货物出入区及区内流通实施动态监管，这在很大程度上简化了海关手续，节省了人力资本。例如，1994 年美国迈阿密第 32 号对外贸易区货物进出区总值达 12 亿美元，但是办理海关手续的工作人员仅 2 人。新加坡自 1989 年起使用基于电子数据交换（EDI）的贸易网络（Trade Net）自动边境管理系统，该系统提供 24 小时服务，促进通关的电子化、自动化、人性化及高效化，这也是新加坡成为货运中转站的主要原因之一。欧盟成员国在通关方面具有统一和标准化的管理，便利化程度高。欧盟 27 个成员国的海关实施同一海关法典，使用统一报关单；实施"海关 2007 计划"，旨在协助新成员国在执行海关程序方面达到欧盟统一标准。

（二）单一窗口成熟

2005 年，联合国贸易便利化与电子业务中心（UN/CEFACT）在联合国框架内推行国际贸易单一窗口便利化措施。所谓的国际贸易单一窗口是指在单一登记点递交符合国际贸易监管规定的标准资料和单证的一项措施。建立单一窗口是提高贸易便利化水平的重要途径，目前世界上已经有 40 多个国家建立了单一窗口制度。国际上的单一窗口可归纳为三种典型的模式：单一机构、单一系统和单一资料自动处理系统。

---

① 程燕华：《基于 RFID 粤港物流通关信息平台的分析及其关键技术研究》，厦门大学硕士学位论文，2009。

单一机构模式（Single Authority Mode）是指成立或者授权一个单一的政府监管机构处理所有的进出口监管业务，瑞典、荷兰是这种模式的典型代表。1989 年，瑞典开始启用单一窗口制度，贸易商只需向海关一次性申报相关的信息，系统会把相关信息转送至相关部门，各政府部门根据各自的职责处理、整理和使用信息。"单一机构"模式是"单一窗口"的最高形式。

单一系统模式（Single Automated System Mode）是指建立一个系统统一处理贸易业务，但各监管机构仍相互独立，即"系统单一，机构分散"，美国、日本是这种模式的典型代表。1995 年，美国启用国际贸易数据系统（the International Trade Data System，ITDS），贸易商通过单一的 ITDS 入口提交标准化电子数据信息，相关政府部门对信息予以评估并反馈给贸易商。据了解，目前美国 99% 的进口和 100% 的出口申报通过 ITDS 处理。

单一资料自动处理系统模式（Automated Information Transaction System Mode）是指提供统一的信息处理门户平台，该平台集成各个政府监管部门的系统，实现不同监管部门在信息流、业务流的共享协作，为贸易商提供单一窗口和一站式服务体验。此模式的特点是"系统集成，机构分散"，新加坡采用了这种模式[1]。1989 年，新加坡启用贸易网络（Trade Net，TN）系统，贸易商向 TN 一次申报进出口数据，TN 将数据自动传给各政府监管部门，同一份表格的数据可以同时让多个政府部门使用。TN 大大提高了贸易活动的流程效率，节省了贸易商的交易成本[2]。

---

[1] 方晓丽、朱明侠：《构建"单一窗口"，提升我国贸易便利化水平》，《对外经贸实务》2014 年第 2 期。

[2] 新加坡贸易便利化经验交流文件，TN/TF/W/58，25 July 2005。

（三）海关合作广泛

海关合作平台指海关与国内企业的合作，同时包括与外国政府、国际组织及外国法人等的合作。海关贸易便利化制度的顺利实施一方面依赖于商业企业的合作支持，另一方面则是充分借助了国际合作的平台作用。美国、日本和新加坡等国非常重视搭建海关合作平台，以推进贸易便利化措施的实施。

与商业企业合作。美国海关与商业企业确立了"伙伴关系"，1993年开始实施"海关现代化法案"，改变管理理念、监管模式、业务流程，海关职能由监管向服务合作转变，在强调客户导向的同时，引入"知法自律"理念和"商业守法"概念。[①] "9·11"事件以后，美国海关与企业的合作模式主要为"海关—商界反恐伙伴计划"（Customs-Trade Partnership Against Terrorism，C-TPAT），这一计划虽然出台于反恐形势下，但是对海关与商界关系的改善起到积极的作用。新加坡海关重视与商业企业的合作，每年定期与航空快件公司、保税仓库运营商、集装箱站协会等客户群体进行对话，了解需求；设立专门的培训机构，定期开办"海关单证"和"海关指导计划"等课程。欧盟和荷兰海关实施"海关与企业的守法便利与伙伴合作"模式（简称Compact模式）。该模式的操作流程是"企业申请—海关评估确认—区别管理"，着重强调海关对企业信息的全面掌握、海关与企业共同商定风险指标、实时更新和动态维护风险指标等。澳大利亚海关实施"客户导向（Customer

---

① 匡增杰：《基于发达国家海关实践经验视角下的促进我国海关贸易便利化水平研究》，《世界贸易组织动态与研究》2013年第1期。

Orientation)"战略，将企业视为"客户"，推动企业参与海关管理，实现维护贸易秩序与提升贸易效率的有机统一。

国际间合作。美国海关非常注重利用 WCO 平台来推行制度，尤其积极争取在 WCO 的框架内建立起保证国际贸易供应链安全和便利的多边合作机制。日本海关致力于推行 AEO 制度，拓展国际认证范围，积极推进守信程度高的企业的国际互认制度的实施。2007 年日本提出"贸易程序改革计划"，积极与美国、欧盟、澳洲、韩国、加拿大及新加坡等贸易伙伴洽谈合作计划。

（四）风险管理完善

贸易便利化重视系统风险控制技术的应用，风险分析模式成熟完善，风险管理渗透海关监管各环节，成为海关执法和贸易便利的平衡点，是海关提高管理效率的前提和保障。美国海关和边防采用了一套风险管理办法，在贸易过程中鉴别风险等级并将风险排序，促进合法的贸易商品快速通过。美国海关对企业信息资料进行动态管理，根据企业是否守法、货运查验及文书审核、账目管理、公司财务状况等指标来评定企业风险级别，给予信誉较高的企业"低风险"称号，此类进口商在贸易活动中面对较少的货运查验、资料查询与检讨等，节省了时间，提高了效率。荷兰鹿特丹港的中央计算机系统（TAGITTA）形成高度信息化管理，不仅相关进出口货物电子资料国际间共享，而且具有完备的货物风险分析体系，利用颜色来区分货物的风险（见表 3）。荷兰高效的物流系统与其颇具特色的保税仓库系统分不开，保税仓库分为 B 型、C 型、D 型和 E 型四种类型（见表 4），其中只有维持高标准仓储记录与完备管理信息系统，并得到海关信任的大公司才能取得 D 类保税仓库的执照。针对保税仓库建立严密的监管控制机制，减少海关的实体核查工作，避免海关过多干预，荷兰是世界上物流效率最高的国家之一。

表3　荷兰进口货物风险颜色分类

颜色	代表的内容	颜色	代表的内容
橘色	清查比对货物与相关文件	绿色	人工审查文件与清关
红色	实体抽查检验货物	白色	立即放行

资料来源：根据郭羽诞《上海自贸试验区对贸易便利化与信息化的要求》整理。

表4　荷兰保税仓库系统分类

类型	内容
B型	用于国际货物实体盘查,常在海关附近
C型	所有者不是货物所有者,执照获得需海关实地考察勘验
D型	保税仓库的货物完税价值取决于该货物进储仓库时显示的价值,而其他仓库的货物的完税则取决于该货物运出仓库时的价值,最为快捷
E型	无固定地址,只需每月向海关申报,可在荷兰境内自由运送货物

资料来源：根据郭羽诞《上海自贸试验区对贸易便利化与信息化的要求》整理。

（五）通关程序简化

据研究，通关成本一般占国际贸易总价值的10%左右，因此在这一领域，贸易便利化能为企业带来很大的收益，所有国家，包括发达国家、发展中国家都从这里迈开了贸易便利化的第一步。日本简化通关手续的主要做法是实行事前答复制度和预审查制度。事前答复制度是货物进口人或其他有关人员在货物进口前就将该货物的归类、适用税率等问题向海关提出书面查询并得到海关答复的制度。进口人及其他相关人员可以在事前知道预定进口货物的关税分类，从而便于更加精确地计算成本和制定销售计划；方便进口商快速提取货物，加快通关速度。预审查制度是指货物在达到日本之前，即可向海关提交进口申报文件，提前进行海关审查，了解货物是否需要查验。此外，对于适用预审查制度的空运货物中无需查验的货物，一旦确认货物已经到达，就可获得进口许可。[①] 根据日本财务省 2004 年进行的第七次货物放行时间调查结果，实行预审查制度货物放行需要的平均时间为 52.3 小时（以海运为例），与未使用该制度所需时间相比缩短了 30%。

（六）税收机制灵活

发达国家重视税收制度创新，自贸区根据经济发展需要，进行动态调整，不断优化税制。美国对外贸易区针对关税倒置问题重新设计关税制度。原来，美国区内制造的产品在进入国内市场时要按照其全部价值（包括国内的成本、劳动力、费用与利润）进行征税，这导致进口中间品或原料的名义关税率高于进口最终品，即关税倒置问题。为解决关税倒置问题，美国规定对外贸易区制造企业若进口外国零部件或原料，免关税；如果进一步将这些国外零部件或原料与美国的零部件和劳动力结合在一起生产最终品，销往美国国内市场，则只按未付关税的国外成本价值进行征税。[②] 日本实行延缓纳税以及纳税申报与进口申报分离政策。日本延缓纳税制度指

---

① 上海海关学院课题组：《有关贸易便利化的海关监管制度国际国别研究综述》，《上海海关学院学报》2012 年第 2 期。

② 刘奇超：《欧美自由贸易区贸易便利化经验及对中国的启示》，《西华大学学报》（哲学社会科学版）2014 年第 11 期。

的是纳税期限可以在有担保的条件下延缓3个月（特例延缓为2个月），包括个别延缓、集中延缓和特例延缓三种形式。个别延缓是指进口商在每次申报时提出延缓申请并提供相当于纳税额的担保，国债券、公司债券、货币、不动产等都可以作为担保。集中延缓是指在一个特定的月份内进行的进口申报所涉及的纳税额集中申请延缓。特例延缓是指适用于特例申报制度的进口商提出纳税延缓并提供担保，纳税延缓期限为2个月。纳税申报与进口申报分离是指取得海关关长批准认证的企业可以将纳税申报与进口申报分离，货物在达到日本后，进口商即可进行进口申报，在纳税申报前提取货物，这可以免除进口申报时为纳税而进行的审查等手续，加快通关速度，降低进口成本。新加坡通关手续简单便捷，只对烟草制品、酒、石油产品和汽车等征收关税，不设海关附加税，统一按纳税价值征收3%的货物和服务进口税。

三 福建自贸区贸易便利化的目标任务及厦门片区阶段性进展

（一）福建自贸区总体方案对于贸易变化的总体要求及任务

贸易便利化是中国（福建）自贸区建设的重要目标任务，《中国（福建）自由贸易试验区总体方案》（以下简称《总体方案》）在推进贸易发展方式转变方面明确提出了三点目标。

1. 拓展新型贸易方式

积极培育贸易新型业态和功能，形成以技术、品牌、质量、服务为核心的外贸竞争新优势。按照国家规定建设服务实体经济的国际国内大宗商品交易和资源配置平台，开展大宗商品国际贸易。按照公平竞争原则，发展跨境电子商务，完善与之相适应的海关监管、检验检疫、退税、跨境支付、物流等支撑系统。在严格执行货物进出口税收政策的前提下，允许在海关特殊监管区内设立保税展示交易平台。符合条件的地区可按规定申请实施境外旅客购物离境退税政策。允许境内期货交易所开展期货保税交割试点。推进动漫创意、信息管理、数据处理、供应链管理、飞机及零部件维修等服务外包业务发展。开展飞机等高技术含量、高附加值产品境内外维修业务试点，建立整合物流、贸易、结算等功能的营运中心。扩大对外文化贸易和版权贸易。支持开展汽车平行进口试点，平行进口汽车应符合国家质量安全标准，进口商应承担售后服务、召回、"三包"等责任，并向消费者警示消费风险。

2. 增强航运服务功能

探索具有国际竞争力的航运发展制度和运作模式。允许设立外商独资国际船舶管理企业。放宽在自贸试验区设立的中外合资、中外合作国际船舶企业的外资股比限制。允许外商以合资、合作形式从事公共国际船舶代理业务，外方持股比例放宽至51%，将外资经营国际船舶管理业务的许可权限下放给福建省，简化国际船舶运输经营许可流程。加快国际船舶登记制度创新，充分利用现有中资"方便旗"船税收优惠政策，促进符合条件的船舶在自贸试验区落户登记。允许自贸试验区试点海运快件国际和台港澳中转集拼业务。允许在自贸试验区内注册的大陆资本邮轮企业所属的"方便旗"邮轮，经批准从事两岸四地邮轮运输。允许中资公司拥有或控股拥有的非五星旗船，试点开展外贸集装箱在国内沿海港口和自贸试验区内港口之间的沿海捎带业务。支持推动自贸试验区内符合条件的对外开放口岸对部分国家人员实施72小时过境免签证政策。结合试点实施情况，在统筹评估政策成效的基础上，研究实施启运港退税试点政策。

3. 推进通关机制创新

建设国际贸易单一窗口，全程实施无纸化通关。推进自贸试验区内各区域间通关一体化。简化《内地与香港关于建立更紧密经贸关系的安排》、《内地与澳门关于建立更紧密经贸关系的安排》及《海峡两岸经济合作框架协议》（以下简称《框架协议》）下货物进口原产地证书提交需求。在确保有效监管的前提下，简化自贸试验区内的海关特殊监管区域产品内销手续，促进内销便利化。大力发展转口贸易，放宽海运货物直接运输判定标准。试行企业自主报税、自助通关、自助审放、重点稽核的通关征管作业。在确保有效监管的前提下，在海关特殊监管区域探索建立货物实施状态分类监管模式。允许海关特殊监管区域内企业生产、加工并内销的货物试行选择性征收关税政策。试行动植物及其产品检疫审批负面清单制度。支持自贸试验区与21世纪海上丝绸之路沿线国家和地区开展海关、检验检疫、认证认可、标准计量等方面的合作与交流，探索与21世纪海上丝绸之路沿线国家和地区开展贸易供应链安全与便利方面的合作。

该部分从国际通行的贸易便利化内涵和评价标准出发，结合我国国际贸易的发展情况，构建贸易便利化评价标准框架，分析总结主要发达国家国际贸易便利化促进措施的特点，评估中国（福建）自由贸易区厦门片区自设立以来贸易便利化所取得的成效，针对存在的问题通过借鉴国外贸易便利化经验，提出自贸区进一步提升贸易便利化水平的路径选择。

（二）厦门市国内贸易流通体制改革发展综合试点方案

近期，厦门市出台了《厦门市国内贸易流通体制改革发展综合试点方案》。该方案以自贸区为依托，构建厦门乃至区域流通大体制。

1. 探索两岸流通渠道快速对接

厦门将探索建立两岸流通渠道快速对接机制，充分利用自贸试验区优势，简化通关手续，优化监管服务措施，建立有效监管与高效服务有机统一的机制。完善台湾输大陆商品快速验放机制，实施对入境商品的分类监管模式。同时，探索厦台海运快件国际中转模式，研究建立常态化运营机制；营造有利于台资企业落户厦门的营商环境，吸引台湾大型贸易企业、物流企业、连锁企业等在厦门设立物流分拨中心和营运总部，以厦门为中转点开拓两岸市场。该方案提出，充分发挥厦门作为全国流通节点城市以及两岸贸易中心的作用，把厦门建设为辐射带动力强的商贸中心城市、对台商贸合作的桥头堡。拓展大嶝对台小额商品交易市场、闽台中心渔港、台湾水果销售集散中心等专业市场，打造台湾商品大陆集散中心。

2. 探索市内免税店等新型模式

方案显示，厦门将构建跨境电商"进出兼通"运行机制，建设"零售出口通关"和"进口零售通关"服务平台，创新直购进口模式，实现可追溯和全程监管，保证进口商品质量。同时，借助于自贸试验区优势，大力发展保税展示交易、进口直销、跨境电商体验中心、市内免税店等新型交易模式，有效吸引境外购买力回流。今后，社区的商业和服务设施将更加丰富和完善。方案提出，将根据城区人口数量和市场规模，重点在已规划的物流园区内建设城市物流配送分拨中心。同时，严格落实新建社区商业和综合服务设施面积占社区总建筑面积的比例不得低于 10% 的政策，并建立大型商业网点规划建设听证会制度。在公益性流通设施方面，将制定出台相应的建设目录，将菜市场、社区菜店、大众化餐饮店、医保定点药店、家政服务点等社区商业纳入公益性流通设施范畴，加大政府投入力度。

3. 探索内外贸融合发展和对外开放新模式

构建跨境电商"进出兼通"运行机制。建设"零售出口通关"和"进口零售通关"服务平台，创新直购进口模式，实现可追溯和全程监管，保证进口商品质量。创新内外贸融合的流通业态。利用自贸试验区优势，大力发展保税展示交易、进口直销、跨境电商体验中心、市内免税店等新型交易模式，有效吸引境外购买力回流。放开商贸物流等领域的外资准入限制，更加注重引进国外先进技术、管理经验、商业模式和知名品牌，吸引跨国公司在厦设立采购、营销等功能性区域中心。建设面向"一带一路"沿线国家和地区的流通网络。利用厦门的区位优势，加强和"一带一路"沿线国家与地区的战略衔接，增强和沿线国家与地区的开放合作，提升国内外市场互联互通和内外贸融合发展水平。建设厦门东南国际航运中心，加快建立多式联动监管中心，促进"厦蓉欧"国际货运班列与厦台海运快件对接。打造一批内外贸结合、具有较强国际影响力的大型会展平台。

4. 培育内贸流通转型升级新动力

创新现代流通方式，开展"互联网+"流通行动。支持电子商务、连锁经营、共同配送、冷链物流等现代流通方式相互融合，促进线上线下互动发展。推动传统流通企业转型，建设或依托第三方电子商务平台开展网上交易，鼓励流通企业发挥线下实体店的物流、服务、体验等优势，与线上商流、资金流、信息流融合，形成优势互补。支持流通企业利用电子商务平台创新服务模式，提供网订店取、网订店送、上门服务、社区配送等各类便民服务。优化连锁经营发展环境，提高连锁经营行业开放水平。制定《连锁便利店建设标准与规范》，明确连锁便利店功能、选址、营业面积、配套设施等标准和要求。招商引资政策适度向内贸流通倾斜，促使国内外大型知名连锁企业集团（总部）落户厦门。发挥财政资金的杠杆和引导作用，大力培育连锁经营龙头企业，引导连锁经营企业"走出去"，支持企业跨地区、跨行业、跨所有制兼并重组，推动连锁企业实现公司化、规模化、品牌化、标准化发展，形成若干区域性、具有全国影响力的大型内贸流通龙头企业。创新发展第三方物流和智慧物流。整合已有仓储、运输等物流基础设施，建立城市城际共同配送体系。促进物联网等技术在仓储系统中的应用，建立物流信息服务平台，推动车源、货源和物流服务等信息高效匹配，提高物流社会化、标准化、信息化、专业化水平。创新冷链物流技术应用模式。制定冷链物流技术规范，推动重点标准的有效实施。推进建设和改造节能高效多温层冷库，以及冷链物流作业流程、储运销作业环节管控和冷链管控机制管理平台。创新发展供应链服务。探索流通众创空间开发模式，扶持壮大一批供应链服务企业，打造集信息、数据、金融、物流等功能于一体的专业化平台，帮助创客型中小微商贸企业提高效率、降低成本、管控风险，为中小微企业营造良好的生存和发展环境，推动大众创业、万众创新。支持企业延伸供应链服务，建设境外营销、支付结算和仓储物流网络，打造全球供应链体系。

（三）厦门片区贸易便利化进展

提升贸易便利化水平始终是自贸区探索试点的核心任务，福建自贸区厦门片区挂牌半年多以来，各部门积极推进职能转变，推出多项制度创新举措，取得了良好的效果。

1. 拓展新兴贸易方式

（1）融资租赁业发展。在自贸试验区挂牌后，厦门积极促进融资租赁产业发展。截至目前，福建自贸试验区厦门片区已成立23家融资租赁公司，注册资本达到20亿元人民币。在厦门已开展的飞机保税融资租赁的基础上，已有多家国内外知名企业在自贸区设立公司或项目子公司等，开展飞机、船舶、基础设施、高端医疗设备等业务。

与此同时，福建省政府出台《关于支持福建自贸试验区融资租赁业加快发展的指导意见》，进一步明确了自贸区融资租赁业态发展重点及相关的奖励补助政策。该意见明确了融资租赁业态发展重点，鼓励自贸区融资租赁企业开展智能装备制造、新一代信息技术、节能环保等战略性新兴产业的融资租赁业务，拓展飞机、汽车、船舶等运输工具的专业融资租赁服务，推进医疗、教育、检验检测等装备融资租赁服务。鼓励自贸区外企业利用自贸区融资租赁平台开展业务，引导地铁、机场、高速公路等基础设施建设项目采用融资租赁方式融资。支持国内外知名融资租赁公司在自贸区设立总部或开设分支机构。鼓励台湾金融机构、企业集团到自贸区设立融资租赁公司。对于在自贸区已设立、新设或迁入的融资租赁公司和金融租赁公司，当地政府将给予最高不超过500万元的补助。支持融资租赁企业通过境内外资本市场上市融资，在全国中小企业股份转让系统、海峡股权交易中心挂牌融资。对于已实现上市融资或挂牌融资且募集资金全部用于投资自贸区内项目的企业，当地政府给予一次性专项补助。鼓励注册在区内的融资租赁公司（金融租赁公司除外）在净资产 10 倍于上年末风险资产的差额范围内借用外币资金，在不超过净资产 10 倍范围内借用人民币资金。支持融资租赁公司赴境外发债和探索通过资产证券化盘活租赁资产。此外，鼓励自贸区融资租赁高层次人才申报福建自贸区高层次人才引进计划，符合条件的，由省级人才专项经费给予 25 万~200 万元的安家支持，并相应纳入自贸区所在地政府引进高层次人才计划，给予相关的政策支持。根据该意见，对入驻自贸区企业租用自用办公用房的，当地政府可按照租金市场指导价的一定比例给予 1~3 年的租金补助。对购入设备并被自贸区企业租赁使用的融资租赁公司，按照合同履行金额 3‰~5‰给予奖励。对购入智能制造设备、飞机、船舶等符合自贸区产业政策设备的融资租赁公司，可以按 5‰~10‰弹性给予奖励。

（2）进口商品展示交易。厦门自贸区管委会出台了《中国（福建）自由贸易试验区厦门片区关于促进进口商品展示交易业务发展的办法》，对注册在区内的经营进口商品展示交易业务且单体经营面积达到 1500 平方米（建筑面积）以上的业主或运营商（"平台企业"），在投资开办、日常运营等方面给予补助。在开办补助方面，平台企业对厦门片区范围内权属清楚的招商载体装修改造等投资建设，用于开展进口商品直销、跨境电商和保税展示业务，单个项目面积达 1500 平方米（含 1500 平方米）以上，且开业后 6 个月内实际运营企业入驻率达到 80%（含 80%）以上的，经管委会认定后，给予 200 元/平方米的补助。在日常经营方面，平台项目实际运营企业入驻率达到80%（含80%，指面积）以上的，经管委会认定后，根据其实际经营面积，给予两年的运营补助。

该办法对于2016年3月31日前开业的项目，以上两项补助按100%兑现，对于2016年3月31日后开业的项目，按80%兑现。此外，管委会将对已认定的平台企业，统一授予"自贸试验区跨境商品直购中心"匾牌。

目前，厦门自贸片区内已有23个保税展示交易项目，其中已开业8个，展示总面积33.29万平方米。跨境直购体验中心位于厦门自贸片区国际邮轮中心，展示大厅面积近2000平方米，内设跨境体验区、进口零食区、母婴用品区、果蔬生鲜区及特色韩国馆，展销来自世界各地的进口商品。

（3）全国首创电子化分段担保。电子化分段担保指海关特殊监管区域内企业在区域外按分送集报规定办结出区域手续后出区，并在规定期限内集中开展保税展示交易业务。在货物出区域前，通过分送集报业务平台，实现预审价、预归类、税费实时预缴（税款担保）、货物申报、汇总纳税，企业办结集中申报手续后，银行根据海关系统指令实时将担保金退还企业。该政策的实施，一方面简化了保税展示交易货物出区担保手续（通过一次性三方协议取代了原来的逐批次纸质三级审批手续），另一方面税款担保由按月提供改为按批次提供，对采用线上交易电子商务模式的，经营企业还可用实时收到货款支付税款担保，解决了占用大额资金的问题〔该模式经第三方机构毕马威企业咨询（中国）有限公司评估为全国首创〕。该模式可进一步推广到保税货物内销"分送集报"等业务。

在此模式下，保税展示交易担保金支出由"月供"变为"日供"，能比改革前节约50%的担保金利息支出。此项创新监管制度的推出，旨在解决企业开展保税展示交易等业务时，货物出区需提供税款担保占用大额资金的问题。

保税展示交易店目前多是以"分送集报"的方式通关，即企业无须每天向海关办理报关手续，只要根据销售记录定期（一个月）申报即可，但这一操作模式需要企业提前一次性缴付税款保证金，待办理完报关手续后再予以退还，这在一定程度上占用了企业宝贵的流动资金。试行分段担保制度后，在海关特殊监管区域内开展进口商品保税展示交易业务的企业，可通过与海关信息系统联网，以每次出区的分送集报申请单所对应的货物计缴税款保证金，然后定期（一个月）将分送集报申请单归并为报关申请单向海关办理集中报关手续，报关单缴税后，分批计缴的保证金退回企业，通过税款担保金电子化缴、退，实现大笔税款担保金的小额化、长期担保金的短期化。

（4）开展平行进口汽车试点。平行进口汽车是指未经品牌厂商授权，贸易商直接从海外市场购买，并进入中国市场销售的汽车。平行进口车绕过了总经销商、大区经销商、4S店等销售环节，省去了不少中间环节。且平行进口车经销商定价不受厂商限制，比较自由，因此在价格上有较大优惠，通常平行进口车比中规车价格要低10%～20%。此前，厦门口岸尚不具备汽车进口资质。为推进中国（福建）自由贸易试验区厦门片区（以下简称"厦门片区"）建设，福建自贸试验区厦门片区管委会和厦门市商务局印发了《中国（福建）自由贸易试验区厦门片区开展平行进口汽车试点实施方案》，对试点企业条件、申请试点企业的申请材料及申请流程及认定进行了明确的规定。

（5）打造两岸最大冷链物流中心。冷链物流企业既可享受冷链物品的海关保税监管服务，也可从事非保税物品的仓储物流运输业务。进口冷链物品可享受简化快捷便利的检验检疫服务，有利于企业开拓市场、满足各类客户的需求。自贸试验区将聚集一批从事冷链食品、水产品经营企业，冷链物流企业可提供冷链物品的交易平台服务。

2. 增强航运服务功能

（1）厦门片区开展中资非五星旗船舶沿海捎带业务。厦门海关发布公告，决定在福建自贸试验区厦门片区开放港口，参照国际转运形式开展中资非五星红旗国际航行船舶沿海捎带业务（以下简称"中资非五星旗船舶沿海捎带业务"）。注册在境内的中资航运公司拟从事开展中资非五星旗船舶沿海捎带业务的，应根据《交通运输部关于在国家自由贸易试验区试点若干海运政策的公告》要求，向国务院交通主管部门备案。海关验核航运公司在交通主管部门备案后取得《中资非五星红旗国际航行船舶试点沿海捎带业务备案证明书》正本，主管部门收取复印件。厦门片区开放港口的经营企业拟开展该项业务的，应在海关监管场所划分专用区域，专门堆存沿海捎带集装箱货物，设立明显标识，并在开展业务前向海关报备。中资非五星旗船舶沿海捎带货物为集装箱货物（危险货物除外）。

（2）检验检疫部门支持厦门邮轮航运。率先对台湾地区客轮实施以"电讯检疫"为核心的"电、随、锚、靠"四种灵活的船舶检疫新模式，对厦台直航船舶实行分级管理，对无卫生控制事项的直航船舶可于出港前24小时签证。以风险分析为基础，对从事海峡邮轮经济圈营运的邮轮实施公共卫生分级方案管理；简化往来两岸游艇、帆船出入境手续，实施便利化监管；简化厦金客轮申报手续，凭免卫生控制证书即可申请实施电讯检疫，从而进一步推动邮轮、游艇、帆船检疫监管模式转变，促进厦门邮轮经济产业发展。

（3）开展海运国际中转口岸直拼业务。为进一步促进福建自贸试验区（厦门）片区港口物流业发展，建设国际中转口岸直拼基地，厦门海关决定在福建自贸试验区（厦门）片区内的港区开展海运国际中转口岸直拼业务。国际中转口岸直拼业务是指国际中转货物进境拆箱后，与口岸出口货物进行拼箱再出口的业务。在自贸试验区内的港区建立专门仓库，完善监管流程和仓库管理制度，比照货物分类监管的思路，以相同的出口目的地为原则，将由境外启运，通过海运方式进入仓库且目的地为境外的中转货物，拆箱后按照相同目的地、航线、收货人等规则与口岸出口货物进行直接拼箱出口。经营该业务的货运代理企业应具备国际货运代理资质。经营该业务的仓库应为海关监管场所，并符合海关监管要求。

3. 推进通关机制创新

（1）国际贸易单一窗口。厦门片区以"一站式"服务为目标，将现有口岸多部门申报受理模式改变为一点接入、一次申报、一次办结的单一窗口模式，跨部门"信息互换、监管互认、执法互助"。贸易企业能够通过一个入口，向各相关口岸管理部门提交货物进出口或转运所需要的单证或电子数据。单证或电子数据通过相关口岸部门审查后，其结果通过国际贸易单一窗口及时通知贸易企业。单证或电子数据已通过国际贸易单一窗口受理的，相关口岸部门不再要求提交相同的单证或数据。该政策可提高执法效能，节省人力和时间成本，为自贸区体制机制创新提供技术支撑，同时为"泛珠"区域通关一体化提供技术平台。现已实现了简化船舶进出境申报纸质单证（指船舶负责人向海关申报船舶进出境时，《中华人民共和国海关船舶进/出境（港）申报单》《货物申报单》《船员名单》《船员物品申报单》《船用物品申报单》等资料可通过提交电子数据办理手续，海关不再收取纸质资料）、船舶舱单无纸化（在船舶联检手续中，取消收取船舶负责人递交的纸质舱单，以船舶负责人提前申报的原始舱单、预配舱单电子数据为准）、企业向海关移动申报监管数据。

目前，福建省国际贸易单一窗口上线试运行的项目包括货物进出口申报"三个一"（一次申报、一次查验、一次放行）系统和船舶进出境联检系统等。福建省国际贸易单一窗口是在充分汲取福建自贸试验区厦门片区"单一窗口"经验上推动建设的，它根据福建省口岸实际，在全省一个平台下，设立福州、厦门两个运营体。该系统上线运行后，对企业来说，最大的便利是外贸进出口环节的"一站式"服务，货物通关效率提高，而企业通关成本也随之降低。不仅如此，政府部门的监管效能也将进一步提升，做到了让群众和企业办事"更快捷、更方便、更便宜"。企业通过省"单一窗口"平台进行进出口货物申报，可减少录入数据53项，企业申报录入数据项精简36%。并且，可足不出户一次性录入报关和报检数据，分别向海关和检验检疫申报。同时，通过单一窗口进出口货物申报时间减少30%以上，整体查验效率可提高50%以上，因为其实现了口岸查验单位的信息互换，提高了核放效率，加快了企业通关速度。

此外，福建自贸区国际贸易单一窗口试运行后，企业通过单一窗口报关报检环节的部分经营服务性收费（如报关单及加工贸易台账预录入费、电子数据传输及处理费和检验检疫申报软件服务费等）即予减免，减轻了企业的负担，这也有利于吸引外地货源从福建省口岸进出。福建自贸区国际贸易单一窗口首先会在福建自贸试验区三个片区试点，自贸区企业先行先试，之后逐步扩大到福建全省口岸。下一步，还计划借鉴新加坡、上海等地经验，启动二期建设，进一步延伸对接到工商、外汇、税务、港口、物流等部门，使单一窗口功能更加完善，服务更加高效。

（2）关检"一站式"查验。在中国（福建）自由贸易试验区厦门片区启用厦门海关和厦门出入境检验检疫局关检"一站式"查验场。关检双方在一站式查验场对符合"一次查验/检验检疫"的货物、物品按照各自职责共同进行查验/检验检疫。该政策的实施，将原来关检串联式查验转变为并联式查验，为企业缩短40%的通关时间，每箱节约成本600元。

（3）一关通。一关通指在厦门关区内施行"多点报关、申报地放行"的通关模式，符合条件的企业，在其货物进出口时，可以自主选择向驻邮局办事处以外的任一现场海关申报，并在申报地海关办理货物放行手续，口岸监管场所凭海关电子放行信息为其办理提货/装运手续。该政策的实施，可提高通关效率，为企业节约时间和交通成本。

（4）放宽优惠贸易项下海运集装箱货物直接运输判定标准。申请享受《海峡两岸经济合作框架协议》优惠关税待遇的进口货物收货人或代理人，货物经第三方中转，无法提交相关证明文件时，海关可以通过验核集装箱号及封志号的方式判定经第三方中转货物是否符合直接运输要求，不再要求提供未再加工证明等相关文件。该改革措施放宽了对企业证明文件提交的限制，提高了审核效率，有利于转口贸易的发展。

（5）保税物流货物按状态分类监管，是指对境内海关特殊监管区域外（以下简称"境内区域外"）非保税货物进入海关特殊监管区域内（以下简称"区域内"）进行仓储，最终返回境内区域外的货物的监管制度，也涵盖区域内保税货物办结报关征税手续后转为非保税仓储货物（不包括国家禁止进出口商品），符合条件的区域内企业通过海关特殊监管区域信息化辅助管理系统（以下简称"辅助系统"）进行申报，不办理进出口报关手续，入区不退税，出区不征税，海关通过辅助系统进行监管。

（6）保税料件交易。保税料件交易指海关特殊监管区域外的加工贸易企业，将本企业剩余的进口保税料件运入海关特殊监管区域交易后，在海关实际监管下，交付给海关特殊监管区域外企业。该业务可以采用"保税交付"的方式开展，即在保税状态下交付给区域外企业，海关继续实施保税监管；可以采用"征税交付"的方式交付给区域外企业，保税料件出区域时，区域外企业按照实际成交价格办理出区域征税手续。该政策的实施，可以通过市场化交易的方式有效提升生产要素的流通效率，使海关特殊监管区域资源配置功能更好地发挥，较以往的"香港一日游"方式运输和通关时间缩短 3～5 天。该模式经第三方机构毕马威企业咨询（中国）有限公司初步评估为全国海关首创。

（7）全面开展"三互"合作，率先启动"监管互认"工作。厦门海关与厦门检验检疫局签署《关于全面落实"三互"推进自由贸易试验区建设合作备忘录》，共同确定了全面深化关检通关协作，实现"三互"；发挥自贸试验区作用，完善大通关管理体制；加强制度创新，改善大通关整体环境；加强合作事项组织推动，确保贯彻落实 4 个方面的 16 个合作项目，绘制了关检贯彻落实国务院"三互"

大通关改革的路线图，并在全国率先启动"监管互认"工作。

厦门海关与厦门检验检疫将在"三个一"全面合作的基础上，按照"遵循法治、安全便利、集约高效、协同治理"的原则，采取先易后难、以点带面、逐步互认的方法，在厦门自贸区范围内推动开展"监管互认"工作。目前，双方先选取厦门自贸区进口台湾水果和进口固体废物开展试点，通过交接纸质单证互认监管结果和数据。根据试点情况，双方将进一步开发外挂辅助系统，最终实现"监管互认"电子数据交互对碰。此举有望加快进出口货物通关速度，减少企业通关成本。

（8）率先试点免除集装箱查验服务费。自 2015 年 10 月 1 日零时起，厦门片区将率先试点实施免除集装箱查验服务费，即免除外贸企业在海关系统查验环节发生的、查验没有问题的进出口海运集装箱（重箱）货物（固体废物进出口货物除外）的吊装、移位、仓储费用，以增强口岸查验的针对性和有效性，全方位提升厦门片区口岸竞争力。

此前在查验过程中，查验场所经营单位需要将涉及查验的货柜从堆场移至查验场地、拖运集装箱至地磅位置实施过磅、对集装箱进行掏箱（装卸）等，查验过程中发生的相应费用需要由外贸企业支付。如此一来每个集装箱，即便在查验没有问题的情况下，经过吊装、移位、仓储以及拆装箱、理货，也会产生一定的查验服务费用。

由于企业进口的货物种类繁多，根据规定进出口货物需经海关查验，有一定的查验率，以前查验过程发生的费用都是由企业买单。如今厦门口岸试点实施免除集装箱查验服务后，只要查验没有发现问题，相应的就可节省一定的费用。

（9）进出境邮件"移动式"通关模式。收件人通过该平台可随时随地办理邮件的通关手续，省去到监管现场办理通关手续的时间和交通费用。同时，收件人可即时了解邮件的通关状态，需缴纳税款的，收件人还可自主选择银联、支付宝等大众化的支付平台进行网上缴税。该措施改变了传统邮件通关申报的方式，减少社会公众到监管现场办理邮件通关手续的交通及时间成本，解决了海淘商品"门到门"服务的"最后一公里"问题，实现"足不出户"即可办结海关手续。

（10）区域外飞机维修一体化监管。海关对飞机维修企业承揽境内外民用航空器及其零附件维修业务进行一体化监管。海关整合了飞机维修涉及的"维修物品""暂时进出口""保税仓库货物"等监管流程，实施"一次备案、集中担保、集中报关"的一体化管理模式，简化了企业办理维修飞机的通关手续，减少了企业管理成本。

（11）推进台湾输大陆食品快速验放促进计划。在"同等优先、适当放宽、风险可控"的原则下，按照"方便进出，严密防范质量安全风险"的要求，对台湾输入大陆食品采取"源头管理、结果采信、抽查验放"的检验监管新模式。以对台湾食品生产企业实施源头管理、强化进口企业落实食品安全主体责任为抓手，以采信台湾食品安全检验机构的检测结果为手段，对纳入促进计划的台湾食品生产企业及进口商的进口台湾食品实施口岸快速验放。同时，改革对进口食品实施批批现场查验、抽样送实验室检测、标签整改（标签不合格的）、综合评定、出具合格证明、放行的现行检验模式，对符合促进计划的台湾输入大陆食品到达口岸向检验检疫报检后，经检验检疫部门对其报检应提交的资料进行审核，符合要求的，仅做抽样验证检测结果，就予以出证放行，大大加快台湾输入大陆食品的口岸通关速度，减少企业储存费用。目前，厦门口岸列入促进计划的台湾食品、化妆品企业共有 5 家企业，近百个品种。近三个月共快速验放 133 批、货值 310 万美元。

持续为台湾地区输入大陆水果和水产品创造便捷的检验检疫通关环境，采取"一门式查验 + 一站式放行"模式，积极开辟"绿色通道"，通过设立专门报检窗口、提供提前报检服务、实行 7 天×24 小时工作制、随到随检，实施"快速查验、快速取样、快速实验室检测、快速签证、快速放行"的"五快速"检验检疫监管模式及查验"不过夜"等，保证台湾地区输入大陆水果第一时间"抢鲜"上市，实现朝发夕至，第二天即可到达各大零售点，比"大三通"进口模式节省 2 ~ 3 天的时间。目前，厦门已连续七年成为台湾地区水果输入大陆最大口岸，其进境途径也呈现从单一"小三通"形式到"小三通""大三通"平分秋色的局面。

（12）海关在全国首创 APP 缴税。作为全国首个关税移动支付平台，厦门海关正式在福建自贸试验区厦门片区内启动平台测试工作，待成熟后有望在厦门关区全面推广。

2014 年，该关全面推广电子支付税款，进出口企业通过电子支付系统即可在线查询并完成海关通关相关税费的支付。此次测试的移动支付平台，则是在电子支付基础上，将操作界面延伸到移动终端，打破时间、空间限制，为企业及时缴交海关税款、加快通关速度提供了极大便利。继"关税付"之后，厦门海关还将陆续推出移动申报、移动查询海关审核信息和物流信息等应用，着力打造"一站式"移动综合服务平台，全力探索"互联网 +"时代海关通关新模式。

四　厦门片区贸易便利化存在的问题

（一）协同监管效率有待提升

国际贸易监管涉及海关、质检、工商、税务、外汇等多个部门，贸易便利化水平的提升需要各部门协同合作，总体方案提出要强化监管协作的任务措施。但是目前来看，厦门片区的监管协作实施效果并不明显，各部门出台了各自的便利化措施，但是因信息交流不畅、缺乏部门间的配合而无法落地，或者虽然落地但是给企业增加了额外的负担。例如，海关实行无纸通关，简化通关作业随附单证，但是税务部门仍然要求提交纸质单据，企业并没有得到实质性的便利。另外，海关、检验检疫、外汇管理局、运输部门、银行和保险等部门执行的数据标准格式不一致，未能与国际接轨，这不仅造成跨部门合作便利化程度大打折扣，而且增加了开展贸易便利化国际合作的难度。厦门片区各管理部门需要在业务流程、数据格式等方面实现统一和兼容，从技术层面统一标准，从而推进贸易便利化。

（二）单一窗口有待完善

福建自贸区国际贸易单一窗口首先会在福建自贸试验区三个片区试点，自贸区企业先行先试，之后逐步扩大到福建全省口岸，但是其与主要国家的单一窗口相比，仍然存在较大的差距，主要表现在以下几个方面。一是覆盖部门少。美国、瑞典、新加坡的单一窗口包括了所有的贸易监管部门，福建自贸区国际贸易单一窗口仅涵盖海关、商检等少数几个部门，这样不利于整体协调推进贸易便利化。二是功能少。国际上的单一窗口功能包括了进出口和转口贸易。三是建设模式尚不明确。国际上的单一窗口制度包括单一机构、单一系统、单一资料自动处理系统三种模式。四是政策制度欠缺。法律法规是单一窗口制度顺利运行的基本保障，但是福建自贸区单一窗口制度的法律法规工作暂时还没有启动。五是数据元未能接轨国际标准。新加坡、瑞典和美国等国的单一窗口制度全部启用了世界海关组织的数据模式（Data Model），且有专门的部门负责对数据元进行标准化，目前，福建自贸区国际贸易单一窗口的数据元标准化工作还未启动。

（三）风险管理意识仍需加强

我国的海关风险管理体系建设仍处于起步阶段，厦门片区对风险管理的探索与实践需要进一步向纵深推进。一是风险管理方面的意识不强，还未建立起完善的评估指标和系统。对风险的把控主要依靠人工审单和查验，整个通关流程缺乏有效的信息化监管，既浪费时间又不能即时发现潜在的风险，不利于通关效率的提升。二是风险管理协作运行监管机制不完善。各管理部门未能形成分工合理、职责分明、优势互补、齐抓共管的风险管理格局。信息资源散落在各部门，缺乏信息资源共享平台。三是风险分析不深入，难以形成风险防控的整体效果。对风险的分析没有建立在科学分析的基础上，只是停留在简单的数据查询和监控上。四是系统信息技术应用相对滞后，无法适应风险管理智能化的需求，缺乏有效的分析工具和监管手段。

（四）法律法规尚不健全

厦门片区贸易便利化进程与法律政策不匹配。一是贸易便利化法律地位不够明确。欧盟、美国等发达国家和地区都非常重视在立法方面对贸易便利化进行保障。欧盟海关法典的内容体系详细和具体，在法律层面上明确规定了贸易便利化的相关法律地位和实施条件。相比之下，自贸区制定的与贸易便利化相关的法律尚属于空白，海关管理、口岸管理、边境防护等只能靠经验进行，并无立法保障。二是制度政策违背统一简化原则。自贸区虽然制定了一系列进出口监管的法规和制度，但是烦琐且不统一，政策经常调整，与国际脱轨，现有的通关政策等与贸易便利化趋势存在明显的不适。三是监管机构法律权限受限。

（五）技术支撑不足影响改革进度

目前海关多项制度创新和改革任务都依托于智能化和信息化平台建设，由于地方政府在公共信息平台建设上存在主体不清，利益不均，机制不灵，人、财、物投入不足等情况，平台开发不能满足改革需求，影响了改革的效果和对企业的服务。建议国家出台建设政府公共信息服务平台的指导意见，并加大对平台建设的财政支持力度，进一步打造科技引领、创新驱动的自贸试验区发展环境。

（六）工作推进不协同影响改革成效

比如，关检合作"三个一"工作是口岸"三互"的重要组成部分，当前海关深入推进一体化通关，基本实现了企业自由选择报关地点和"属地申报，属地放行"，但是部分地区进口货物涉及跨检区协调，暂无法实现"属地申报，属地放行"，关检部门"三个一"推进进度不一，影响了"三个一"工作的实施效果。又如，为扩大国内消费，国家鼓励设立境内免税店，但是财税部门仍规定除空港口岸外，不能设立免税店，导致政策无法落地取得实效。建议进一步发挥部际联席会议的作用，加大统筹协同力度，协调解决自贸试验区建设中遇到的重大问题，使相关部门改革举措协调一致、相互配套，形成工作合力。

五　提升厦门片区贸易便利化水平路径

(一)构筑法律基础

提高贸易便利化相关立法的法律位阶。贸易便利化是自贸区建设的一项重大任务，在法制保障体系上，要以权威性强的法律法规替代规范性文件的发布，为自贸区形成高标准的贸易规则体系打下基础。在立法过程中充分考虑贸易商的需求，确保法律符合贸易程序，且不给贸易增加不必要的负担。立法和程序符合国际标准和承诺，包括 WTO 和 WCO 等国际组织关于贸易便利化的规则。

探索贸易便利化行政执法程序。WTO《贸易便利化协议》对各国货物通关的行政管理部门的行政执法行为提出了要求，包括进口货物的预裁定制度、对行政执法决定的行政复议制度和司法审查规则等。根据协议规定，每一成员应至少公布申请预裁定的要求、作出预裁定的时限及预裁定的有效期；各成员应保证其行政复议或司法审查程序以非歧视的方式进行，应保证提供作出行政决定的充分正当理由，以便使其在必要时提出复议或审查。这些规定为我国自贸区相关执法机构的行政行为提出了更高的标准和要求。例如，在海关复议制度上，要建立专门的海关复议机制，制定一套开放性、可行的申诉程序，任何对海关机构估值判断有异议的人均可直接向海关署长提出质疑，如果不满意可以向上一级法院提出申诉，从而更加高效和及时地处理存在争议的问题。

明确自贸区管委会的法律地位。出台相关的法律法规，对自贸区管委会的性质、定位、功能、机构设置、权限、职责等予以详细规定，为自贸区的管理运行提供依据和保障。同时，加快出台实施细则。以党的十八届三中全会关于全面深化改革的相关目标和措施为指导，根据自贸区总体方案的要求，加快出台贸易便利化创新制度的实施细则，落实各项具体改革措施。

（二）实行快捷通关

在保证贸易安全的条件下最大限度简化通关程序，实行快捷通关制度。

一是推行预裁定制度。对原产地管理实施预确定，提高企业申报的便利度。

二是实行预审查制度，比"先进区，后报关"更提前一步，即货物达到或者相关进口手续完成前，向自贸区海关提交进口申报文件，提前进行海关审查。预审查制度可以加快生鲜货物、交货期限严格的货物、时令货物等的通关速度。

三是实行通关后审计制度。通关后审计依赖于风险评估工作开展的规范程度和外部审计的技术能力，要求提高审计人员纸质单证和现场审计能力。

四是实行提前放行制度。规定只要货物符合海关要求，并且交易企业提供计税所需基本信息，海关即可尽快放行，将通关和放行分离。

（三）继续完善单一窗口制度

国际贸易单一窗口是货物监管制度的一个方向，是实现跨境电子商务发展的重要前提，是政府降低贸易监管制度成本的主要途径。加快推动国际贸易单一窗口是自贸区贸易便利化的重点任务。

一是选择适合我国的单一窗口模式。国际上成熟的模式有三种，分别是单一机构、单一系统和单一资料自动处理系统。后两种模式的特点分别是"系统单一，机构分散"与"系统集成，机构分散"，不涉及监管权限的转移，在我国的适用性更强。我国的海关、商检、外管等各部门独立、机构分散，实行单一窗口以后，仍然维持独立分散的机构现状，但是可以将各部门的信息集成单一的系统。单一机构模式则不适合我国，我国诸多的贸易监管部门不可能合为单一机构。因此，单一窗口模式可以选择学习借鉴美国、日本的单一系统模式或者是新加坡的单一资料自动处理系统模式。

二是要启动数据元对接国际标准工作。数据元标准化是开展国际贸易单一窗口的前提和基础，有利于推动我国国际贸易对接国际标准，开展国际合作，提高贸易便利化程度。目前，新加坡、瑞典和美国等大部分国家的国际贸易单一窗口采用了 WCO Data Model 作为数据元参考标准。厦门片区可以借鉴这些国家的经验，成立专门的机构，负责数据元标准化的推进和协调工作，提高单一窗口的运作效率。

（四）强化风险管理

风险管理制度是预审查、预归类制度等贸易便利化措施实施的基础，是提高海关效率的重要手段。海关通过风险管理手段，将监管重点集中于少数高风险企业和货物，对大部分低风险的企业和货物给予最大的便利，从而实现海关人力资源的合理有效配置。自贸区要把风险管理置于海关管理的中心环节，组建"一个系统、一套指标、一项机制"的海关风险管理体系总体框架，实现便利化与有效管理双重目标。

一是积极运用计算机等自动化信息技术，建立统一的系统。借鉴学习日本 CIS（海关情报数据库系统），基于对生产商、进口商、出口商等整个供应链上主体的信息分析，建立风险评估系统，有效应对日益增长的贸易规模与有限的海关监管人力和财力之间的矛盾。风险评估系统根据最新的相关信息持续更新，既使合法商品流动更加便利，又抑制了非法商品的流通。

二是科学设定参数，建立一套风险指标。组建风险参数维护管理中心，科学合理设置参数，并根据实际情况及时进行调整、补充。通过对累积进口商的进口记录及相关信息的分析，确定风险等级。如果风险等级低，可允许快捷通关，反之，海关要进行深入检查。

三是建立完善的风险管理协调运作机制。依托各贸易管理部门的职责分工，结合各方面的资源和优势，明确信息采集、风险评估、风险处置等方面的工作方法和职责任务，充分调动各部门的工作积极性，促进各部门工作内容和方法的协调统一，实现管理资源和风险防控手段的优化组合，实现各类信息资源跨部门共享，最终形成分工明确、优势互补、统一协调的海关风险管理格局，提高海关管理效率。

（五）搭建合作平台

2005 年 6 月召开的世界海关组织年会通过《全球贸易安全和

便利标准框架》，将海关与海关之间的合作和海关与商界之间的伙伴关系作为两大支柱，自贸区海关要以贸易促进者的角色推进海关现代化的改革，建立一套以服务为导向的促进贸易方法，加强关企合作伙伴关系、国际合作以及海关与其他政府部门的合作，提升贸易便利化水平。

一是加强关企合作伙伴关系。以企业需求为核心，创新合作方式，树立"亲商"理念，淡化海关管理者的身份，强化服务者角色，提高海关服务效能和服务水平，增加企业的话语权。探索以合作谅解备忘录制度（MOU）约定海关与企业合作关系的方式，把海关与企业作为平等的主体对待，弥补法律法规的不足，推动海关与企业之间的良性互动。设立"海关咨询委员会"，其代表来自海关、贸易组织、私人机构、其他相关政府部门及企业，海关与企业建立常态化的磋商机制和固定的联系渠道。与大客户签订服务协议，为进出口额大的企业提供专门的联络员，负责沟通海关事宜，为企业提供个性化服务。鼓励海关积极参与社会信用体系建设，依托信用平台，与企业建立联系，全面掌握企业信息，对企业形成多角度制约。推动企业配合支持 AEO 制度建设，维护供应链安全，对 AEO 企业逐步采取美国海关模式，实行信任纳税，在口岸通关时只需缴纳全部或部分保证金，一年内进行集中申报或税收清算，海关始终保留对相关货物的抽检、稽查、复核等权力。

二是加强国际合作。积极配合 WCO 推动"全球网络化海关"建设，对外宣传自贸区海关贸易便利化的经验和做法，增强我国海关在国际社会中的地位，扩大国际影响力。大力倡导以"监管互认、执法互助、信息互换"为核心内容的海关合作模式，探讨自贸区海关与世界各国海关的友好合作关系。推动 AEO 国际互认，除了与新加坡、韩国、中国香港等开展认证互认外，还应该积极探索与其他国家开展试点合作的可行性。推动原产地证明、检验检疫证书等电子信息或证明文件的跨国合作与认证事宜，根据情况分步骤推动单一窗口的国际接轨。

三是加强海关与其他政府部门的合作。建立海关与相关政府部门的合作机制，明确海关与生产、运输、服务等其他相关政府管理部门的职能分工，加强部门间的交流和沟通，促进口岸管理一体化，形成"一口对外"的工作机制。建立海关内部的合作机制，在海关内部形成统一领导，各部门积极参与、协作配合的工作机制。

（六）加强信息技术

技术应用信息化与贸易便利化融合是实施贸易便利化措施的核心。借鉴美国、新加坡等国家的信息化监管模式，自贸区要积极推进信息的标准化、无纸化和自动化，应用电子数据标准、WCO 数据模型、信息通信技术安全、数据保密等，实行高效率的实时监管。

将单一窗口作为无纸化贸易的基础，加大人力资源、技术开发和电信基础设施投入，承认电子文件的法律效力，统一电子文件的格式，实现不同监管部门之间、跨境的数据交换。

建立电子商务协同工程，保障海关、工商、银行、财税、保险等众多部门和不同国家、不同地区之间的电子商务活动能够顺利进行。建设以信息网络为平台的协同监管机制，形成多部门共享的信息监管平台，逐步实现进口出口、海港空港、境内境外等领域的全方位应用，解决多个执法部门难以实现全程监管和因信息孤岛而重复查验的难题。

加快建立适应跨境电子商务发展的海关监管、检验检疫、跨境支付、物流等支撑系统，支持"跨境通"等跨境电子商务平台运营，推动跨境人民币结算。

建立信息跟踪和监管延伸机制，加强对区内企业在区外经营活动的跟踪、管理和监督，实施动态监管、动态跟踪，评估开放的影响，推进企业运营体系与监管系统对接，实行企业分类监管服务制度。信息化监管模式需要长期的投资和维护，但是带来的效益是可观的，既能实现自贸区所有监管系统的无缝对接，提高通关效率，又能很好的接轨国际惯例，为贸易便利化谈判奠定基础。同时，信息化监管也是最容易在全国各地进行复制推广的。

为此，福建省出台了自贸试验区信息化平台建设总体方案，重点围绕信息系统建设主体和需求、系统部署和集成、数据流程和共享等内容制定。

建设目标：自贸试验区信息化建设要满足自贸试验区监管和服务创新需要，切实促进通关便利化，实现投资贸易合作和增长；同时要支撑海上丝绸之路核心区建设，促进人流、物流、资金流、信息流在福建省的汇聚、分发、中转，巩固核心区定位、提高核心区功能、扩大核心区辐射，充分释放核心区红利和潜力，打造福建省对外开放新平台。

建设原则：①集约化建设。要控制新建系统，避免碎片化开发，不推翻现有系统，支持通过必要改造，满足新业务需求；要依托数字福建公共平台承载应用系统，减少系统部署层级。②平台化集成。支撑自贸区运行的各类业务系统要根据部署层级，分别与同层级的政务信息共享平台对接和集成，实现信息交换共享和业务协同。要基于平台优化业务信息流，避免多通道重复性数据交换，促进大平台建设、一体化集成。③创新性服务。要使互联网作为改善自贸区服务和监管的重要手段、主要平台，优化业务流程，推行政务全流程网上协同运行，推行统一入口、集中受理、协同办理的业务服务模式，满足投资贸易便利化需要；要推动数据汇聚共享和关联分析，充分运用大数据提高服务和监管的针对性、有效性、协同性。

架构设计：自贸试验区信息化系统体系包含各部门的业务系统和统一的公共平台。公共平台包含政务网络、云平台、电子口岸公共平台、市场监管信息共享平台、电子证照库、信用信息库等。

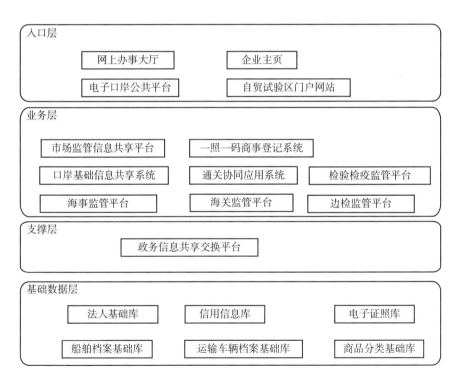

图 3　福建自贸试验区信息化体系架构

分报告四：厦门自贸区金融发展研究

张　磊[*]

摘　要： 为了便于分析厦门金融生态环境和金融发展水平，我们选择大连、宁波、青岛、深圳 4 个计划单列市以及天津和上海两个自贸区城市进行比较研究。尽管在金融生态环境和金融发展上取得长足进步，厦门现有金融结构仍不足以应对经济增长方式转变的挑战。为此，需要对厦门3 + 1 + N 的金融发展战略进行适度调整，积极探索在汇率稳定条件下的金融全面对外开放。

一　厦门市金融生态环境和金融发展经验

厦门在历史上曾经是区域金融中心，作为国内著名的外贸口岸城市和经济特区，金融发展，特别是金融生态环境取得了长足进步。2004 年中国人民银行行长周小川提出"金融生态"概念，尝

---

　* 张磊，中国社会科学院经济研究所研究员、教授。

试用此概念解释地方信用水平的显著差异。从理论上讲，金融体系绝非独立的创造金融产品和金融服务的系统，它的运行更广泛地涉及其赖以活动区域的政治、经济、文化、法治等基本环境要素，涉及这种环境的构成及其变化，以及它们导致的主体行为异化对整个金融体系造成的影响。换言之，金融风险不仅源于金融业自身，而且更广泛地源于金融业赖以生存与发展的外部环境。正是中国地区金融生态环境的不同，才导致在统一经济体内部各个地区之间金融风险出现了比较明显的差异。为了便于分析厦门金融生态环境和金融发展水平，我们选择大连、宁波、青岛、深圳4个计划单列市以及天津和上海两个自贸区城市进行比较研究。

（一）厦门金融生态环境位居前列

如表1所示，根据中国社会科学院金融所[①]对247个城市2013～2014年的排名，厦门金融生态环境在计划单列市和自贸区城市中仅次于深圳和上海、宁波。中国社会科学院金融所提出中国地区的金融生态环境由地方政府债务和政府治理对金融稳定的影响、地区经济基础、金融发展、制度与诚信文化四个方面要素所构成，并通过对这四个方面的相关指标进行单因素数据筛选分析，构建出中国地区（城市）生态环境的多因素评价模型。

（1）地方政府债务和政府治理对金融稳定的影响包括四个子类指标：①地方政府债务水平，这类指标着重从债务相对规模的角度考察债务风险；②地方政府债务风险，这类指标从流动性角度如

---

① 王国刚、冯光华：《中国地区金融生态环境评价（2013～2014）》，社会科学文献出版社，2015。

表1 中国 247 个城市金融生态环境评价排名（2013～2014 年）

单位：分

城市	地方政府债务和政府治理对金融稳定的影响	地区经济基础	金融发展	制度与诚信文化	综合得分	综合排名
深圳	0.537	0.781	0.709	0.921	0.746	1
上海	0.529	0.785	0.673	0.892	0.727	2
宁波	0.632	0.651	0.559	0.770	0.649	6
厦门	0.522	0.808	0.579	0.662	0.645	8
大连	0.694	0.55	0.572	0.544	0.584	18
青岛	0.396	0.656	0.567	0.544	0.549	29
天津	0.376	0.517	0.576	0.602	0.528	38

偿债率、是否出现展期等角度考察债务风险；③财政平衡能力，这类指标主要从财政收支的结构角度考察债务风险；④地方政府治理，这类指标是对影响政府债务风险的长期因素的考察。

（2）地区经济基础则从经济发达水平、经济结构及私人部门发展、基础设施及公共服务三个方面分析。①经济发达水平，用人均 GDP、城镇居民可支配收入、人均社会消费品零售额评估；②经济结构及私人部门发展，经济结构用地区生产总值中第三产业占比评估，私人部门发展用非国有部门在工业总产值中所占比重和非国有经济就业人数占城镇就业人数比重评估；③基础设施及公共服务，基础设施包括经济技术性基础设施和社会性基础设施两大类，交通、通信、医疗和教育构成地区基础设施评价最重要的四个方面，分别用地区公路密度（每平方公里公路里程数）、人均地区邮电业务总量、每千人拥有的医院床位数和每千人拥有的高等教师数 4 个指标衡量。

（3）金融发展。①金融深化，用地区金融资产占 GDP 比重评价。②金融效率，用三个指标评价：一是贷存比，这主要反映银行将储蓄转化为投资的效率；二是国有、股份制及城市商业银行的资产收益率；三是农村金融机构的资产收益率，后两者反映了银行盈利能力，由于该指标包含风险拨备等因素，也反映出银行风险甄别能力的信息。③私人部门获得的金融支持，用非国有部门新增贷款占比评价。④金融市场发育，用新增企业债券占比、新增股票融资占比和银行贷款替代产品占比评价。

（二）厦门金融发展水平及其战略探索

得益于厦门较好的金融生态环境，厦门金融发展也取得了长足进步。如图 1 所示，2003～2014 年，除上海和深圳外，厦门证券化率在绝大多数年份明显高于其他计划单列市和自贸区城市，只在2006～2009 年比天津低。很显然，厦门较高的证券化率反映了其较为突出的金融发展水平。

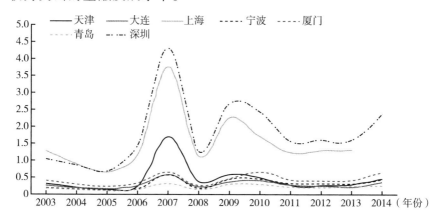

图 1　证券化率

资料来源：CEIC，Wind。

　　考虑到经济规模偏小以及兼有客源市场特征，厦门能在金融生态环境和金融发展上取得如此成就实属不易，这与其对金融改革和创新的积极探索是分不开的。厦门不仅在计划单列市和自贸区城市中人均 GDP 偏低，而且经济规模偏小。如图 2 所示，2014 年，天津、上海、宁波和青岛人均 GDP 约为 10 万元，同期厦门才达到 8.7 万元，接近前者的 90%，与最高的深圳相比，更是只有其 58%，在经济规模上差距更大。如图 3 所示，2014 年厦门 GDP 总量达到 3273.5 亿元，还不及规模最为接近的宁波和大连的一半，只有同年度上海的 1/7、深圳的 1/5。正是为了缓解经济规模偏小带来的客源市场不足制约，厦门市以打造供应链和互联网金融为核心对金融发展进行了有益探索，被称为厦门经验的 "3 + 1 + N" 金融发展战略在其中发挥的作用尤为关键。自 2010 年国务院批准厦门建设两岸区域性金融服务中心以来，厦门市以《中国（福建）自贸试验区总体方案》为指引，按照 "3"（即银行、证券、保险）＋ "1"（海峡金融论坛交流平台）＋ "N"（多个地方准金融创新板块）的自贸区金融规划体系，积极推进自贸试验区各项金融改革创新工作。

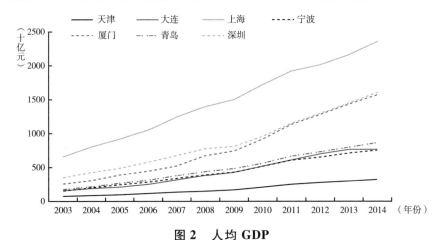

图 2　人均 GDP

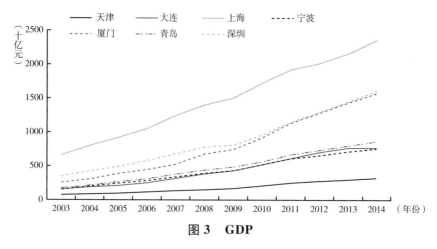

图 3　GDP

资料来源：CEIC，Wind。

厦门市金融发展战略涉及多个地方准金融创新板块。

1. 完善供应链金融服务，积极推动厦门先进制造业产业集群的发展壮大

大型优质制造业企业通常具备较强的融资能力，但为其提供原材料和购买其产品的企业资信情况差异较大，特别是部分贸易企业融资能力较弱。若合作密切的上下游企业出现资金紧张状况，造成原料供应不及时或产品采购货款不到位，将对制造业核心企业的生产和经营造成较大影响，进而制约产业集群发展。因此，厦门市商业银行积极探索供应链金融发展，努力创新对厦门先进制造业核心企业的金融服务，将授信视野从单个企业扩展至产业集群，在信贷政策统领和企业评级授信基础上，分析整个集群的授信总量和授信结构，并针对产业集群的发展周期不同，采取不同的信贷准入和扶持政策，为核心企业的正常生产经营提供有力支持。与此同时，依托厦门先进制造业核心企业供应链上下游企业延伸，加强对资金流和物流的跟踪分析，为先进制造业供应链上的小微企业提供套餐式、标准化的金融产品，同时研究开发专属融资产品，进一步提高精细化服务水平，为小微企业信贷业务注入生机和活力。

2. 将供应链金融服务拓展至仓储、物流和销售网络，为先进制造业产业集群发展提供进一步保障

具体来讲，一方面，优选各类大宗商品或专营商品流通企业，依托核心生产企业或下游客户供应链，支持优质中小商贸流通企业融资，完善厦门社会流通体系，进而形成特色大宗商品交易平台；另一方面，依托产业集聚区、货物集散地、交通枢纽和港口资源，促进厦门金融物流仓储体系建设，完善金融物流仓储生态系统。供应链金融通常可分为以应收账款为质押的应收账款融资模式、以下游企业预付账款为质押的保兑仓融资模式和以存货为质押的融通仓融资模式3类。其中保兑仓业务除了需要处于供应链中的上游供应商、下游制造商或销售商（融资企业）和银行参与外，还需要仓储监管方参与，主要负责对质押物品的评估和监管；保兑仓业务需要上游企业承诺回购，进而降低银行的信贷风险；融资企业通过保兑业务获得的是分批支付货款并分批提取货物的权利，因而不必一次性支付全额货款，有效缓解了企业短期的资金压力。至于融通仓业务则是第三方物流企业提供的一种金融与物流集成式的创新服务。中小企业采用融通仓业务融资时，银行重点考查的是企业是否有稳定的存货、是否有长期合作的交易对象以及整个供应链的综合运作状况，并以此作为授信决策的重要依据。商业银行甚至可以根据第三方物流企业的规模和运营能力，将一定的授信额度授予物流企业，由物流企业基于供应链金融的思想直接负责融资企业贷款的运营和风险管理。由此可见，只有将供应链金融服务拓展至仓储、物流和销售网络，才能有效开展保兑仓和融通仓融资业务，增加供应链金融的灵活性。

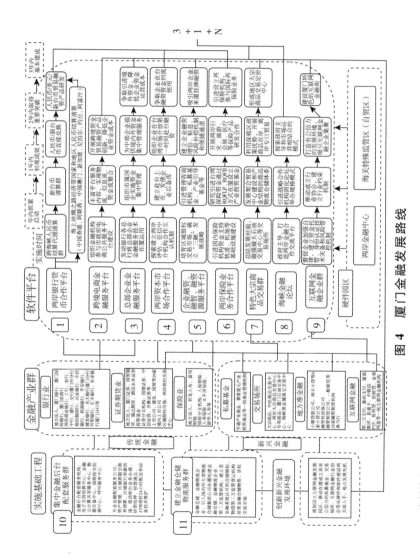

图 4　厦门金融发展路线

编制单位：市政府金融办。
编制日期：2014 年 9 月 3 日。

（三）在企业投融资领域采用类似供应链金融服务，制定《自贸试验区厦门片区租赁发展办法》，打造融资租赁企业发展高地

一是延拓租赁业务。《自贸试验区厦门片区租赁发展办法》把融资租赁和经营租赁一并扶持为全国首创，支持存量租赁企业进区设立运营中心创造招商增量，支持租赁企业开展商业保理、贸易、融资租赁资产交易试点，以降低融资租赁成本等。二是对标先进地区。《自贸试验区厦门片区租赁发展办法》借鉴上海、天津、深圳等地对租赁企业的扶持奖励，针对租赁企业落户、购租房、业务补贴等提供一系列奖励，填补原有空白。三是充分利用融资租赁方式，实现多层次招商。融资租赁通常是根据企业的要求由租赁公司买进设备，企业只需先付价款的20%～30%，之后再分期缴付租金便可获得设备使用权，租赁期满，中小企业可以选择获得设备所有权。此外，融资租赁还有盘活企业固定资产的独特优势。目前银行一般不接受设备的抵押贷款，而融资租赁可以通过售后回租的模式，由企业将已有设备卖给租赁公司，租赁公司支付给企业一笔资金，同时再将设备回租给企业，通过这种方式将企业的固定资产盘活，补充企业营运资金。由此可见，融资租赁公司在企业投融资中发挥了第三方物流企业在融通仓业务融资中类似功能，融资租赁在一定程度上可被视为在生产规模扩大基础上的供应链金融。

（四）结合跨境电商金融服务平台建设，打造厦门市现代服务业和战略性新兴产业金融支持体系

厦门市提出按照"政府引导、社会参与、投入多元化、管理

市场化”的“五位一体”原则，引导和支持现代服务业和战略性新兴产业投融资体系的创新，建立和完善包括股权融资、担保融资、上市融资、创业投资、政府配套支持等多种融资方式在内的现代服务业和战略性新兴产业投融资体系，充分运用政府投入、社会融资、风险投资、金融信贷及吸引外资等多种渠道、多种形式解决所需发展资金①。由于现代服务业和战略性新兴产业投融资的难点在于如何对无形资产产权和创业者人力资本进行合理估值，厦门市主要开展了以下工作。

（1）推进各类无形资产二级交易市场建设，为金融机构支持现代服务业和战略性新兴产业发展创造良好的生态环境。由相关现代服务业和战略性新兴产业主管政府部门牵头完善特定资产登记体系及信息对接平台，为现代服务业和战略性新兴产业项目和专利技术提供评估、定价、抵押、交易等服务，缓解知识产权面临的价值评估难、资产转让难、处置变现难等现实问题。

（2）积极推进跨境电商金融服务平台建设，通过多样化交易场景获取高维聚合信息，借助电子商务企业的大数据，有效配置现代服务业和战略性新兴产业创新、创业资源。为此，发挥厦门口岸城市、智慧城市以及服务型政府的品牌优势，组织金融机构建设跨境电子商务金融服务平台，为进出口企业提供便利通关、出口退税、外汇管理和人民币跨境结算服务，探索完善电子银行和第三方支付途径，加快资金支付速度，提高进出口企业资金周转效率，降低资金成本。考虑到获取多样化交易场景的个性化有

---

① “五位一体”指的是政府、投行（包含证券及基金公司等）、银行、保险及担保公司、其他各类中介服务机构（评估公司、会计师事务所、律师事务所等）五个不同角色发挥在各自领域内的优势，集合一体共同支持现代服务业和战略性新兴产业。

效需求信息需借助非通道第三方支付的技术手段，第三方支付不仅是电子商务不可替代的环节，而且成为所有电商金融服务的基石。厦门市支持商业银行总行在厦门设立新兴金融清算中心，即第三方支付全国清算中心，为全国互联网 O2O 服务的第三方支付机构、非银机构和特定交易平台提供支付清算、衍生金融综合服务。

（五）在深化两岸金融产业对接融合基础上，发展厦门特色离岸金融业务

两岸金融产业对接融合主要包括以下内容。

（1）货币对接。如图 5 所示，厦门特色的跨海峡人民币结算代理清算群是最能凸显两岸区域性金融服务中心的金融创新之一，主要突破有：一是突破国内商业银行分行为境外人民币参加行（总行）代理人民币结算的清算服务；二是突破"点对点清算"，实现一家商业银行分行为境外多家商业银行总行提供清算服务；三是通过境内人民币现代化支付系统，为境内多地区多家商业银行提供对台人民币结算的清算业务；四是厦门代理清算群形成合力，在台湾商业银行向厦门市企业直接贷款方面，提供多元化境内外人民币结售汇、贸易融资、增信等服务；五是提供人民币和新台币现钞清算、兑换等服务。跨海峡人民币结算代理清算群下一步发展将在支持参与清算群的两岸金融机构继续做大业务规模的基础上，逐步探索从人民币代理清算业务向新台币代理清算业务延伸，进而率先实现人民币与新台币在厦直接兑换，为两岸金融机构共同研发人民币、新台币、美元贸易融资产品创造条件。与此同时，总结复制推广近年来渣打银行厦门分行为尼泊尔国家银行代理清算业务的成功

经验，推动代理清算业务合作范围向海上丝绸之路经济带的相关国家和地区延伸。

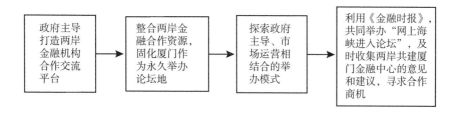

图 5 两岸货币合作平台发展路线

（2）金融对接。如图 6 所示，两岸金融对接则涉及大陆到台湾融资的"引进来"、台湾到大陆融资的"走出去"两个方面的内容。此外，同样重要的是做实做强浦发银行、招商银行、平安银行等具备离岸业务牌照的中资银行在厦设立的离岸业务中心、创新中心。引导海关特殊监管区（自贸区）内银行通过采取非居民账户授信和不落地结售汇相结合的创新手段，开展厦门特色的离岸业务，拓展金融服务客源对象。

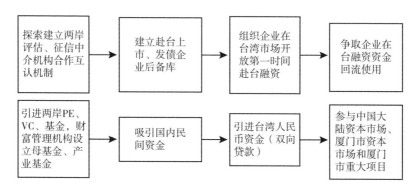

图 6 两岸资本市场合作

二 厦门市金融发展面临的挑战

尽管在金融生态环境和金融发展上取得长足进步，厦门现有金融结构仍不足以应对经济增长方式转变的挑战。最新的经济理论研究揭示出金融发展在很大程度上受到经济增长阶段及其相应的市场需求结构制约。只有金融结构同经济增长阶段和市场需求结构相匹配，才能实现金融发展和经济增长良性循环。根据国际经济发展阶段划分，低收入的标准在 1000 美元以下，中低收入组为 1030～3830 美元，中高收入组为 4030～12460 美元，高收入组为 12480 美元以上。张平等[①]依据收入阶段的需求分布特征绘制了图 7，可以看出，阶段 I 是指一国人均 GDP 突破 1000 美元贫困陷阱后，人们收入—消费开始加速增长，需求集中，形成大众市场；阶段 II 是指当人均 GDP 超过 3000 美元进入中等收入阶段后，大规模需求依然较为强劲，但当超过中高收入即人均 GDP 达到 8000 美元以上，出现了需求集中度迅速且明显的下降，进入"厚尾"阶段；阶段 III 是指人均 GDP 达到 12000 美元以上，进入了高收入阶段，多样化需求在人均 GDP 突破 20000 美元后逐步转为更具定制化的需求，"长尾"的需求分布是其特征，服务业占比超过了 70%。很显然，中国 2014 年人均 GDP 超过 7000 美元，接近中高收入需求转变的状态，而以厦门等计划单列市和自贸区城市为代表的发达地区更是全面进入了厚尾甚至长尾区间。随着中国集中

---

① 张平、王习、张磊、符场、张鹏：《中国经济从规模供给转向"需求—价值创造"——2014 年经济转型和上市公司价值创造评估》，载《中国上市公司发展报告（2014）》，社会科学文献出版社，2014。

需求的人口分布逐步让位于"厚尾"需求，服务和商品多样性、复杂性的需求越来越大、越来越高。市场需求结构对金融发展的决定性影响来自规模经济的差异。具体来讲，在集中化需求阶段，规模经济十分突出。中国社科院经济所经济增长与宏观稳定课题组将中国现行经济增长方式概括为出口导向型工业化，在性质上属于由外部技术引进推动的国内要素和资本积累，干中学的规模扩张则构成了其核心增长机制。到了多样化需求阶段，规模经济虽有所下降，但仍然存在，甚至在部分产业较为明显，只是需要更为精细化的管理才能获得。中国经济增长前沿课题组将这一增长阶段概括为深加工度化。这个阶段的重要特征是生产一体化，生产上移到国际产业链的中间环节，从而获得生产的网络化和默认知识带来的外溢效应。"以机械设备进口支撑机械制造出口"和注重效率是其典型特征，由于一体化的需要，通常被称为管理资本主义的精细化协调作为一种创新形式逐渐变得重要。当定制化需求阶段来临时，随着产品品种的日益增加，传统的规模经济将彻底消失，只有通过网络创新实现具有外溢性的知识对资本、劳动等传统要素的替代，才能重新获得经济增长动力。不过，正如Howitt所指出的那样，[①] 产品品种增加在增进消费者福利的同时，也压缩了相应创新所带来的规模经济空间，提高了定制化生产成本。考虑到中间投入品的生产专用性，产品品种增加的创新虽然也会产生外溢效应，但不足以完全抵消品种增加对资源的消耗，从而成为持久的经济增长动力。只有充分提高产品质量改进的另一种创

---

① Peter Howitt, "Steady Endogenous Growth with Population and R&D Inputs Growing", *Journal of Political Economy*, 1999, 107 (1).

新形式外溢效应，才能降低创新成本，并实现大规模定制化生产和
新的经济增长。

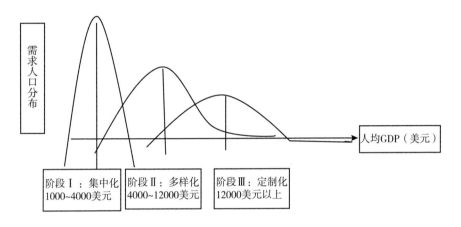

图7　经济增长阶段与需求人口分布特征

　　早在 2012 年，按当年年末人民币/美元汇率计算，厦门人均
GDP 就已经超过 12000 美元，处于从多样化需求的厚尾市场向定
制化生产的长尾市场过渡的阶段①。正如前面分析所指出的那样，
实现低成本的定制化生产除了要确保创新外溢效应发挥外，更关键
的还取决于能够实现新老产品和服务替代的质量改进型创新能力提
高。只有这样，才能最终降低由产品品种增加带来的资源消耗，实
现大规模定制化生产。为了便于考察厦门向定制化生产过渡的两大
条件，我们选择产业专业化和多样化指数分别代表创新外溢效应水
平和质量改进创新能力。以服务业为例，专业化指数由 Mar 外部性
（即 Marshall-arrow-romer 外部性）反映，该观点认为外部性主要来
源于同一产业内。同一产业内大量企业集聚，即专业化生产有利于

---

　　① 在计划单列市和自贸区城市中，厦门和青岛从 2012 年，天津、大连、上海和宁波则从
2011 年开始人均 GDP 超过 12000 美元，深圳早在 2008 年就达到这一标准。

知识、创新的外溢和扩散，成为推动产业发展和经济内生增长的源泉。Mar 外部性的测算指数为：

$$S_{i,k} = \frac{l_{i,k}/l_k}{l_{i,n}/l_n}$$

其中，S 代表专业化指数，k 代表城市，n 代表全国，i 代表服务业中某一产业，$l_{i,k}$ 代表 k 城市 i 产业的城镇单位就业人数，l_k 代表 k 城市服务业的从业人数，$l_{i,n}$ 代表全国 i 产业的从业人数，l_n 代表全国服务业总就业人数。当 S > 1 时，说明专业化现象存在，当 S < 1 时，说明去专业化现象存在。

多样化指数则由 Jacob 外部性——不同于 Mar 外部性和 Poter 外部性的观点反映，该理论认为企业的创新主要来源于区域内不同产业的集聚，即多样化生产能够使经济主体间的多样化和差异化需求形成互补，促进知识的碰撞和产生，从而促进经济增长。Jacob 外部性的测算指数为：

$$V_{i,j,t} = \frac{1/\sum_{k\neq i}\left(\dfrac{L_{k,j}}{L_j - L_{i,j}}\right)^2}{1/\sum_{k\neq i}\left(\dfrac{L_{k,l}}{L_n - L_{i,n}}\right)^2} = \frac{j\ \text{地区其他行业的 HHI 指数的倒数}}{\text{全国其他行业的 HHI 指数的倒数}}$$

其中，V 代表多样化指数，HHI 指数是指除 i 产业外所有其他产业在 j 地区的服务业从业人数中的份额的平方和的倒数。该指数越大，说明产业分布更加多元。由于市场交易成本是决定专业化分工的关键因素，专业化指数越高意味着市场交易成本越低，从而有利于创新外溢效应发挥。质量改进创新更多的是具有突破性和颠覆性，需要多样化的创新知识来源，多样化指数越高则意味着潜在的创新知识来源越多，从而触发质量改进创新的可能性越大。如表 2 所示，2003～2013 年，如果剔除水利、环境和公共设施管理业，教育，卫生、社会保障和社会福利业以及公共管理和社会组织等市场化程度较低的服务业部门，厦门除了金融业专业化指数偏低，低于 1，未体现出专业化趋势外，在绝大部分市场化服务业部门专业化表现均优于其他计划单列市，如大连、青岛和宁波，交通运输、仓储和邮政业，批发和零售业，住宿、餐饮业，文化、体育和娱乐用房屋等甚至超过自贸区城市天津，仅次于上海和深圳。厦门多样化指数呈现类似特点，并更为突出。如表 3 所示，2003～2013 年，厦门金融业多样化指数高于同期的宁波和青岛，与大连和天津较为接近，但明显低于上海和深圳。由此可见，2003～2013 年，在市场化服务业部门内部，尽管厦门表现偏弱的金融业与天津一样未能像其他计划单列市和自贸区城市那样呈现专业化趋势，标志着未能有效发挥金融创新外溢效应，并充分利用现有的金融机构和市场资源配置能力，但是其多样化指数表现突出，从而反映了较为活跃的质量改进型金融创新和较大的金融发展潜力。

从包括服务业在内的全行业角度考察，我们可以更清楚地揭示厦门向定制化生产过渡的状况。为了更准确地反映非金融服务业专业化分工水平和质量改进型创新能力，本报告按照是否剔除水利、环境和公共设施管理业，教育，卫生、社会保障和社会福利业以及公共管理和社会组织等市场化程度较低的服务业部门，对非金融服务业专业化和多样化指数分别进行了计算。如表 4 和表 5 所示，2003～2013 年，无论是否剔除非金融服务业非市场化部门，除上海外，其他计划单列市和自贸区城市都是制造业专业化分工水平最高，对金融业而言，除天津和厦门外，其专业化分工水平处于中间

表 2　2003～2013 年计划单列市和自贸区城市服务业分部门专业化指数

项　目	天津	大连	上海	宁波	厦门	青岛	深圳
交通运输、仓储和邮政业	1.33125911	1.526534316	1.779059573	1.156736521	1.763225	1.509966	1.5229325
信息传输、计算机服务和软件业	0.85089814	1.63375516	1.196251196	0.646339294	0.992548	0.520358	1.6476118
批发和零售业	1.26435962	0.905134814	1.38572365	1.060536726	1.269365	0.983725	1.3646091
住宿、餐饮业	1.16824795	1.581334435	1.381614107	1.227303635	2.014731	1.276707	1.8971859
金融业	0.91847857	1.545941823	1.367792325	1.670895725	0.866381	1.133634	1.2532565
房地产业	1.04518465	1.851070301	1.626998943	1.125241963	3.46733	1.274549	3.942025
租赁和商业服务业	1.42869228	0.937196084	2.017072762	1.790132728	1.342031	0.851021	2.483448
科学研究、技术服务和地质勘探业	1.46091902	0.783211005	1.641554171	0.748428719	0.658425	0.805134	1.0029286
水利、环境和公共设施管理业	1.14445854	1.069726697	0.824722372	0.958855007	0.866509	0.990623	0.6259535
居民服务、修理和其他服务业	4.87247579	0.758542491	1.56518396	0.517088428	2.271858	0.49776	1.1111895
教育	0.70489296	0.752353106	0.501722976	0.772449742	0.578729	0.996628	0.3054485
卫生、社会保障和社会福利业	0.89887732	0.976327044	0.809131792	1.120436642	0.699715	1.021994	0.5575329
文化、体育和娱乐业	0.89108355	1.02216563	1.030483823	0.988715699	1.155609	1.006642	0.8509666
公共管理和社会组织	0.68263584	0.659516939	0.409487372	0.821223182	0.556186	0.820965	0.5744887

注：所用专业化和多样化指数均采用 2003～2013 年均值。

表 3 2003～2013 年计划单列市和自贸区城市服务业分部门多样化指数

项 目	天津	大连	上海	宁波	厦门	青岛	深圳
交通运输、仓储和邮政业	1.642144	1.639178	1.927389	1.333567	1.870861	1.145634	1.838364
信息传输、计算机服务和软件业	1.36405	1.410697	1.460381	1.274893	1.436874	1.039954	1.564117
批发和零售业	1.642287	1.396435	1.782883	1.313383	1.600972	1.042704	1.79632
住宿、餐饮业	1.49103	1.408941	1.456776	1.28572	1.495856	1.048405	1.59743
金融业	1.488075	1.485174	1.517646	1.385606	1.436361	1.053795	1.609402
房地产业	1.486057	1.4169	1.459263	1.282601	1.619849	1.047413	1.788573
租赁和商业服务业	1.513025	1.387495	1.521998	1.333454	1.468673	1.040654	1.726895
科学研究、技术服务和地质勘探业	1.512327	1.38224	1.496475	1.274063	1.42926	1.040139	1.551174
水利、环境和公共设施管理业	1.485643	1.388322	1.437459	1.278895	1.435226	1.043731	1.539828
居民服务、修理和其他服务业	1.530059	1.383365	1.440545	1.276802	1.441251	1.042586	1.543198
教育	1.119537	1.088963	0.896539	1.007353	0.934401	1.067804	0.869382
卫生、社会保障和社会福利业	1.491312	1.40738	1.435474	1.31927	1.411129	1.047996	1.501251
文化、体育和娱乐用房屋	1.478993	1.385396	1.4392	1.278646	1.437729	1.04364	1.542934
公共管理和社会组织	1.255711	1.144115	1.066565	1.168005	1.133674	0.904197	1.238857

资料来源：Wind。

位置，高于对应的非金融服务业。然而，是否剔除金融服务业与非市场化部门对专业化指数的影响仍然十分明显。如表 4 和表 5 所示，2003 ~ 2013 年，在剔除非金融服务业非市场化部门后，除青岛的非金融业服务业以外，所有计划单列市和自贸区城市都出现了非金融服务业专业化指数上升，金融业和制造业指数则相应地有所下降现象。由此可见，服务业市场化改革相对于制造业滞后无疑会增加服务业交易成本，阻碍其专业化分工水平的提高。这一点在厦门表现得尤为明显。无论是非金融服务业还是金融业，厦门同其他计划单列市和自贸区城市相比专业化指数都是最低的。与此同时，同天津类似，厦门金融业在专业化分工方面的发展更为滞后，还不及非金融服务业的表现，这反映了其金融业内部贸易壁垒同样深重。剔除金融服务业与非市场化部门对计划单列市和自贸区城市产业多样化指数的影响更加突出。如表 6 和表 7 所示，2003 ~ 2013 年，在剔除金融服务业非市场化部门后，所有计划单列市和自贸区城市非金融服务业、金融业和制造业多样化指数均得到提高。这可能反映与发挥创新外溢效应相比，增加多样化的创新知识来源，提高质量改进型创新能力更需要推进市场化改革，提高创新资源配置效率。同样重要的是在反映质量改进型金融能力方面，厦门金融业多样化指数与其他计划单列市和自贸区城市相比并无明显差距。总的说来，2003 ~ 2013 年，同服务业部门内部专业化和多样化指数类似，全行业专业化和多样化指数同样表明厦门金融业专业化指数低于其他绝大部分计划单列市和自贸区城市，但在金融业多样化指数方面差距不大。由此可见，2003 ~ 2013 年，尽管服务业占 GDP 比重不断上升，但在剔除非金融服务业非市场化部门的影响后，只有上海同时出现了制造业去专业化以及非金融服务业和金融业专业化趋势，其他计划单列市和自贸区城市专业化分工和相应的创新外溢效应仍主要集中在制造业上。其中厦门表现得尤为极端，2003~2013年，在剔除非金融服务业非市场化部门影响后，厦门制造业专业化指数在计划单列市和自贸区城市中最高，非金融服务业和金融业专业化指数则最低，特别是金融业差距更为突出。不过，如果考察计划单列市和自贸区城市同期各行业多样化指数则并没有明显差距。由此可见，各计划单列市和自贸区城市包括制造业在内的所有行业质量改进型创新能力基本处于同一水平线上，并有待提高。很显然，厦门市表现出较高的制造业专业化分工水平和由城市经济集聚效应反映的创新外溢效应，更多地带有深加工度化特征。

表4　2003~2013年计划单列市和自贸区城市非金融服务业
（不含非市场化部门）、金融业和制造业专业化指数

项　　目	天津	大连	上海	宁波	厦门	青岛	深圳
非金融服务业（不含非市场化部门）	0.89026	0.810385	1.017354	0.706937	0.557282	0.614593	0.803796
金融业	0.74464	1.156064	1.159743	1.137266	0.405351	0.662303	0.848088
制造业	1.16365	1.202605	0.961113	1.338115	1.610414	1.508874	1.256021

表5　2003~2013年计划单列市和自贸区城市非金融
服务业、金融业和制造业专业化指数

项　　目	天津	大连	上海	宁波	厦门	青岛	深圳
非金融服务业	0.869797	0.789619	0.930934	0.705231	0.543266	0.631281	0.748938
金融业	0.792746	1.267687	1.304747	1.231282	0.457957	0.720505	0.95885
制造业	1.23871	1.318215	1.079472	1.455979	1.820647	1.642719	1.417884

表6　2003～2013 年计划单列市和自贸区城市非金融服务业
（不含非市场化部门）、金融业和制造业多样化指数

项　　目	天津	大连	上海	宁波	厦门	青岛	深圳
非金融服务业（不含非市场化部门）	0.93593	0.993474	1.036973	0.975264	0.864134	0.898271	0.943652
金融业	1.005391	1.001148	0.992109	0.951212	0.863483	0.9062	0.991469
制造业	0.975372	1.062371	1.022537	1.091393	0.959373	1.011929	1.008402

表7　2003～2013 年计划单列市和自贸区城市非金融
服务业、金融业和制造业多样化指数

项　　目	天津	大连	上海	宁波	厦门	青岛	深圳
非金融服务业	0.715304	0.673006	0.673585	0.673678	0.513413	0.599643	0.577262
金融业	0.958263	0.900402	0.955651	0.866704	0.826843	0.856048	0.897474
制造业	0.749792	0.672388	0.913263	0.554425	0.294337	0.408373	0.584249

　　厦门服务业，特别是金融业创新水平低下与其发展滞后的金融结构密不可分。厦门市现有的金融结构仍主要依赖银行、证券和保险等正规金融机构和市场融资，张磊（2010）将其概括为国家隐性担保下的银行信贷扩张，即由国家提供金融中介免于破产的隐性担保。很显然，这是一种与出口导向型工业化相配套的政府动员性金融结构，能够最大限度地对所有合格借款人规模扩张提供信贷支持，从而有效降低生产成本，并开拓集中性的大众市场。即使是厦门市服务业数据也证实了这一点。"十二五"期间服务业融资总量占厦门市融资总量的67%，年增速为11%①。服务业融资严重依赖间接融资，贷款融资占服务业融资总量的90%以上；债券融资位

---

　　①　本报告中融资总量为贷款、债券、股票筹资三种资金总和。

列第二，但所占份额很小，2013 年债券融资仅占服务业融资总量的 2%；股票融资位列第三，近两年股票融资不活跃，2012～2013 年厦门市服务业企业筹资额为 0。当然，随着需求逐步向更加细分的厚尾和长尾市场过渡，厦门国家隐性担保下的银行信贷扩张金融结构也在发生着渐进的变化。

（1）尽管供应链金融发展较为突出，但其对厦门产业专业化分工的有益影响仍主要集中在制造业。供应链金融又称"1 + N"模式。具体地讲，就是围绕某"1"家核心企业，从原材料采购到制成中间及最终产品，最后由销售网络把产品送到消费者手中这一供应链条，将供应商、制造商、分销商、零售商、最终用户连成一个整体，全方位地为链条上的"N"家企业提供融资服务。很显然，供应链金融对企业信用风险的评估重点已从企业自身转移到供应链内部企业间的交易上。因此，供应链金融有助于促进相关产业的职能分工与合作，发挥创新外溢效应，实现整个供应链的不断增值。厦门市供应链金融从先进制造业产业集群一直拓展到仓储、物流和销售网络，其供应链金融思维甚至延伸到企业投融资领域的融资租赁，对形成制造业高水平的专业化分工无疑发挥了有益作用。然而，供应链金融做的是互动频繁的熟人圈生意，更适合于企业职能分工与合作相对成熟的产业。当供应链金融应用于规模经济特征不突出的现代服务业，特别是信息不完全和不对称的战略性新兴产业，涉及需要同陌生人进行交易时，其效果就会大打折扣。这是因为供应链金融主要解决的是规模经济有所下降的厚尾市场的企业融资问题，仍基本遵循 B2C 或 B2B 的产品和服务开发思路，即企业先提供某种产品和服务，然后再向客户（消费者）推销，只不过营销的重点由个体企业转向整个供应链。很显然，这样的融资模式无法在定制化生产的长尾市场上为客户的个性化融资需求提供服务。由厦门市经济规模偏小所带来的客源市场特征，供应链金融在制造业上的一枝独秀无法提高金融业专业化分工水平不足为奇。

（2）互联网金融发展相对滞后更是严重制约了厦门服务业，特别是金融业质量改进型技术创新能力提升。正如前面分析所指出的那样，产业专业化分工只是借助知识外溢效应降低了创新成本，产业创新水平的提高还取决于能够保障多样性知识来源的质量改进型创新能力提升。互联网金融则是活跃陌生人交易，激励多样性知识生产的不二选择。面对定制化生产的长尾市场，客户的个性化融资需求信息只有通过多样化的交易场景，并借助高维聚合的大数据技术才能获取。特别是多样化的交易场景还会引发客户作为知识生产者和消费者身份的混同，产生新的交易场景，进一步激励知识生产。无论是针对客户个性化融资需求的精准营销还是在客户生产者—消费者身份合二为一基础上的知识生产激励，都对互联网金融发展提出了迫切要求。总的说来，与供应链金融相比，厦门市互联网金融发展明显滞后。厦门市跨境电子商务的内在缺陷制约了互联网金融的发展。考虑到境内电子商务更多的是涉及市场竞价因素，运用大数据精准营销能力尚有待提高，我们选择从跨境电子商务视角考察多样化交易场景数据状况。如图8和图9所示，我国跨境电子商务发展整体处于滞后状态[①]。从进出口结构看，我国跨境电子商务以出口为主，占比在80%以上，跨境进口还处于起步阶段。从

---

① 2012年以来，海关总署批准了上海、重庆、杭州、宁波、郑州、广州、深圳、北京、苏州、青岛、金华、东莞、西安、南京、葫芦岛、银川16个城市跨境贸易电商出口试点资格，但只批准了上海、重庆、杭州、宁波、郑州、广州、深圳7个城市跨境贸易电商进口试点资格。

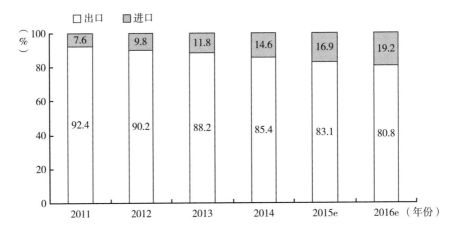

图 8　我国跨境电商进出口结构

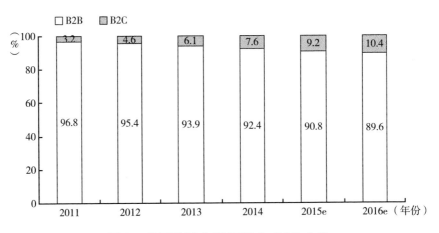

图 9　我国跨境电商 B2B 与 B2C 占比

交易模式看，我国跨境电子商务以 B2B 交易为主，占比基本在 90％以上，而由 B2C 交易所代表的碎片化和小额化跨境交易订单占比则明显偏小。而厦门市跨境电子商务的发展则更加滞后。由于厦门尚未取得国家跨境贸易电子商务服务试点城市资格，跨境电子商务试点业务主要为"一般出口"和"直购进口"两种模式。保税出口及发展势头最快的保税进口（保税备货）等跨境电子商务试点业务开展则因缺乏国家政策层面的支持而受到限制。厦门市跨境电子商务发展的不足无疑会拖累多样化交易场景数据积累，进而阻碍互联网金融发展。厦门市现有的互联网金融发展更多的是处于战略规划阶段，比如提出依托电子商务企业的"大数据"优势，拓展针对网络商户的订单贷款、流水贷、存货质押贷款等融资业务，加快形成传统金融与创新金融互补发展的良性格局。即使是最为突出的、在厦门设立的第三方支付全国清算中心更多的是属于金融后台服务基础设施范畴，对当地互联网金融发展的带动作用极为有限。由于早在 2012 年，厦门市人均 GDP 就已突破 12000 美元，进入需求更加细分的长尾市场阶段，互联网金融发展滞后无疑会损害多样性知识生产和质量改进型创新能力增强，拖累与长尾市场需求结构相匹配的定制化生产水平的提高。

（3）被称为厦门特色的两岸金融产业对接融合并没有表现出非常明显的优势。厦门是大陆首个建立跨海峡人民币结算"代理清算群"的城市。自 2010 年 6 月业务启动以来，已有 52 对厦门和境外银行机构签订人民币代理清算协议，开设了 50 个人民币代理清算账户（其中台湾地区 37 个），清算账户余额 198 亿元，跨海峡人民币结算总量达到 562 亿元，占福建省总量的近 4/5，不过，约只占全国总量的 1/10，优势并不突出。至于推动代理清算业务合作范围向海上丝绸之路经济带的相关国家和地区延伸以及将厦门特色的离岸业务向东南亚渗透更多地还停留在战略规划层面。由此可见，供应链金融较为发达和互联网金融发展相对滞后都充分表明厦门市现有的金融结构调整虽然有利于提高制造业专业化分工水平，推进深加工度化，但尚不足以应对长尾市场带来的定制化生产挑战。

总的说来，尽管早在 2012 年厦门就在需求上开始向长尾市场过渡，但服务业，特别是金融业专业化分工水平低下，包括制造业在内的所有行业质量改进型创新能力不足都充分表明配套的定制化生产供给结构并没有由此形成。低成本定制化生产的新增长动力培育的缺陷和金融结构扭曲无疑会损害厦门金融的可持续发展。金融业作为厦门现代服务业的支柱产业，2013 年实现增加值 254.22 亿元，占地区生产总值的 9.7%，实现营业收入 845 亿元。但 2011~2013 年金融业增加值分别增长 30.63%、19.48%、11.65%，营业收入分别增长 48.52%、17.17%、10.10%，出现了"双跳水"。厦门行政区域小、人口少、企业规模不足、经济总量不大的客源市场特征，开始影响到厦门金融业的可持续发展。因此，厦门金融发展面临着实现低成本定制化生产，满足厚尾甚至长尾市场需求的动力重构的严峻挑战。

三　厦门市金融发展对策

厦门市通过实施"3 + 1 + N"的金融发展战略，推动了供应链金融的建设，并对互联网金融发展进行了有益的探索。不过，只有对这一金融发展战略进行必要的调整，才能进一步完善长尾市场所需的金融生态，重构定制化生产的增长动力。更为重要的是，考虑到坐拥建设两岸区域性金融服务中心的国家定位和自贸区先行先试政策两大优势，厦门金融发展不仅可以在其形成国际节点城市功能过程中发挥不可替代的作用，而且相关经验还能够在全国推广，促进增长方式转变。作为四区叠加的厦门市（特区、自贸区、海西区和海丝区）需要转变为跨国、区域的资源交换与再配置枢纽节点城市，必须具备国际节点城市的特征，自然离不开进一步的金融发展和更为完善的金融生态。根据 TPP 第 11 章金融服务摘要，为了适应多样化的市场需求结构，在金融服务方面，要求缔约国在确保汇率稳定的条件下，全面开放金融服务业，从而便利国际资本流动和投资。这就同时涉及建设高配置效率的金融市场和实现货币在资本项目下的自由兑换问题，两者缺一不可。为此，需要对厦门"3＋1＋N"的金融发展战略进行适度调整，积极探索在汇率稳定条件下的金融全面对外开放。

（一）继续推动多个地方准金融创新板块发展，切实提高厦门市包括金融业在内的服务业专业化分工水平，并增强质量改进型技术创新能力，为实现向定制化生产的长尾市场顺利过渡创造有利条件

受制于传统的金融监管体制，厦门"3＋1＋N"的金融发展战略仍将条块分割的银行、证券、保险放在首位。此外，融资还被赋予了过多的产业导向，如明确要求为先进制造业、现代服务业、战略性新兴产业、科技、文化和农村经济等提供配套服务。这些体制扭曲自然会阻碍厦门市充分利用市场机制完善资源配置，亟须调整金融结构，即主要围绕供应链金融和互联网金融两大方向，重点发展"3＋1＋N"战略中的"N"，即多个地方准金融创新板块。正如前面分析所指出的那样，供应链金融主要为熟人圈和集群内部交易提供融资服务，以利用知识外溢效应降低创新成本，很显然，供应链金融更多地带有传统金融机构的关系融资特征。与此同时，包括互联网金融在内的市场化金融则主要负责为互动较少的陌生人之间的交易提供融资服务，以确保多样性知识来源的获得，提高创新质量。其中建立在大数据基础上的互联网金融还具有为个性化需求

和定制化生产提供融资服务的普惠金融性质。高质量的大数据只有通过多样化的交易场景个性化融资需求信息不断累积和开发才能获取。因此，地方金融发展就具有了 3 种迥然不同的战略选择：

第一种，主要通过传统金融机构触网，改造供应链金融，完善集群的融资服务；

第二种，主要通过发展多层次金融市场，特别是互联网金融为包括新兴中小企业和个人在内的所有经济主体提供平等的个性化融资服务；

第三种，主要发展综合金融服务平台，为熟人圈和集群融资与陌生人之间和市场融资提供连接。

作为资源配置国际节点城市，厦门完全依赖第一种金融发展战略显然是不适宜的。这是因为尽管可以通过传统金融机构触网提高供应链金融效率，并将集群融资从制造业扩展到服务业，拓展供应链金融发展空间，但经济规模偏小和金融发展客源不足的瓶颈始终是绕不开的。厦门选择第三种金融发展战略同样不具备竞争优势。为熟人圈和集群融资与陌生人之间和市场融资提供连接的综合金融服务平台实际上是建立在互联网基础上的新型金融中介，其核心竞争力取决于多样化的交易场景下个性化融资需求信息的累积和开发能力。以蚂蚁金服为例，其最初产品支付宝通过连接电子商务资金两端，发展为中国最大的第三方在线支付平台，不仅成功解决了电商交易场景中的支付信任难题，而且积累了宝贵的交易场景数据。在积累的电商交易场景数据的基础上，蚂蚁金服又发展出蚂蚁微贷。蚂蚁微贷发放的都是无担保、无抵押的小额贷款，申请只需几秒钟就可以获得批准。截至 2014 年 6 月，蚂蚁微贷累积服务小微企业 80 万家，累积贷款超过 2000 亿元人民币。蚂蚁微贷的每单贷款不超过 4 万元，而同期银行每单小额贷款则高达 100 万 ~ 500 万元。至于蚂蚁金服开发的货币基金产品余额宝更是把理财的门槛从数千元降到了 1 元。蚂蚁金服还在积极开拓除电商外的多样化交易场景融资服务，如 P2P、芝麻信用（征信）、股权众筹（创业融资）等。随着多样化的交易场景个性化融资需求信息不断累积和开发，可以预期蚂蚁金服高维聚合的大数据质量也会相应的得到改善，从而更加有效地为低成本的定制化生产提供金融服务。与此形成鲜明对照，在厦门现有的、并不突出的电子商务水平上，是很难发展同蚂蚁金服相媲美的综合金融服务平台。那么，厦门剩下的金融发展战略选择就只能是积极推动多层次金融市场发展，特别是立足于在蚂蚁金服那样的综合金融服务平台上，大力开发专业化的互联网金融产品，为个性化融资需求提供服务。随着市场需求的多样化和定制化生产的兴起，与传统金融机构和供应链金融的互联网改造相比，多层次金融市场，特别是互联网金融发展无疑对厦门作为资源配置的国际节点城市功能发挥具有更大的作用。同样重要的是，两岸区域性金融服务中心的国家定位和海西经济区的建立也为厦门供应链金融和互联网金融发展提供了得天独厚的优势，使得厦门不仅能够与台湾地区的货币对接和金融对接先行先试，而且可以以此为跳板辐射东南亚和海上丝绸之路经济带，大力发展离岸服务外包和跨境电商，从而夯实相应的金融发展经济基础。

（二）转变地方金融管理机构职能，为厦门市金融发展提供高质量的公共服务

正如前面分析所指出的那样，中国原有的政府动员性金融结构之所以适应不了需求多样化和定制化生产的融资需要，其关键在于

传统金融体制使得政府过多地参与资源的直接配置。考虑到作为层级制组织的性质，政府参与资源的直接配置势必会造成信息传递链条过长和代理成本高昂，从而降低资源配置效率。随着市场需求的多样化和定制化生产的兴起，在满足消费者多样化需求的同时，也增加了由信息过载引发的资源配置个体决策的难度。那么，只有发展与集群和市场等社会专业化分工体系相配套的供应链金融，特别是互联网金融，才能提高资源配置效率。因此，要求厦门市政府从参与资源的直接配置中摆脱出来，转变地方金融管理机构职能，为当地金融发展提供高质量的公共服务。只有这样，厦门市的金融发展和资源配置效率的提高才能具备坚实的体制基础。

（1）进一步提高海峡金融论坛社会参与度，将其打造成两岸金融业界最重要的交流平台。海峡金融论坛，即"3＋1＋N"战略中的"1"，是厦门市管理地方金融发展的重要平台，自2012年起已成功举办四届，具有十分广泛的社会参与度，成功地促进了两岸金融对接。海峡金融论坛最重要的特色就在于其高度的社会参与性，政府部门只是负责为两岸金融机构提供接触、交流的平台，以便于两岸金融合作落地厦门。2015年6月，分论坛"海峡两岸保险业合作专业论坛"就是两岸第一次保险业闭门合作会议，汇聚了大陆各大保险机构总部代表和台湾国泰人寿、台湾人寿等台湾大型保险机构高层。以后需要进一步提高海峡金融论坛的社会参与度，加快两岸金融资源整合，固化厦门作为论坛在大陆唯一举办城市，并从政府主导逐步向政府支持和市场运营相结合转变，探索线上线下办论坛的新模式，广泛收集两岸金融业界的意见和建议，寻求合作商机，直至将其建成两岸金融业界最重要的交流平台。

（2）加快社会信用体系建设，打造社会信用公示平台。以构建覆盖全市企业和个人的信用信息服务体系为重点，加快搭建社会信用公示平台，进一步推进厦门市企业、农村和个人征信体系建设，有效发挥征信体系在规范市场行为及防控金融风险中的重要作用。健全社会信用体系，打造社会信用公示平台，除了要完善商事主体登记，加强政府相关职能部门间的信息共享之外，关键还在于拓展披露信息的广度和深度，在使用中不断提升社会征信信息质量，从而解决融资信息不对称的问题。比如，厦门市开展"银税互动"，建立银税信用信息共享机制，成功支持诚信企业融资。税务机关、人民银行分别定期向市社会信用信息共享平台推送纳税诚信企业名单、企业信贷市场信用评级信息，商业银行将纳税诚信企业的应收出口退税信息登记在人民银行应收账款质押登记公示系统上并设立质权。其他具体措施包括政府相关职能部门向商业银行等有特殊需求的金融机构开放相关信息查询权限，如厦门国税局等税务部门进一步完善增值税发票真伪查询校验功能，为金融机构开展企业增值税发票真实性核查工作提供系统支持；厦门房管局等土地房产登记部门进一步完善相关系统，允许金融机构系统对接房管局系统以直接查询已设抵房地产或拟设抵房地产状态；厦门法院等司法部门进一步公开诉讼案件的立案、审理、审结及执行情况等信息，允许金融机构系统对接法院系统以直接查询客户涉诉情况。

由此可见，厦门"3 + 1 + N"的金融发展战略应适度调整为"N + M（3）+ 1"。具体来讲，就是将原来的多个地方准金融创新板块"N"进一步细分为由互联网金融组成的"N"，以及由银行、证券、保险等组成的传统金融机构和供应链金融互联网改造形成的"M（3）"，提高传统中介在集群内的连接和资源配置能力，"1"指的是具有社会高参与度的政府金融发展公共服务平台，包括海峡

金融论坛和厦门市社会信用公示平台两大平台。总之,厦门"N +
M（3）＋1"战略应包括充分利用建设两岸区域性金融服务中心
的国家定位和自贸区先行先试政策两大优势,大力发展与蚂蚁金服
类似的综合金融服务平台相配套的专业化互联网金融服务,积极推
进传统金融机构和供应链金融的互联网改造,并由政府金融发展公
共服务平台提供高质量的公共治理等一系列内容。我们相信厦门市
最终能由此成为两岸区域性金融服务中心,为所有行业的专业化分
工水平提高和质量改进型技术创新能力提升提供有效融资,从而最
终实现向定制化生产的长尾市场顺利过渡。综上所述,厦门"N +
M（3）＋1"金融发展战略实质上就是金融发展的"互联网＋"战
略,不仅包括运用互联网对传统金融机构和供应链金融进行改造以
及市场化金融,特别是互联网金融的独立发展,而且涉及政府金融
发展公共服务平台的治理建设。厦门"N＋M（3）＋1"金融发展战
略可进一步调整为如图10所示的金融发展路线。

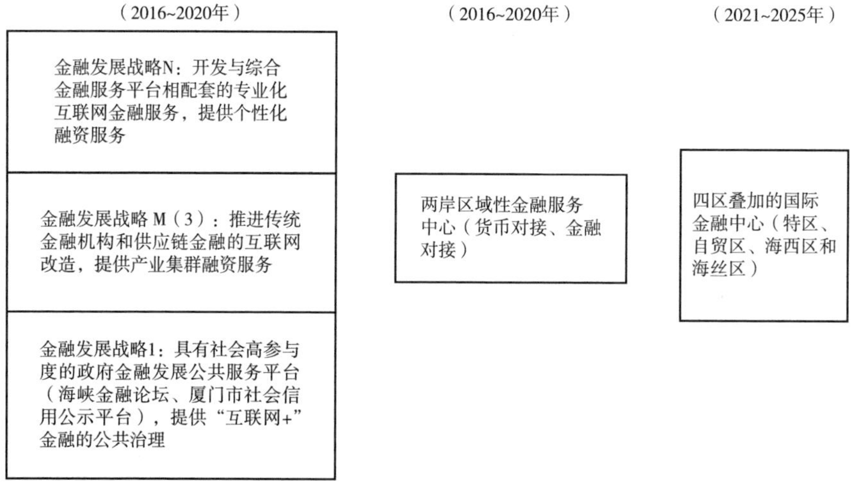

图 10　厦门市金融发展路线

参考文献

Peter Howitt, "Steady Endogenous Growth with Population and R&D Inputs Growing", *Journal of Political Economy*, 1999, 107 (1).

王国刚、冯光华、刘煜辉、钟用、蔡真：《中国地区金融生态环境评价（2013～2014）》，社会科学文献出版社，2014。

厦门发展研究中心：《厦门加快发展跨境电子商务对策研究》，2015年9月。

张磊：《后起经济体为什么选择政府主导型金融体制》，《世界经济》2010年第9期。

张平、王习、张磊、符旸、张鹏：《中国经济从规模供给转向"需求—价值创造"——2014年经济转型和上市公司价值创造评估》，载《中国上市公司发展报告（2014）》，社会科学文献出版社，2014。

中国经济增长前沿课题组：《世界城市发展与产业效率提升——上海样本》，载《上海产业结构升级和效率提升路径研究报告》，2013。

中国社科院经济研究所经济增长与宏观稳定课题组：《干中学、低成本竞争机制和增长路径转变》，《经济研究》2006年第4期。

分报告五：厦门自贸区的自然人流动问题

张小溪[*]

摘　要： 自然人流动，是厦门自贸区升级战略的重要组成部分。大力推动人才引进培养计划，实施人才发展体制机制改革与政策创新，提高人力资源的开发利用水平，是厦门自贸区建设人才特区，构筑人才发展战略高地，形成人才竞争比较优势，加快建设人才强市的战略选择。

随着世界经济一体化的不断深化，人员流动的自由化开始被提倡和鼓励。人才是最活跃的生产力，是科技发展的第一动力。自然人流动促进了经济、政治和文化的交流，对全球贸易的自由化发展起着巨大的推动作用。在国际服务贸易日益增长的今天，在我国社会经济发展的关键阶段，为了促进我国自由贸易区的发展，需要从制度层面上探讨并且完善我国的服务贸易体制，而自然人流动制度的完善是自贸区建设的关键。"十三五"规划提出，传统的以资源和

---

　　* 张小溪，中国社会科学院经济研究所助理研究员、博士。

要素驱动的发展方式，要转向以创新驱动和发展质量为中心，依靠科学技术和人力资本及管理创新的发展模式。因此，大力推动人才引进培养计划，实施人才发展体制机制改革与政策创新，提高人力资源的开发利用水平，是厦门自贸区建设人才特区，构筑人才发展战略高地，形成人才竞争比较优势，加快建设人才强市的战略选择。

一　自然人流动的有关定义

乌拉圭回合谈判达成了一个多边的《服务贸易总协定》（GATS）。该协定规定了四种服务贸易模式：模式一——跨境交付（Mode 1：Cross-border Supply）、模式二——境外消费（Mode 2：Consumption Abroad）、模式三——商业存在（Mode 3：Commercial Presence）和模式四——自然人流动（Mode 4：Movement of Nature Person）。其中，GATS 第一条第二款 d 项对自然人流动做出了定义，自然人流动是指一成员方的服务提供者在任何其他成员方境内以自然人存在的形式提供服务。在有关自然人的附件条款中，GATS 对具体的两种自然人流动形式进行了说明：第一，一成员方的自然人作为自营服务者，在其他成员方境内以自己的名义提供服务，如大量菲律宾妇女以个人身份受雇于雇主在中国香港从事女佣工作；第二，受雇于一成员方服务提供者的自然人在其他成员方境内提供服务，如美国波音公司的外国员工受波音公司指派在中国境内提供技术管理服务。通过该定义可以看出，作为个体的自然人和作为组织成员的自然人赴境外提供服务都包含于自然人流动的范畴之中。

但是，在对"自然人"的定义中，发展中国家和发达国家一直存在争议。由于发展中国家大部分为劳动密集型生产模式，人才水平较发达国家低，发展中国家认为"自然人"应当包括各类技术水平的工人，即包括高级、中级和低级技术工人。而发达国家则不这么认为，这也导致了 GATS 最终未将低端技术服务者包含在内。按照 GATS 的定义，自然人流动更多的被看作是商业存在的补充，而不是一种独立存在的服务贸易模式。

二 国际上关于自然人流动的一般规则

根据 GATS 的规定，目前，国际通用的"自然人"范围包括：公司内部的被调任人员、执行特别任务的个体服务提供者和专家、短期访问者或商务访问者等。根据该范围界定，自然人流动被分类为从属于商业存在的自然人移动、非从属于自然人的商业移动及商务访客。

在 GATS 框架的基础上，TiSA 强调不应该排除任何一种服务提供方式，尤其是自然人流动，TiSA 主要从人员类别和签证程序两方面进行了改进。第一，TiSA 确定和扩大了人员的类别。TiSA 提出了一个非穷尽性"软清单"，将临时移动到国外提供服务活动的人员分为商业访问人员、公司内部调任人员、合约服务提供者和独立专家、咨询人员。特别是增加商务访客、专家和技术人员准入的便利性，包括对公司市场开拓意义重大的内部人员调动（ICT）。TiSA 建议不仅要继续关注技术熟练人员的流动，也要关注技术半熟练人员的流动，只要技术半熟练人员遵守约束承诺即保证暂时流动自然人能如期回国，同时对于约束承诺的细则须在 TiSA 或者自然人流动条款中详细列出。第二，TiSA 提高了签证申领的要求和程序的透明度。自然人流动涉及签证申领要求、程序和可能的工作许可，但法律法规的相关信息缺乏，导致人员流动的高成本和盲目性。TiSA 承诺使签证和工作许可申领的条件和方式、可能需要的时间、在东道国可以居留的时间以及如何延期等信息实现公开可获得。

TPP 对于自然人流动，尤其是商务人士入境给予了最大限度的包容。TPP 鼓励各成员国当局提供商务人士临时入境的申请信息，以确保申请费用合理，尽可能迅速地处理申请并通知申请人。2015年10月，TPP 的12个成员国在美国佐治亚州亚特兰大举行的部长会议上达成基本协议，同意确保公开有关自然人临时入境条件的信息，包括及时发布信息，如有可能将在互联网上发布这些信息，并提供说明材料。此外，各方同意，将继续在签证处理等临时入境问题上加强合作。目前，全部 TPP 的成员国都已相互承诺对方的商务人士可以入境。

三 福建自贸区关于自然人流动的规定

福建自贸区对自然人流动的开放主要体现在对台方面。涉及服务贸易的内容包括：第一，允许持台湾地区身份证明文件的自然人到自贸试验区注册个体工商户，无需经过外资备案（不包括特许经营，具体营业范围由工商总局会同福建省发布）。第二，探索在自贸试验区范围内推动两岸社会保险的对接，将台胞证号管理纳入公民统一社会信用代码管理范畴，方便台胞办理社会保险、理财业务等。第三，探索台湾专业人才在自贸试验区内的行政企事业单位、科研院所等机构任职。促进两岸人员往来更加便利化的措施包括：在自贸试验区实施更加便利的台湾居民入出境政策；对在自贸试验区内投资或就业的台湾企业高级管理人员、专家和技术人员，在项目申报、入出境等方面给予便利；为自贸试验区内台资企业外籍员工办理就业许可手续提供便利，放宽签证、居留许可有效期限；对自贸试验区内符合条件的外籍员工，提供入境、过境、停居留便利。

表 1　福建自贸区涉及自然人流动的行业及规定一览

行业	服务内容	资质	特殊规定
运输服务	船员		限台湾船东所属商船
商贸服务	导游、领队	自贸试验区旅游主管部门培训认证	限福州市、厦门市和平潭综合实验区
	导游	大陆导游资格证	在自贸试验区内居住一年以上，可在大陆全境执业
建筑业服务	建筑师、工程师	大陆一级注册建筑师或一级注册结构工程师资格	
工程技术服务	建筑师、工程师	台湾注册建筑师、注册工程师	考核学历、从事工程设计实践年限、在台湾的注册资格、工程设计业绩及信誉
	工程技术、经济管理人员	技术职称要求	
	企业经理	具有相应的从事工程管理工作的经历	
	建筑、规划服务	持台湾相关机构颁发的证书	
	结构工程师、土木工程师（港口与航道）、公用设备工程师、电气工程师	大陆注册结构工程师、注册土木工程师（港口与航道）、注册公用设备工程师、注册电气工程师资格	不受在台湾注册执业与否的限制

续表

行业	服务内容	资质	特殊规定
专业技术服务	会计师	代理记账业务的台湾会计师应取得大陆会计从业资格，主管代理记账业务的负责人应当具有大陆会计师以上（含会计师）专业技术资格	
	护士	大陆护士执业资格	
	其他医疗专业技术人员		比照港澳相关医疗专业人员按照大陆执业管理的规定
	药剂师	台湾药剂师执照、大陆执业药师资格	

四　迪拜、新加坡和香港的经验

　　迪拜作为建设在沙漠之中的城市，因为当地独特的自然地理环境，劳动力缺乏成为制约其发展的主要障碍。迪拜政府为鼓励外国人到自贸区投资和工作，实行了一系列特殊的劳工政策，如：对于赴自贸区工作的人员，简化其工作签证的申请程序，并且执行较低的签证费用标准；对于设立在自贸区内的企业，按照投资额和企业规模提供一定的免费工作签证名额，降低企业经营成本；自贸区内工作人员申请工作签证可以免除担保人制度的制约，这使自贸区内的雇员更容易变更工作；不限制自贸区内的企业雇佣外国员工，企业可以按照实际需要调整外籍员工的比例；实行一站式移民审查许可，提升行政管理效率。

新加坡自贸区实现了自然人流动的最大突破，主要体现在：第一，类型扩大化。新加坡自贸区将流动的自然人分为商务访问者、合同服务提供者、公司内部流动人员、经理、专家等几类。特别是关于合同服务提供者的界定，将自然人流动准入人员的类型扩展到了一般的雇员，并实现了自然人流动与商业存在的脱钩。第二，部门无限制。新加坡自贸区对于合同服务提供者提供服务的部门没有任何限制。第三，透明度提高。新加坡自贸区彻底终结了数量限制、劳动力市场测试、经济需求测试以及其他有类似作用的程序对于自然人流动的市场准入的限制。第四，便利化程度提高。按照规定，自然人的移民手续申请将得到快速处理，包括进一步的移民手续要求或相关的延期，并直接通知或通过申请人授权的代表或其未来雇主通知申请人临时入境的申请审批结果，包括居留时间和其他信息。

除此之外，新加坡还在人才储备与吸引方面做足了功课。新加坡作为一个自由贸易港，其开放性吸引了众多外资企业的入驻，随之而来的是先进的管理理念，以及高质量的管理人才和技术人才。随着时间的推移，高素质人才带动了整个新加坡技术水平的提升，管理理念也逐步与国际接轨，带动了一大批本地公司的兴起。在引进外籍人才方面，新加坡管理当局审视经济发展的重要方向，根据所需人才设立引进条件。对经济发展急需的技术人才和金融领域的专业人才，优先从速引进。同时，新加坡出台了放宽人才居留和工作限制的措施。为了有效留住人才，新加坡政府每年都批准约3万名外国人成为新加坡永久居民，并允许部分外籍专业人士成为新加坡公民。对于为吸引人才而招收的硕博士，毕业后只要找到用人单位就可以获得就业准留证留在新加坡工作。新加坡健全的高等教育与培训体系也是其人才战略的重要支撑。新加坡聚集了一大批具有世界先进水平的高等院校，与此同时，为进一步提高科研水平，新加坡政府还在大学附近建立了专业机构，如新加坡科学中心等，以此集聚众多管理人才和各行业专家。

香港作为自由港，对人才的需求也很大。因此，香港政府投放了大量资源，发展教育、培训和再培训工作，改善基础教育，促进高等教育发展，以及提倡终生学习。此外，香港政府还设置了吸纳具备专门知识和技术的优秀人才赴港发展的政策：第一，将人才培养与社会需求相结合。香港是国际化都市，经济发展与商业社会密切相关，学校是根据香港社会的需求来设置专业的，因此，几乎所有的香港高等院校都设有工商管理、财经、信息和社会工作等专业。第二，通过国际交流和合作培养国际化人才。香港高等院校积极开展国际合作与交流，增强学生的国际竞争意识，开拓他们的视野。通过与海外高校合作或联合办学，不仅弥补了师资队伍的不足，也有利于学生接触和了解国际科技、经济发展的最新动态。第三，开展职业培训和吸引人才。除了直接开办高等教育外，香港各界还资助专业学校，注重高等职业教育，把教育与训练结合，建立实验室和实习工厂，注重提高学生的实际操作能力。此外，香港政府和企业还给予教师和高学历人才优厚的待遇，吸引更多的人才留港工作。

五　厦门自贸区促进自然人流动的措施

自厦门自贸区设立以来，政府高度重视自然人流动问题，注重科技创新和人才引领，除了福建自贸区规定的促进自然人流动措施之外，厦门自贸区还率先推出了促进人员往来便利化的措施。并且，为了加快城市经济社会发展和产业转型升级，推动人才强市战略，厦门市单独出台了"双百计划"、"海纳百川计划"和"台湾特聘专家制度"等，为新时期厦门自贸区的发展注入强劲的制度建设动力。除了制定促进人员自由流动的便利措施和引才计划，厦门市还在人才融合及本地化方面做足功课，注重深化对外交流合作，通过学习借鉴国外先进地区的社区建设经验，打造国际社区，发挥境外人士在实现社区多元参与和推动民间组织交流中不可替代的作用。

（一）促进人员往来便利化

自福建自贸区成立以来，厦门市积极争取各项新举措在人员自由流动方面做出示范，为深化两岸经济合作示范区建设提供各项出入境政策的支持，并已实施了多项措施。

从 2015 年 4 月 1 日起，厦门高崎国际机场口岸实施部分国家外国人 72 小时过境免签政策。厦门市公安局出入境管理部门与相关部门事前做了大量工作，建立了各相关单位的联系机制和 24 小时管理控制平台，实现对免签的外国人的服务管控到位。7 月 1 日起，厦门市对台湾居民实行台胞证免签。从 7 月 6 日起，启用台湾居民电子台胞证，更加方便台胞往来厦门进行经济和文化交流。

此外，厦门市成为对台先行先试政策试验区，自 8 月 5 日起，正式启动外省临时来厦人员赴金澎团游政策。该政策是继 2011 年 6 月 11 日启动来厦暂住（拟暂住一个月以上）外省籍人员赴金门一日或二日游政策之后，又一对台先行先试的措施。执行该政策之后，外省临时来厦人员可以免办暂住证，且不受时间限制（在台停留时间以入台时间为准），可以选择三种交通方式（从厦门乘飞机或包机、"小三通"、邮轮）赴澎湖旅游。

厦门市对在自贸区内投资、就业的台湾企业高管、专家和技术人员，给予出入境方面的便利。凭所在单位、企业出具的公函申请办理五年期台湾居民往来大陆通行证的，一律在 3 个工作日内办结（对外承诺为 7 个工作日办结）。

同时，为自贸区内符合条件的外籍员工简化办证程序，缩短办证时限。自贸区内引进的外籍高层次人才申办签证证件的，在两个工作日内办结（公开承诺为 7 ~ 15 个工作日，其中，居留许可证 15 个工作日，签证 7 个工作日）。自贸区内属于中央海外高层次引进人才申请签证证件的，无需提交相关证明材料，凭公安部的通知文件，可获得入境有效期不超过 5 年、停留期不超过 180 日的 F 字（访问）签证。自贸区内属于国家需要的高层次人才和急需紧缺专门人才申请外国人居留证件的，可由邀请单位或者申请人的亲属代为申请。自贸区内属于中央海外高层次引进人才申请永久居留的，凭公安部和福建省局的通知，受理申请后 10 日内按有关规定上报省厅（规范为 6 个月）。自贸区内属于福建省人民政府出具推荐函认定为外籍高层次人才及家属申请在华永久居留的，公安机关加快受理审核进度，在受理申请的 90 日内，为其审批发放《外国人永久居留证》。自贸区内属于中央海外高层次引进人才申请加入、恢复或退出中国国籍的，予以优先受理、审核上报。

为自贸区内符合条件的外籍员工，提供入境、过境、停居留便利。自贸区内外籍员工持 Z 字（工作）签证入境，出入境部门凭人力资源和社会保障、外国专家局等主管部门出具的工作许可等证明材料，在签证工作规范允许的范围内给予最长时限的居留证件：对就职于信誉良好备案单位的人员，签发居留期不超过 2 年的居留证件；对国外高层次人才、急需紧缺专门人才和投资者，签发居留期不超过 5 年的居留证件；对符合规定，需要变更停留事由的员工给予申请每次停留不超过 180 日的 F 字（访问）或 M 字（商务）签证；对符合《关于为外国籍高层次人才和投资者提供入境及居留便利的规定》和《关于为备案引才计划引进的外籍高层次人才提供签证及拘留便利的通知》等相关规定的可以为其换发 5 年多次有效、每次停留不超过 180 日的 F 字（访问）或 R 字（人才）签证。需要在中国长期工作或居留的，凭其他相关证明材料为其签发 2 ~ 5 年有效的外国人居留证件。自贸区内外国高层次人才的配偶和未满 18 岁的子女可以办理与高层次人才相同的签证证件，享受与高层次人才同等的签证政策。

此外，为自贸区内应邀从事商务等活动（因紧急事由入境）的外国人签发口岸签证。

（二）"双百计划"

厦门市财政每年投入 1.5 亿元，出台实施引进高层次人才的"双百计划"，计划用 5 ~ 10 年时间，引进 100 名海外高层次人才和 300 名领军型创业人才，为引进的海外高层次人才给予每人 100 万元补助，为领军型创业人才提供 100 万 ~ 500 万元的创业扶持资金和 100 ~ 500 平方米的创业场所支持。

截至 2014 年，厦门市已开展了七批"双百计划"的评选工作，申报参评人数突破 2200 人次，如愿引进高层次人才数量达527 人。入选人才 80% 以上具有海外留学或者工作经历，70% 以上具有博士学历，且集中分布在厦门市重点发展的产业，特别是金融、航运、轨道交通和文化创意等，对厦门市经济结构调整和产业升级起到了重要的引领示范作用。"双百计划"已落户企业的注册资本金超过 15 亿元，创业场所面积超过 15 万平方米，员工数量超过 4000 人，落户企业的规模和效益快速增长。2014 年，落户企业的营业收入已经突破 10 亿元。同时，市人才政策主管部门积极兑现人才优惠政策，已拨付人才落户项目扶持和项目启动资金超过 3 亿元，带动国家、省和区等各级扶持资金和场租补贴超过 2 亿元，对人才创新创业形成了有力支持。在"双百计划"的带动下，厦门市短期内引进了各类创新创业团队近千个。目前，"双百计划"已经成为在国内外具有一定影响力的引进人才品牌。

（三）"海纳百川计划"

"海纳百川计划"是厦门市出台的以"一个总纲、十二个人才计划和七大支持政策体系"为框架的人才政策体系。该计划包括金融、航运、海洋、软件信息、服务外包、文化、卫生、旅游、高技能等十二类重点产业急需的紧缺人才引进培养计划，建立财政投入优先保证、白鹭英才卡、科技投融资、科技平台建设、引才工作网络建设和区域性人才市场建设等七类服务保障体系。

"海纳百川"人才政策体系按照打造"人才特区"的要求，综合政策、体制和机构资源优势，系统全面地集中出台了近 20 个人才政策，且自成体系，在全国处于领先行列。

该政策具有以下特点：第一，政策内容上产业配套度强。针对厦门市软件信息、航运、金融、海洋和医疗卫生等重点领域出台了专门的人才计划。第二，引才方式上强调引进与培养并重。与其他单一引进高端人才的引才计划不同，"海纳百川计划"不仅重视从外地引进领军型人才，还注重对本地企业的骨干人员和青年后备人才进行培养和扶持。第三，人才评价上坚持市场化和多元化。该计划重视发挥用人单位的主体作用，配套实行的法律法规如《厦门市引才工作网络体系建设暂行办法》，规定对投入较大、引才积极、确实有效的用人单位给予 4 万~10 万元的引才奖励，这极大地激发了用人单位的引才热情。第四，引才机制灵活。针对重点领域、重点企业和重点项目，引才实行"一事一议"。

截至 2015 年 7 月，"海纳百川计划"的 12 个子计划均已全面启动实施，超过 3000 名人才申报该计划，引进各类人才数量超过 1000 名。同时，厦门市建立了东南国际航运中心人才培养实训基地等 8 个人才实训（培训）基地，通过各种方式培训人才超过 3.3 万名。

（四）创新台湾人才引进政策

厦门与台湾隔海相望，因此，在重大人才工程实施过程中，厦门市抓住这种地域优势，将台湾高层次人才作为重点引进对象，专门针对台湾人才推出了台湾特聘专家制度，大力吸纳台湾电子信息、光电和现代服务业等优势产业高端人才来厦门就业创业，对引进的台湾特聘专家给予最高 150 万元的生活补贴和 400 万元的工作经费支持。

创新台湾人才引进政策，鼓励用人单位突破工作地点、工作单位和工作方式的限制，采取咨询服务、技术合作和项目开发等市场化方式柔性吸纳台湾人才，并给予用人单位人才薪酬 20%（最高 15 万元）的引才奖励。目前，已经评选出首批台湾特聘专家 11 名，并有 2 名台湾人才入选国家"千人计划"，4 名人才入选福建省"百人计划"，16 名人才入选厦门市"双百计划"。

（五）创新人才服务机制

人才引进政策中最关键的是人才服务机制，厦门市针对高端人才引进工作，实施了五大创新人才服务机制。

第一，实施"白鹭英才卡"制度。为保障"海纳百川计划"各项子计划的充分实施，优化高层次人才的创新创业环境，根据《厦门市"海纳百川"人才计划优惠政策暂行办法》，开创了以"一卡通"形式为高层次人才提供服务的新模式。"白鹭英才卡"分为"金鹭英才卡"和"银鹭英才卡"，分别适用于不同类型的人才和优惠政策，涵盖子女入学、配偶安置、居留和出入境、落户、医疗、社保、住房公积金等内容。其中，"金鹭英才卡"包含 12 类 39 项优惠政策，"银鹭英才卡"包含 10 类 31 项优惠政策，涉及教育局、公安局、财政局等优惠政策主管部门多达 13 个，集约化地整合利用行政资源开展人才服务。第二，实施创业助理项目。该项目选拔和培训优秀职业见习生，派到企业协助开展政策对接、行政审批和内部管理等事务性工作，为人才创业提供人力资源服务。第三，设立"白鹭英才之家"。通过设立英才之家，开展人才交流联谊活动，扩大人才创新创业网络资源，使引进的海外人才更好地融入本土。第四，建立"一人一档""一企一策"的服务机制。该机制动态跟踪服务人才创业，积极解决人才创业难题。第五，政务中心设立"一站式"服务窗口，提供各类政策咨询和办理服务。

表2　厦门"白鹭英才卡"涉及项目一览

类别	项目	受理部门	办理时限
居留和出入境	外籍持卡人及其配偶子女办理签证和居留证件	厦门市公安局出入境管理局外管科	2个工作日
	持卡人及其随迁外籍配偶和未成年子女申请外国人永久居留证		10日
	台湾籍持卡人及其配偶、未成年子女申请1~5年有效居留签证	厦门市公安局出入境管理局往来台湾地区管理科	5个工作日
	持卡人办理境外驾驶证换发国内驾驶证	厦门市交警支队车辆管理所	3个工作日
落户	持卡人及其随迁外籍配偶和未成年子女申请加入中国国籍	厦门市公安局出入境管理局外管科	优先办理
	持卡人及其随迁外籍配偶和未成年子女申请恢复中国国籍	厦门市公安局出入境管理局外管科	
	持卡人办理入户	厦门市公安局人口管理户籍科	当场办结

续表

类别	项目	受理部门	办理时限
社会保险	持卡人及其配偶、子女异地社会保险关系转入厦门	厦门市社会保险管理中心	30 个工作日
	持卡人办理在职职工参保	厦门市地方税务局规费处	当场办结
	持卡人办理在职职工停保		
	持卡人及其配偶、子女办理独立个人参保		
	持卡人及其配偶、子女办理个人停保		
	持卡人及其配偶、子女办理城乡居民参保		
	持卡人及其配偶、子女办理城乡居民停保		
	持卡人及其配偶、子女首次以"在职职工、独立个人、城乡居民及未成年人中的非在校生、在校生"身份办理社会保障卡	厦门市社会保险管理中心社保卡管理科	
	首次参保的新生儿办理社会保障卡		22 个工作日
	持卡人办理社会保障卡挂失或更换		5 个工作日
	持卡人办理医疗费报销	厦门市社会保险管理中心医疗费用结算科	20 个工作日
	持卡人出国出境定居退付社会保险个人账户基金	厦门市社会保险管理中心社保关系管理科	7 个工作日
	持卡人办理退休（仅限金鹭英才卡）	厦门市社会保险管理中心养老保险科	当月月末
	持卡人配偶原属外地机关事业单位编内人员申请厦门市市、区属事业单位编内人员养老保险待遇	中共厦门市委组织部干部四处、厦门市公务员局事业改革处、厦门市教育局人事处	资质审核7个工作日，办理聘任手续6个工作日

续表

类别	项目	受理部门	办理时限
住房	持卡人申请创新创业人才住房	厦门市公务员局人才市场管理处	
	持卡人及其配偶申请住房公积金提取	厦门市住房公积金管理中心政务中心管理部	当场办结
	持卡人及其配偶申请住房公积金贷款	厦门市住房公积金管理中心计划信贷科	4个工作日
税收	持卡人申请住房补贴、伙食补贴、搬迁费、探亲费、子女教育费五项费用个人所得税税前扣除	厦门市地方税务局税政二处	当场办结
	持卡人办理个税返还（仅限金鹭英才卡）		
海关通关	持卡人申请来厦创办企业免征税审批业务（包括减免税项目备案及《进出口货物征免税证明》审批）	厦门海关关税处	备案3个工作日,证明4个工作日
职称	属海外人才的持卡人申报职称评审	厦门市公务员局专业技术人员管理处	
	属海外人才的持卡人聘任专业技术职务		现场办结
金融服务	持卡人办理新设外商投资企业外汇登记	国家外汇管理局厦门市分局资本项目管理处	5个工作日
	持卡人办理外商投资企业出资权益确认登记		4个工作日
医疗保障（仅限金鹭英才卡）	持卡人办理保健证	厦门市卫生局保健处	1个工作日

续表

类别	项目	受理部门	办理时限
配偶安置（仅限金鹭英才卡）	持卡人配偶应聘岛外区属事业单位	中共厦门市委组织部干部四处、厦门市公务员局事业改革处、厦门市教育局人事处	资质审核7个工作日，调入厦门手续6个工作日
	持卡人配偶优先办理就业证	厦门市人力资源和社会保障局就业和失业保险处	当场办结
	持卡人的外籍配偶办理外国人入境就业许可	厦门市人力资源和社会保障局审批处	7个工作日
	持卡人的外籍配偶办理外国人就业证		当场办结
	持卡人才配偶免费单纯保管人事档案	厦门市人才服务中心档案管理部	
子女入学		厦门市教育局基础教育处	
其他优惠政策	持卡人免费游览市属园林景区	厦门市旅游局、厦门市市政园林局	

（六）搭建社团交流平台

目前，厦门市有常驻外籍人士和台胞约 13 万人，其中，台北、台中、台南、基隆、宜兰、嘉义、澎湖、金门和屏东等近 10 个县市的 29 个社会组织在厦门挂牌设立代表机构，涵盖农业、文化、经济、卫生和旅游等领域。驻厦的台湾社团为两岸经贸和旅游提供了多种服务，促进了两岸经济发展和文化交流，增进了两岸同胞的融合。

厦门市积极引导台湾社团进行备案管理，市民政局专门设立了审批服务窗口，针对两岸登记管理社会组织存在的政策法规差异，设立洽谈室，对登记办法进行详细的解释和指导。同时，每年召开两次代表机构负责人座谈会，加强调研活动，积极走访台湾社团在厦代表机构，听取社团负责人的意见建议，协同解决相关问题，为全市14家代表处提供了低租金场地。2014年底，"厦门海峡两岸社会组织服务中心"建成，为初创建的台湾社团代表机构节省了开支，提供了便利，搭建了两岸社会组织交流交往的平台。

表3　台湾社团参与活动一览表

类别	参与社团	内容
经贸发展	基隆市旅游联盟	思明区人和路"台湾小吃街"
公益慈善	中华两岸旅游暨经贸发展协会	向厦门市民办养老机构和河南省山区贫困儿童捐赠台湾饮料3000箱
交通往来	台南市府城卫华观光产业协会	"闽南之星"试航厦门到台南安平港
旅游观光	澎湖县旅游发展协会	澎、厦旅游黄金线
	基隆市旅游联盟促进会	组织台湾40家旅行社赴厦门考察
	中华两岸旅游暨经贸发展协会	组建两岸旅游厦门专线团
	嘉义县观光协会	大嶝岛金门县政府旧址乡村旅游合作项目——"文化乡村旅游"
互访交流	基隆市旅游联盟促进会	组织"闽南神韵"艺术表演团77人赴基隆和台中演出；协助鼓浪屿管委会开展"鼓浪屿之波唱响三十周年台湾行"活动；组织基隆市天显宫管理委员会192名委员赴厦访问

（七）吸纳境外人士参与社区管理

在外籍人士和台胞相对集中的市区，厦门市积极吸纳他们参与社区管理，参与社区发展协会、乡贤理事会和社区事务听评会等，实施"心在一起、爱在一起"等系列社工项目。思明区滨海街道增厝安社区引进台商45家、从业人员65人加入文创会，特聘台湾社区规划师参与"文创村"的策划、运作和管理；筼筜街道出台了《境外人士参与社区治理暂行办法》，发现和培育了一批台胞社区骨干，吸收他们直接参与社区治理；筼筜街道官任社区成立了由热心公共事务的外籍人士组成的"外籍人士服务管理理事会"；全市13个市区先后聘请台胞和外籍人士担任社区居委会主任助理；湖里区金山街道金山社区在"社区听评会"中设定台胞代表席位，及时反映台胞的民意诉求，带动大量台胞参与社区管理；海沧区与市台商协会签订《共同缔造美丽厦门协议书》，聘请台胞担任社区业委会主任和社区居民大学的荣誉校长；各区通过组织和吸引台胞参与社区大学、道德讲堂和市民讲座等活动，把台湾地区社区发展、社区营造和健康社区"六星计划"等治理经验引入厦门市，带动社区治理体制创新。

（八）搭建互动融合平台

为了使在厦门的境外人士享受到市民同等的基本公共服务，厦门市在外籍人士和台胞集中居住的社区专门设立了服务工作站，将境外人士的服务管理纳入社区网格化工作机制，并配置精通外语或闽南话的社区网格员，建立了"一刻钟社区服务圈"，将外籍人士和台胞等特殊群体全部纳入社区综合服务对象范围，开展各种服务。目前，厦门市组建有外籍人士和台胞参与的社区文体队伍100多支，设立"爱心超市"和自助图书馆等160多个，志愿者3000多人。湖里区殿前街道兴隆市区台资企业台馨门诊部为居民提供健康义诊和健康保健指导，受益群众达到13000多人。海沧区新阳街道的台湾长庚医院成立了"长庚志工队"，海沧区组织了"两岸义工行"，思明区组建了"老外朋友服务队"和"洋妈妈志愿队"等，它们都成了厦门市知名的志愿服务品牌，吸引境外人士参与美丽厦门共同缔造行动。

（九）深化两岸基层社区交流合作

厦门市连续两届成功举办了"海峡两岸社区治理论坛"，吸引了共450多名两岸高层嘉宾、社区工作者和社会组织负责人，在海峡两岸引起强烈的反响，中共中央政治局常委、全国政协主席俞正声，民政部部长李立国，国台办主任张志军，民政部副部长窦玉沛、顾朝曦，国台办副主任龚清概，国台办原副主任叶克冬，民政部原副部长、中国社区发展协会会长姜力，福建省原副省长、省政协副主席陈荣凯等领导先后参加了论坛并给予了充分肯定。洪秀柱、郁慕明和赵守博等台湾知名人士以及《中华时报》、《亚太时报》和《台湾商报》等台湾重要媒体对该论坛给予了积极评价。

两岸基层社区密切交流与合作，为厦门创新实践注入了新活力。目前，两岸共有15对社区、村（里）结成友好社区对子，建立长效合作机制，共同推动社区治理创新。2014年以来，厦门市有关部门以专题培训的形式先后派出社区骨干40多批次共449人到台湾地区参观交流、驻点培训、跟班见习、顶岗实习等。思明区、湖里区、集美区和海沧区等多次邀请毕无量、陈建良、刘冠雄和马克等一批台湾地区知名的社区营造专家赴厦门传授经验。截至2015年7月，赴厦参观考察、参加比赛和探亲访友等的台湾地区村（里）长和干事长等基层社会组织人数逐步攀升，达到4551 人次。

表 4　两岸村（里）结对一览

大陆社区	台湾社区	主管地区
莲前街道前埔北社区	台北市中山区剑潭里	思明区
中华街道镇海社区	台北市文山区忠顺里	
金尚社区		湖里区
金山社区	基隆市平寮里	
兴隆社区	台中市兴隆社区	
海天社区	高雄市眷村果贸里	
金安社区	桃米社区	
灌口镇田头村	台北市万华区华江里	集美区
海沧区社区管理中心	台湾村里长联合服务总会	
兴旺社区	台中市北区育德里	海沧区
新垵村	台南市七股区笃加里	
祥平街道芸溪社区	高雄市眷村果贸社区联合管理委员会	
洪塘镇苏厝村	台南市安定区苏厝里	同安区
同安区西柯镇吕厝社区	新北市淡水区坿岛里	
大嶝街道山水社区	金门县金城镇西门里	翔安区

六　存在的问题

自贸区建设是厦门地区未来进行产业转型的根本，其目标是由制造业向服务业转型，尤其是向涉及科教文卫的现代服务业方向寻求突破口。改革科教文卫，破除政府对其的管制，使其受市场激励机制的作用，促进自然人流动，是提升服务业效率的核心。目前，就厦门地区的现状来看，主要面临以下障碍。

（一）科技方面

科技成果保护力度不足和领军人才匮乏严重制约了厦门的产业转型发展。厦门市政府科研局专设了二级机构——知识产权局负责管理知识产权保护方面的工作，但是，从厦门市整体情况来看，企业对科技研究成果的保护力度不足，政府部门对知识产权保护的宣传力度也不足，导致知识产权可贸易化程度偏低。2014 年，厦门地区知识产权抵押交易不超过 10 笔。此外，厦门市的人才引进计划实施以来虽然取得了一些成绩，但是缺乏领军人才，对区域合作和本地服务业提升的带动示范作用有限。厦门地区无法制定针对本地区的人才引进计划，现有计划缺乏灵活性，且审批环节多，这是导致引才计划没有达到预期目标的主要原因。

（二）教育方面

自贸区的职业教育开放程度不足，不利于台湾地区优质的教育资源，尤其是教育人才向厦门地区流动。此外，境外人士子女教育难问题突出，不利于其融入厦门。

与大陆地区相比，台湾的职业教育发展水平较高，人力资源相对过剩。厦门自贸区对职业教育人才的需求强烈，但是受当前政策的制约，职业教育行业开放度不够，台湾富余的优质资源难以流入。目前厦门地区有合作办学示范，希望未来在自贸区内可以进一步放宽管制，允许设立独资的职业教育机构。

境外人士子女教育问题如下。第一，台籍子女教育与台湾教育体系接轨难。由于教育行业没有全面开放，目前台籍子女只能就读于大陆学校，而大陆与台湾教育体系存在差异，他们返台之后难以对接。因此，很多赴厦的台籍人士选择让子女回台湾接受教育，甚至出现为了子女教育而放弃大陆工作返回台湾的现象。第二，台籍子女融入大陆教育体系难。目前，台籍子女即使从小接受大陆地区的教育，也不能参加普通高考，只能参加面向港澳台侨的专项高考，而专项高考的内容又与大陆普通高中的教育内容脱节。第三，国际学校教学质量一般，门槛高。目前，国外优质教育资源尚未进入厦门，师资力量不高，学校规模不大，整个厦门地区仅有两所国际学校招收约1000名学生。此外，还存在部分父母是外籍，而子女非外籍的学生既不适应普通学校，又不能就读国际学校的尴尬局面。

（三）文化方面

意识形态方面的差异制约着两岸社会文化交流工作的开展。以社团审批为例，台湾代表机构普遍认为在台湾设立代表机构的手续简易，而在大陆设立代表机构的手续较为烦琐，如何进一步简化审批程序将成为下一阶段自贸区政策的改革重点。此外，台湾代表机构还认为目前厦门地区社团管理的条款多，力度大，监管过于严格，希望能给予较为宽松的发展环境。

此外，两岸文化交流缺乏统一规划和协调，互相衔接和沟通不够，工作重点不突出，资源配置不合理，存在人力、物力、财力的浪费现象。大部分社团代表机构成立后，与登记管理机关及业务主管部门联系较少，多次出现开展重大活动未经报备的情况，给管理带来不便。

就目前两岸社会组织交流的规模和深度来讲，与中央的要求和形势发展的需要相比，都还有不小的差距，交流形式也有待创新，代表机构普遍存在工作经费紧张、办公场所面积较小等问题，部分台湾社团反映，他们来到大陆，看得多，听得多，互动性差，参与度较低。

（四）医疗卫生方面

监管部门不明确使得监管出现真空。如果在自贸区范围内设立合资医院，按照自贸区管理实施办法，医疗设备和药品可以享受免税政策，但是对该部分涉及专业业务的监管，自贸区管委会没有能力进行监管，卫生部门有能力监管又没有权力监管，存在监管真空。

外来资源难以适应国内体制。长庚医院的管理模式基本采用台湾模式，实行医管分离，进行精细化管理。但是与厦门本地医院相比，基层人员待遇偏低，高层人员工作量大，自由度低，导致人才流失严重。如何帮助引进来的医疗资源落地是制约医疗卫生领域自然人流动的难点。目前这种经营管理理念存在的差异导致冲突不断。

（五）人员管理

第一，社会保障服务不足。按照人社部规定，境外人士在中国地区就业必须缴纳社保，大部分境外人士虽然缴纳养老保险，但是实际上难以享受到相应的社会服务。此外，医疗保险服务也无法保证，以台湾人士为例，他们如果购买了商业保险，重大疾病和住院部分费用可以报销，一般诊治则由个人负担。因此，大部分台湾人士选择到金门看病。

第二，部门间缺乏信息共享。目前信息来源的基础是社区，社区建立信息平台收集所有流动人口信息，并实行了社区网络化机制，将每个社区分为若干网格，每个网格 2 人，对本社区的人、情、地、事和物进行统计。但是由于统计口径等原因，该信息平台并没有与公安和卫计管理部门之间实现共享。此外，民政和公安之间的信息也未实现共享。

第三，管理程序烦琐。以办理专家证为例，目前办证手续烦琐，需要先到外专局办理工作许可，然后到商务局办签证通知函，接下来再返回其国内办理签证，最后才能在中国办理专家证和居留许可证。这导致大部分外国专家宁愿多次持短期签证往返，也不愿意办理长期专家证。针对这种情况，政府应该完善行政机制，成立专门的管理部门实施一口受理。公安部门管理也存在重复管理问题。按照规定，境外人士持有效签证入境之后，还需要到公安机关进行登记，入住酒店的，在前台进行登记，散居的，到派出所进行登记。国际上通行的做法是入境时向海关递交入境信息表，由海关录入信息即可，减少了监管程序，提高了监管效率。

第四，协会没有发挥应有的协助管理作用。以台商协会为例，目前其与税务局、公安局和台协等政府机构都有往来，以协助台商进入厦门地区为目标。但是，政府控制过多，协会没有发挥其应有的作用。建议政府下放部分管理职权，充分调动市场积极性，依托第三方中立机构，由市场来主导，政府起到监督协调作用即可。

七　政策建议

加入世贸组织的承诺中，我国对于四种服务贸易提供模式的承诺存在差异，在市场准入方面，境外消费承诺最高；跨境交付其次；而对于商业存在和自然人流动均有严格的限制和管理。国民待遇方面，境外消费和跨境支付承诺情况高于市场准入；同时商业存在方面也比市场准入要放宽很多；但是对自然人流动依旧保留了严格限制。自贸区的建立从某种意义上来说，是打破商业存在限制的一种尝试和努力，相应的配套措施中非常关键的一条是促进自然人流动。其他主要自由贸易区的发展经验表明，自然人流动不仅有利于服务业发展，更有利于整体经济的活力。厦门作为福建自贸区的重要组成部分，应该围绕人才要素自由流动的需要，加快国际人才发展环境的建设，提高工作和居住的便利度，促进高端人才的聚集。对此，我们提出以下几点建议。

（一）进一步提升对外籍人才的管理和服务水平

厦门自贸区应该充分利用自身政策优势，大胆先行先试灵活的特殊人才政策，完善外籍高层次人才选拔办法，鼓励用人单位拓展柔性引才新渠道，广泛吸纳高层次人才来厦门创新创业。完善外籍专业人才政策保障机制，支持用人单位吸纳外籍中层骨干人才、退休专家、高技能人才等专业人才，并与所引进的高端人才形成梯队，打造多层次、广覆盖、多元化的人才队伍。

围绕自贸区优势，创新政策机制，充分发挥外籍和台湾人才在厦门自贸区建设中的重要作用，吸引集聚具有国际视野和运作经验，熟悉国际贸易、投资、金融和法制建设等内容的外籍人才。目前福建自贸区已就未来五年的人才需求进行了测评（见表5），建议厦门自贸区针对自身的实际情况和发展规划开展测算工作，提高人才引进的针对性。

表5　2015～2020年福建自贸试验区高层次人才岗位需求

管理型人才	公共管理人才
	国际化经营管理人才
	国际营销管理人才
贸易型人才	国际贸易实务人才
	国际商务谈判人才
	国际标准化人才
	国际法律人才
技术型人才	现代信息技术人才
	互联网技术人才
	现代服务业技术人才
	现代农业技术人才
	海洋开发技术人才
	战略性新兴产业技术人才
	高端制造业技术人才
服务型人才	国际金融服务人才
	国际航运业务管理人才
	跨境电子商务人才
	国际物流人才

　　加强自贸办和其他职能部门的联系与沟通，使自贸区内有关境外人员的各项政策落到实处，并建立出入境部门联动沟通机制，在口岸通关上现实协作。突破制约两岸人才交流合作的体制机制障碍，整合各方面有效资源，建立跨部门协同创新机制，打造区域性台湾人才创新、交流、合作和资源配置中心，促进两岸人才交流合作向更广范围、更大规模、更常态化的方向发展。

　　吸纳外籍和台湾人才参与重大事项管理、决策和咨询，吸收台湾人才担任人民陪审员、检察联络员和调解员等，鼓励台湾人才依法参与各级政协和群团组织。建立社区居民会议制度、协商议事制度、听证会制度等社区自治制度，鼓励台湾居民融入"美丽厦门共同缔造"的社区治理与建设。制定和完善厦门医保政策与台湾保险机构结算相衔接的办法，鼓励在厦台湾人才参加厦门社会保险，积极筹办面向外籍和台籍人才子弟的国际学校，引进国际优质的教育资源，完善在厦外籍和台籍人才子女就学保障体系。

（二）进一步加强两岸社会组织的交流与合作

完善台湾社团代表机构在厦门的备案管理制度，做好备案管理工作。加强队伍和基础建设，大力引导和支持台湾经济、教育、文化、科技、卫生、环保、体育和慈善等领域的民间非营利性组织在厦门设立代表机构。对已经设立的机构加强指导和监督管理，推动其与社会组织和企业等开展项目合作，促进其参与大陆经济发展和社会建设。

充分发挥两岸社会组织在两岸社会交流合作中的作用，以社会组织为平台，为两岸组织深层次的交流合作牵线搭桥。厦门市两岸组织交流协会涉及面多、面广，是两岸社会组织交流交往的广阔平台。

由民政局牵头，财政局、税务局、发改委、科技局、商务局等相关职能部门辅助，发挥社会组织的业务主管作用，建立台湾社团代表机构登记会商协调联络和工作指导机制。引导驻厦的社会组织和台湾社团代表机构密切联系，加强指导，统筹协调，开展深度交流交往活动。

加大对两岸社会组织的培育扶持力度，推动建设厦门市海峡两岸社会组织服务中心二期工程，为更多的台湾代表机构提供场地、办公设备、小额补贴、人才培训、信息资源平台、公共空间等支持和服务。

同时，继续改进服务方式，提升服务质量。按照"政务公开、优质服务"的要求，依法有序开展代表机构备案管理工作，进一步优化行政审批流程，着力提高审批效率，以服务促融合，进一步加快两岸的和平发展。

（三）进一步发挥政策的先行先试作用

在用足用好现有政策的同时，继续争取更多有利于自然人流动的政策在厦门自贸区范围内先行先试。对于某些人才紧缺的行业，设立自然人流动试点，充分发挥人才在自贸区建设中的作用。以教育行业为例，台湾地区教师资源相对过剩，且普通教师工资待遇不高，存在较强的赴厦需求。目前台特设的教育行业专场招聘实用性不强，没有必要实施专门招聘。建议实行准入前国民待遇，将台籍教师招聘与大陆地区教师招聘合并，吸收台湾优质教师资源。

此外，厦门应该充分发挥对台优势，重点引进一批台湾高层次人才。围绕与台湾地区的投资贸易和闽台产业对接，重点引进一批台湾金融等领域的高层次科研和管理人才到自贸试验区创业。

对于台籍子女教育难问题，建议借鉴上海、昆山和深圳的经验，成立台胞子弟学校。此外，实行分类管理，准许在厦门接受教育达到规定年限的学生参加普通高考。引进更多的教育资源，尤其是在学前教育和中小学教育方面。

分报告六：厦门促进人力资本积累的
若干经验

程锦锥[*]

摘　要：人力资本是现代经济增长的决定源泉。厦门市在人力资本积累方面具有长期先进的经验。本文在梳理厦门吸纳高端人才、发展职业教育等政策举措的基础上，重点提出了深化厦门职业教育以促进人力资本积累的若干建议。

现代经济理论已经证实，人力资本是推动一个经济体长期增长的决定性动力。当前，海峡西岸经济区建设持续提速，福建自贸区厦门片区的设立，使厦门迎来了设立经济特区以来的又一次重大发展机遇。未来十年，是厦门加快经济发展方式转变、基本实现岛内外一体化、实现科学发展新跨越的关键阶段，也是人才事业发展的重要战略机遇期。厦门市立足本地、联结漳（州）泉（州）龙（岩）、服务两岸，正努力把厦门人才市场打造为功能齐备、特色鲜明、机制健全、配套完善的区域性人才市场，使之成为对台人才

* 程锦锥，中国社会科学院经济研究所助理研究员、博士。

交流合作区域性中心、人才资源市场化配置区域性中心、多功能社会化人才服务区域性中心，在对台人才交流合作、厦漳泉龙联动、人才市场化配置等方面，发挥比较优势和主渠道作用。厦门市人力资源的积累，对于构筑厦门长远发展的人才优势，促进人的全面发展，进一步提升厦门的城市核心竞争力，在激烈的国际和区域竞争中赢得主动，促进厦门经济社会持续快速健康发展具有十分重要的战略意义。

一　吸纳高端人才：厦门"海纳百川计划"

厦门经济特区建设 30 多年来，厦门市委、市政府高度重视科技创新和人才引领，持续推动人才强市战略。厦门是中国最早实行对外开放政策的四个经济特区之一、十个国家综合配套改革试验区之一。厦门是两岸区域性金融服务中心、东南国际航运中心、大陆对台贸易中心、两岸新兴产业和现代服务业合作示范区，享有省级经济管理权限，并拥有地方立法权。厦门是中国十大海归创业热门城市之一和外籍人才眼中最具吸引力的十大城市之一。

国家大力推动"千人计划""万人计划"等重大人才工程，厦门也配套出台了"双百计划""海纳百川"等人才政策，引进了一批能突破关键技术、发展高新产业、带动新兴学科的科技创新创业核心人才。2013 年厦门市出台"海纳百川"人才政策，大力集聚高端人才。"海纳百川"人才政策体系包括"1 个总纲、12 个人才计划、7 大支撑政策体系"，共 20 个政策文件。总纲是指《厦门市实施"海纳百川"人才计划打造"人才特区"2013～2020 行动纲要》；12 个人才计划涉及重点产业紧缺人才计划、高层次紧缺型金融人才计划、海洋经济发展人才计划等；7 大支撑政策体系包括财政投入优先保证政策、高层次人才引进优惠待遇政策、本地领军人才特殊支持政策等。到 2020 年，预计引进 1700 名各类领军型人才和 6500 名骨干型人才，新集聚的人才总量达到 23 万名。

（一）实施一个总纲

2002 年 3 月，厦门市出台了全国第一部鼓励留学归国人员创新创业的法规——《厦门经济特区鼓励留学人员来厦创业工作规定》。2006 年 6 月，厦门市出台并实施《厦门市拔尖人才选拔管理办法》，首次打破"终身制"，实行"周期竞进制"。2010 年 4 月，启动引进高层次人才的"双百计划"，成为厦门乃至福建省引进高层次人才的重要平台。2010 年 11 月，厦门市出台《厦门市中长期人才发展规划纲要（2010～2020 年)》，明确十年人才发展目标和任务。

厦门市为实施"海纳百川"人才计划，打造"人才特区"，制定了《2013～2020 人才计划行动纲要》，其目标是到 2015 年，初步建成产业融合度好、创新能力强、人才贡献率大、环境开放度高、汇集各类人才的海西人才创业港。到 2020 年，基本建成高端人才集聚、对台优势明显、科技创新活跃、人才效用彰显、服务跨岛发展战略、辐射海西经济区的"人才特区"。

（二）编制十二个具体人才计划

配合行动纲领，厦门市编制了 12 个具体人才计划。

1. 《厦门市重点产业紧缺人才计划》

重点产业紧缺人才是指厦门市重点支持发展的支柱产业、战略性新兴产业和重点建设项目等领域的用人单位紧缺的，有助于企业提高核心竞争力、提高市场占有率的，有助于推进重点项目建设的关键性技术或管理人才或人才团队。《厦门市重点产业紧缺人才计划》提出至 2020 年，围绕厦门市支柱产业、战略性新兴产业和重点项目建设，资助用人单位引进高层次紧缺人才 2000 名。

2. 《厦门市高层次紧缺型金融人才计划》

结合两岸区域性金融服务中心建设情况和厦门金融业的人才需求情况，以服务两岸区域性金融服务中心建设，促进厦门金融业发展提速、比重提升、水平提高为出发点，以集聚领军型、紧缺型金融人才，优化金融人才结构，提升本市金融从业人员整体素质为目标，通过优化金融人才发展政策环境，为促进厦门经济特区科学发展新跨越、加快两岸区域性金融服务中心建设提供人才资源保障。《厦门市高层次紧缺型金融人才计划》提出到 2020 年力争引进、留住和培养一批知识渊博、经验丰富、具有国际视野的高层次紧缺型金融专业人才，逐步形成符合两岸区域性金融服务中心建设要求的"规模宏大、门类齐全、结构合理、素质优良、优势突出"的金融人才体系。重点引进厦门市金融业发展和两岸区域性金融服务中心建设急需的领军型、紧缺型金融人才 480 名，打造海峡西岸经济区金融人才高地。

3. 《厦门市东南国际航运中心人才计划》

围绕东南国际航运中心规划战略定位和发展目标，立足海西、服务两岸、面向国际，以人才助推航运经济发展为宗旨，以人才发展平台建设为载体，采取引进和培养相结合的方式，努力把厦门打造成为国际化航运中心高端人才的集聚地，为东南国际航运中心建设提供人才支撑。《厦门市东南国际航运中心人才计划》提出到

2020 年，厦门东南国际航运中心聘请顾问 20 名、专家 30 名、引进领军型人才 50 名，引进高层次复合型人才 200 名、高层次专业型人才 300 名（东南航运中心"5523"人才计划）。

4.《厦门市加快海洋经济发展人才保障暂行办法》

海洋人才是指在海洋经济、管理、科研和服务、教育等领域的海洋产业就业或创业人员中，具备一定的专业知识或专门技能，进行创造性劳动并对厦门市海洋经济发展做出贡献的团队和个人。围绕服务厦门市海洋经济发展的人才需要，树立大海洋人才理念，创新海洋人才工作机制，统筹各涉海部门人才队伍建设，做到海洋人才引进与培养并重，建立跨部门、跨行业的海洋人才队伍，为建设海洋强市提供强有力的智力支撑和人才保障。《厦门市加快海洋经济发展人才保障暂行办法》提出到 2020 年共引进海洋产业人才 300 名，其中海洋产业领军人才 100 名，海洋产业优秀人才 200 名。通过优化人才发展环境，创新激励机制，落实人才待遇，确保人才引得进、留得住、用得好、发展快。

5.《厦门市软件与信息服务业人才计划》

软件和信息服务业人才包括软件领军人才、高级人才、中级人才和紧缺型人才（以下简称"软件人才"）。软件领军人才是指福建省软件杰出人才、福建省承担产业化项目的优秀骨干人才、厦门市引进的从事软件和信息服务行业的"双百计划"人才。软件高级人才是指年工薪收入在厦门市年均社平均工资 5 倍以上，在软件企业中担任技术、管理、市场和财务等高级职务的人才。软件中级人才和紧缺型人才是指年工薪收入在厦门市年均社平工资 3 倍以上，在软件企业中担任工程师、项目经理以上职务的人才，以及在技术岗位连续工作 5 年以上有特殊专业技能的人才。

6. 《厦门市服务外包人才计划》

服务外包人才是指厦门市在商务部服务外包业务管理和统计系统备案登记、申报服务外包业务的企业中，具有服务外包相关知识和专业技能，为厦门市服务外包发展做出贡献的个人。厦门市重点发展软件开发和信息技术服务、集成电路和电子电路（IC）设计、动漫游戏、客户关怀、供应链管理、金融服务、工业研发设计、生物医药研发、云计算等重点领域的外包。《厦门市服务外包人才计划》提出到 2020 年，引进领军型人才 50 名、骨干型人才 1000 名、实用型人才 10 万名。

7. 《厦门市文化名家、文化产业人才引进计划》

围绕推动文化事业繁荣和文化产业振兴，积极实施人才兴文、人才兴市战略，扎实推进文化名家、文化产业领军人才优先发展，培养和造就数量充足、门类齐全、结构合理、素质优良的宣传思想文化人才队伍，为进一步增强文化传播力，提升厦门市文化软实力，推动建设"文化强市"奠定坚实的人才基础。紧密结合宣传思想文化工作实际，《厦门市文化名家、文化产业人才引进计划》提出到 2020 年，计划引进和培养 30 名文化名家、40 名文化产业领军人才、1300 名文化事业急需紧缺人才和 1400 名文化产业急需紧缺人才。

8. 《厦门市高层次卫生人才引进培养计划》

高层次卫生人才是指在海外大型医院（医学中心），知名大学附属医院，国内知名大学附属三级甲等医院，直辖市、省会城市和副省级城市三级甲等医院和卫生机构从事临床、医技、预防、教学、科研工作，具有较丰富的临床技术工作经验，能熟练解决较为复杂疑难的医疗技术问题，尤其在常见病、多发症、疑难病诊治中，技术水平较高，得到同行公认，达到国内先进、省内领先，能引领带动厦门市医疗学术技术进步和提升厦门市医疗卫生服务水平的人才。《厦门市高层次卫生人才引进培养计划》提出到 2020 年，计划引进（含柔性引进）高层次卫生领军人才 300 名，培养医学学术与技术带头人及其后备人选、高级管理人才 300 名。

9. 《厦门市旅游产业高层次人才集聚计划》

坚持"服务发展、人才优先、先行先试、创新机制"的指导思想，积极探索新时期旅游人才开发、培养、引进的手段和方式，以服务旅游产业发展和提升旅游业服务质量为前提，以市场需求为导向，加大旅游产业高层次人才的培养和引进力度，为厦门市旅游产业科学发展、跨越发展提供强有力的智力支撑和人才保障。《厦门市旅游产业高层次人才集聚计划》提出到 2020 年，计划引进、培养旅游产业高层次领军人才 200 名。

10. 《厦门市台湾特聘专家计划》

充分发挥对台区位优势，引进集聚一批具有较高学识、技能、行业地位和社会影响的台湾专家来厦工作，积极发挥台湾专家在两岸产业、科研合作等方面的独特作用，为厦门市深化两岸交流合作提供强有力的人才支撑。台湾特聘专家是指具有较高学识、技能或较为丰富的经验，有专长并经实践证明有一定行业地位或社会影响，受聘于厦门市批准设置的特聘专家岗位的台湾地区高层次人才。《厦门市台湾特聘专家计划》提出到 2013 ~ 2020 年，累计选聘 300 名台湾特聘产业专家、管理专家、科研专家、有关行业和领域的急需人才及其团队。

11. 《青年英才"双百计划"》

《青年英才"双百计划"》以科学人才观为指导，遵循青年人才发展规律，以激发青年人才创新创造能力为核心，以优化青年人才发展环境为保障，创新体制机制，全面实施青年英才引进、培养计划，在全社会形成鼓励创意、尊重创新、支持创业、宽容失败的良好氛围，为推动厦门市经济社会发展提供坚强的人才保证和智力支持。《青年英才"双百计划"》提出到 2020 年，在经济社会发展各重点领域，依托各区、各类园区和市重大科技平台、重点企业、高等院校、科研机构等引进 100 名 45 岁以下能突破关键技术、带动新兴学科、引领产业发展的杰出青年人才；培养 300 名 40 岁以下具有较高学术技术造诣，勇于创新，敢于创业，具有较大发展潜力的青年创新创业人才。

12. 《厦门市高技能人才集聚计划》

高技能人才是指在岗位一线，熟练掌握专门知识和技术，具有高级工、技师、高级技师职业资格的岗位技术人员。高技能拔尖人才是指具有高超技艺和精湛技能，达到省、市行业领先水平，能够满足厦门先进制造业和现代服务业发展需要以及产业结构调整急需，由用人单位申请，经市人力资源和社会保障部门考核合格并满足引进要求的技能人才。《厦门市高技能人才集聚计划》提出，建立健全高技能人才引进、培养、评价、交流、激励机制，形成引进快、培养好、使用效果优的工作格局，促进高技能人才数量明显增加、质量明显提高。到 2020 年，全市引进的高技能拔尖人才达到 40 名，高技能人才集聚总量达到 12 万名以上。

（三）七大配套政策

厦门市实施"海纳百川"人才计划，形成了七大配套政策措施。

1.《厦门市"海纳百川"人才计划专项资金管理办法》

专项资金使用范围包括科研平台、金融支持、安家补贴、租房补助、工作补助、创业扶持、薪酬津贴、政府津贴、个税返还、培训培育、引进奖励及其他支出。资金分担方式是，除人才住房建设资金和人才集聚区奖励资金外，其他资金区市共担。就高从优不重复，区级优惠度高的，高出部分由区级承担。资金拨付方式是区市共担，市财先付，年终结算。科研平台、金融支持、工作补助、创业扶持、薪酬津贴等分期拨付。

2.《厦门市"海纳百川"人才计划优惠政策》

适用对象包括国家、省、市高层次人才计划人才，"海纳百川"计划资助的高层次人才，其他有突出贡献的人才。适用原则是，就高不重复，特别优秀，一事一议，上不封顶。实施载体是白鹭英才卡，分为"金鹭英才卡"和"银鹭英才卡"，分别适用于不同层次的人才和优惠政策。日常管理由市高层次人才发展中心负责"白鹭英才卡"的申请受理，市委人才工作领导小组办公室负责"白鹭英才卡"的人选确认，实施细则另定。

3.《厦门市领军人才特殊支持计划暂行办法》

支持条件是个人年龄不超过55周岁，本人在厦门的企事业单位连续工作3年以上，每年在厦时间超过6个月。激励政策包括：提供30万~100万元特殊工作经费支持；优先给予科研项目立项、科研经费补助和各类奖励基金资助；研究项目或成果在符合需求或在国内处于领先水平的，可申请最高不超过300万元的研发资金贷款担保。

4.《科技与金融结合支持人才创新创业暂行办法》

服务平台包括完善科技金融服务平台、推进科技银行建设、成立政策性科技担保公司、大力推动科技创业投资发展、推动科技小额贷款公司的建立和发展、建立科技金融结合咨询专家库、适时成立产业科技投资联盟/协会等。创新服务产品包括设立政策性科技成果转化引导资金、政策性科技担保资金、科技风险补偿资金、科技保险补贴资金等。资助对象是领军型科技创新、创业人才或团队，以及在厦工作的青年英才。

5.《厦门市支持科技创新平台建设促进人才创新创业暂行办法》

科技创新平台是科技创新公共服务平台的简称，指具有高技术研发水平、先进技术装备、创新创业服务能力，具备相应的人才、资金、场地和信息等资源条件的公共研发与服务载体，包括技术研发平台、资源共享平台和创业服务平台。技术研发平台主要提供产业共性关键技术、工艺、材料等的研发和推广，科技成果转化与产业化，产业技术研发人才培养等服务，包括重点（工程）实验室、工程（技术）研究中心、企业技术中心、博士后工作站等研发机构。资源共享平台主要提供科研基础条件、实验分析测试、科技信息咨询等服务，包括大型科学仪器共享平台、分析检测试验平台、科技文献情报共享平台等。创业服务平台主要提供场地、融资、管理和咨询等服务，包括科技园区、产业化（中试）基地、孵化器、大学科技园、成果转化转移中心等。

6.《厦门市引才工作网络体系建设暂行办法》

厦门市建立市、区两级人才工作网络包括：建立高层次人才工作联席会议制度、成立厦门市高层次人才发展中心、建立高层次人才服务对接机制、健全区级人才工作领导机构。政府各部门联合引才工作网络包括：发挥涉外资源优势、完善部门联合招才引智机制、建立机构荐才机制。社会化引才工作网络包括：实行协会引才、专家引才；推动以才引才、以校引才；扩展以会引才、以赛引才。市场化人才服务网络包括：区域性人才市场；商业猎头公司；社会参与引才。海外引才工作网络包括：继续加强海外引才工作网络建设；建立海外人才工作站（工作顾问）制度；充分运用国家海外招才引智平台和渠道；创新海外推介招聘方式。信息化引才平台包括：建立高层次人才"双百计划"网络平台；打造人才在线招聘交流平台；拓展人才工作网络宣传推介平台；整合人才工作信息化资源平台。

7.《厦门市建设区域性人才市场暂行办法》

区域性人才市场是指在海西及两岸人才资源开发利用、优化配置中起中心作用的区域性人才市场。立足厦门、联结漳泉龙、服务两岸，努力把厦门人才市场打造成为功能齐备、特色鲜明、机制健全、配套完善的区域性人才市场，使之成为对台人才交流合作区域性中心、人才资源市场化配置区域性中心、多功能社会化人才服务区域性中心，在对台人才交流合作、厦漳泉龙联动、人才猎头、人才市场化配置、毕业生就业、人才创业、人才评价、人才公共服务、人才教育培训、流动党员管理服务等方面，发挥比较优势和主渠道作用。

二 平台建设：人才开发与交流的三大中心

（一）对台人才交流合作区域性中心

1. 申报国家级对台人才市场

依托厦门人才市场现有平台，争取挂牌设立国家级对台人才市场，以扩大在海内外的影响力和辐射力，创造良好的人才聚集环境，在国内、国际人才市场资源配置中提高竞争力，发挥更大作用。

2. 加强台湾人才服务保障

以市人才服务中心台湾人才服务部为基础，进一步完善台湾人才服务平台，定期举办台湾人才与项目对接交流会，建立台湾人才及其研究成果数据库，加强厦门与台湾人才信息交流。通过建立猎才网络、创办台湾人才之家及开展台湾高端人才推荐服务等方式，发挥对台人才交流合作的桥头堡作用，为台湾人才带项目、成果来厦创（就）业牵线搭桥，提供服务保障。

3. 支持台湾人才服务提供者在厦设立办事处、分支机构

加强两岸人才服务机构合作，邀请台湾人力资源机构落地服务，设立两岸合资合作人才服务机构，在厦开展人才中介服务业务。争取上级相关部门放宽台湾人才服务提供者在厦设立人才服务机构的限制条件，从目前只能设立合资机构放宽为也可设立独资机构，放宽设立合资机构的出资比例限制，深入推进厦台人才交流合作。对应邀来厦设立机构的台湾人力资源机构给予购买自用办公用房 3% ~10% 的补贴，最高不超过 300 万元；或按核定的房屋租金 15% ~40% 标准给予连续五年租赁自用办公用房的租金补贴，最高不超过 200 万元。

4. 推进两岸产业与人才深度对接

以光电、电子、软件与信息服务、金融、文化、旅游会展、航运物流等产业对接企业为依托，推动在厦建立一批两岸人才合作培训、科研、生产基地；组织专业技术、管理人才赴台交流、考察、培训；资助中青年骨干人才赴台开展项目合作研究与攻关；凡承接厦漳泉龙和台湾企业人才服务外包业务的本市人才服务机构，经认定为技术先进型服务企业的，可按规定享受技术先进型服务企业税收优惠。

（二）人才资源市场化配置区域性中心

1. 建设厦门人才大厦

立足发挥厦门人才市场区域品牌优势，支持厦门市人才服务中心做大做强，使之更好发挥辐射、示范和引领作用，为促进就业和人才开发服务。按照有利于市场作用持续发挥的原则以及适度超前、高起点、高水平建设的要求，在交通便捷、服务配套、有利于发挥现有资源优势地段选址建设厦门人才大厦，进一步推进平台提升、功能完善与服务改进，形成以厦门人才大厦为主体的高规格、多功能区域性人才市场龙头，主要满足人才交流、人事代理、档案保管、流动党员管理服务、毕业生就业服务、对台人才交流、海外留学人员服务、人才培训、人才派遣、人才测评、人事考试及相关学术交流、技术合作等需要。

2. 推进厦漳泉龙人才市场合作发展

围绕厦漳泉大都市区同城化发展战略规划，全面推进厦漳泉龙四地人才市场管理与服务合作，包括强化区域合作联席会议制度、鼓励厦漳泉龙互设人才服务机构、建立区域人才信息共享机制等。联合发布区域性人才市场供求信息、举办厦漳泉龙人才交流大会和网上招聘会、开展人才交流合作与培训等，推进区域重要项目人才对接，促进区域内人才无障碍流动，以及人才资源充分开发利用和规范、有序、合理、高效配置，为厦漳泉大都市区同城化发展提供强有力的人才保障。

3. 大力发展虚拟人才市场

着眼国内外最优秀的人力资源网站建设，加快区域性人才市场信息化建设。重点发挥厦门人才网在区域内已具有的服务优势和品牌效应，进一步加大软硬件投入及宣传推广力度，加强专业化信息细分和人才数据库建设，加快移动终端招聘平台、社交网络招聘平台、互动电视招聘平台等人才交流服务新渠道、新载体、新功能的开发和应用；充分利用网络优势，联结人才市场和劳动力市场信息资源，连接两岸主要专业人才网站，逐步实现区域内直至海内外人才资源共享，不断扩大虚拟人才市场的覆盖面。

4. 鼓励高资质、高水平、高信誉的品牌机构进驻参与延揽紧缺专业人才

对新引进的国内外知名品牌人才服务机构尤其是人才猎头机构，经审查评估、年度考核后，三年内由同级财政按其当年度地方税收贡献的50%予以返还补助。支持本市人才服务机构参与延揽海内外创新创业人才、急需紧缺高层次人才和高技能人才来厦创业发展，经市组织、人事行政部门确认，符合厦门市急需紧缺人才引进目录条件要求且在名额内的，给予人才服务机构一次性奖励，每成功引进一名急需紧缺专业人才给予3000元奖励，每成功引进一名高层次人才或高技能人才给予1万元奖励，每成功引进一名台湾专才给予5万元奖励，每成功引进一名入选市"双百计划"、省"百人计划"、国家"千人计划"等引才计划的人才，分别按3万元、5万元、10万元的标准予以奖励。鼓励各类人才服务机构参加市组织、人事行政部门组织的高层次人才招聘、赴外招聘、网上人才招聘会等活动，主办单位给予应邀参与承办的人才服务机构不超过5人，每人50%差旅费补贴；给予应邀参加的用人单位不超过2

人，每人 50% 差旅费补贴；分别给予受邀来厦应聘的国内（省外）、亚洲范围内、亚洲范围外三种类别人才最高 1000 元、2000元、5000 元的差旅费补贴。

5. 支持有实力的人才服务企业做强做大

鼓励有实力的人才服务企业注册和使用自主商标，培育发展知名品牌，对获得中国驰名商标、福建省著名商标、厦门市著名商标的人才服务机构，享受《厦门市人民政府关于实施品牌战略发展品牌经济的若干意见》所规定的奖励。支持条件成熟的人才服务企业上市，进入资本市场融资，对上市成功的人才服务企业，享受《厦门市人民政府关于推进企业上市的意见》所规定的补助和奖励。

（三）多功能社会化人才服务区域性中心

1. 推进一体化人事人才公共服务

支持设立毕业生创业基地，充分发挥厦门市高层次人才交流会、海外留学人才与项目对接会、厦漳泉专业人才对接会、厦门市大中专毕业生人才交流会等服务载体作用。积极整合区域内政府人才人事服务机构服务功能，逐步将对台人才交流合作、厦漳泉龙人才联动服务，以及人事代理、档案管理、毕业生就（创）业、军转自主择业干部管理、考试评审、海内外人才交流、高层次人才服务及产业园区服务等各项工作，整体纳入运作管理轨道，统一政策、统一流程、统一标准、统一形象，加强服务合作、信息共享，促进对接融合，为区域经济社会发展提供高效、便捷的人才人事服务。

2. 优化完善市场化人才服务体系

围绕产业发展和人才开发、配置及使用等各环节需求，强化市场的供求、竞争、价格机制建设，进一步发挥市场在人才资源配置中的基础性作用。大力发展人力资源服务业，不断创新人才派遣、人才测评、职业规划、职业设计、薪酬设计、人才选聘、人力资源诊断等服务内容和手段，大力开发人才服务新产品，延伸服务领域，提升区域性人才市场和中介服务机构的服务能力、服务水平和市场竞争力。

3. 共同建设现代化人才教育培养基地

积极整合两岸区域内教育培训资源，围绕高层次人才培养、国际化人才培养、专业技术人才继续教育等方面，积极探索国内培养与国际交流合作相结合的开放式人才培养体系，着力建立集培训、研修、沙龙、高端人才会所服务、技能鉴定、学历教育为一体的多层次、多功能、复合型职工教育培训和人才培养基地。积极优化培养布局和专业结构，充分发挥各类培训基地（中心）作用，探索建立与经济社会发展需求相适应的人才培养动态调整机制，促进人才的分类培养和个性化成长，实现人才培养"供需衔接"，为厦门培养和输送一大批符合经济发展和社会需求的专业技术与管理人才。

4. 建设人才流动党员教育示范基地

按照省级人才流动党员教育示范基地建设要求，通过科学化管理、多元化教育、温馨化服务等方式进一步加强流动党员管理、教育和服务，着力打造党员夜校、党员活动日、青年党员联谊会、人才流动党员趣味运动会、党员周末文体活动等服务品牌，不断增强人才流动党员的学习力、凝聚力、向心力，进一步推进教育管理规范化、专业化、信息化发展。

5. 培养高素质、专业化、职业化的人才中介服务工作队伍

将厦门人才服务业急需紧缺人才列入厦门市急需紧缺人才引进

目录，按现行相关规定享受人才优惠政策。加强人才服务业人才培训，每年按从业人员总数给予人均不少于 2000 元的培训经费支持，由人才市场综合管理部门统筹安排。对经全国统考取得人力资源管理专业中级职称和经社会化评审取得人力资源管理专业高级经济师职称的人员，在同一人才服务机构从业一年以上的，分别给予一次性奖励 3000 元和 5000 元。对成绩显著的人才服务机构和从业人员，每两年开展一次评选工作，评选 10 家"厦门市优秀人才服务机构"和 20 名"厦门市人才服务先进个人"，并分别给予一次性奖励 20 万元和 2 万元。

三　职业教育：现状与问题

在职业教育的发展史上，关于职业教育的定义有很多。《简明不列颠百科全书》中把职业教育定义为"旨在传授工商业职业知识的教育"。《教育大辞典》把职业教育定义为"传授某种职业或生产劳动所需要的知识和技能的教育，它既包括就业前为达到一定职业知识技能要求而进行的学历证书教育，也包括就业后为更新知识和提高职业技能而进行的继续教育"。联合国教科文组织于 1997 年修订的"国际教育标准分类"，对各级（层次）教育进行了类型的划分。其中，无论是第 3 级教育，即（高级）中学教育（第二阶段教育），还是第 5 级教育，即高等教育（第三阶段教育），都有 A、B 两类。A 类，特别是在第 5 级教育阶段，主要指向"理论型的，为研究做准备的或从事高技术要求的专业"；B 类，主要指向"更面向实际，适应具体职业，主要目的是使学生获得从事某职业、行业或某类职业、行业所需的实际技能和知识"。也就是说，从中学教育阶段开始，教育就划分为普通教育和职业教育两种类型，这就确定了在各教育层次中，职业教育与普通教育并列、平等的地位。

在《中国教育百科全书》中，"职业教育指在一定文化和专业基础上给予受教育者从事某种职业所需的知识技能的教育。目标是培养实践应用型专门人才，即各行各业所需的技术和管理人员、技术工人及城乡劳动者"。在《中华人民共和国职业教育法》中的职业教育一词，包括了技术教育，它以改善劳动力素质为目的，"进行科学、技术学科理论和相关技能学习的教育以及着重职业技能训练和相关理论学习的教育。与其他类型教育比较，偏重理论的应用和实践技能、实际工作能力的培养"。

职业教育是与基础教育、高等教育和成人教育地位平行的四大教育类型之一。从以上对职业教育定义的不同表述，可以把职业教育界定为在一定普通教育的基础上，对社会各种职业、各种岗位所需要的就业者和从业者所进行的职业知识、技能和态度的职前教育和职后培训，使其成为具有高尚的职业道德、严明的职业纪律、宽广的职业知识和熟练的职业技能的劳动者，从而适应就业的个人要求和客观的岗位需要，推动生产力的发展。

（一）厦门市职业教育的基本情况

改革开放以来厦门市的职业教育起步早、投入大，形成了相对完整的职业教育体系。厦门现有职业院校 33 所，包括 23 所中等职业学校（含技校），其中国家级重点 7 所、省级重点 2 所，"国家中等职业教育改革发展示范学校建设计划"立项建设学校 6 所，民办学校 8 所，在校生 37894 人；10 所市属高职高专院校，其中，2 所公办高职高专，8 所民办高职院校，在校学生40357 人。厦门市的中等职业学校在六个行政区均衡分布，高等职业学院主要向集美文教区、翔安文教区集中。近三年来，厦门平均一次性就业率为 95.62%，平均就业对口率为 83.22%，居全国前列。

厦门市中等职业教育机构在数量上逐步缩减，从 2004 年的 45所缩减为 2014 年的 18 所。在校生数和毕业生数保持比较平稳的水平。2004 年中等职业教育机构的在校生数为 30368 人，毕业生数为 9455 人；2014 年中等职业教育机构的在校生数为 35330 人，毕业生数为 8637 人。

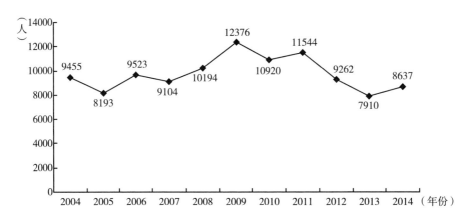

图 1 厦门市中等职业教育机构毕业生数

厦门市职业教育中，技工学校的在校生数和毕业生数近年来呈现快速增长态势。2004 年，厦门市三所技工学校的在校生数为3334 人，毕业生人数为 662 人；2014 年厦门市三所技工学校的在校生数为 6288 人，毕业生数为 1654 人。

职业院校通过开展以就业为导向的人才培养，对地区就业结构

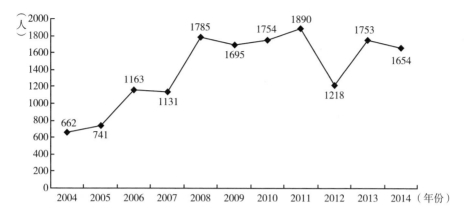

图2 厦门市三所技工学校毕业生数

（人才结构）产生直接作用，就业结构的调整变化再作用于产业，影响产业结构演变、产业转移、产业布局、产业融合。目前，厦门职业院校与产业互动主要通过校企合作来实现，以职业院校主动对接企业居多，企业主动与职校合作的则为数不多。校企合作方式主要有以下几种：①"订单班"培养模式。学校与企业签订"订单班"人才培养协议，企业提前为学生提供就业岗位，参与人才培养的课程设置、方案制定与实施、教学实训全过程。②共建实训基地或研发中心。整合校企双方各自资源优势，在学校或企业建设具有共同培养人才或技术研发功能的基地（中心）。③校企合作开发课程。借助企业的先进培训经验和师资，为学校开发适应产业行业需要的技术技能课程。④学校承接企业的技术开发或产品研发项目，独立或与企业一同解决技术难题，实现技术创新和产品升级。⑤校企共建独立二级学院，通过高度协作深度合作，实现产教学研一体。

但是，厦门市职业教育的改革与发展也面临着一些急需解决的问题：职业教育投入不足，办学条件比较差；管理体制、办学体制、教育教学质量还不能完全适应经济建设和社会发展的需要；一些部门和单位在统筹人力资源开发中仍存在忽视技能人才培养和使用的倾向，在统筹各类教育发展中仍存在忽视职业教育的倾向；就业准入制度没有得到有效执行，先培训后就业的原则没有得到很好地坚持。不解决好这些问题，就难以为厦门市工业化、信息化和城市化建设提供优质的人力资源。

（二）厦门市近年来推进中高职教育协调发展的主要措施

成立厦门市中高职集团化办学教育联盟。由厦门城市职业学院牵头，在厦各中等、高等职业学校参与，邀请联系紧密的各校企合作企业加盟，成立区域性的厦门市中高职集团化办学教育联盟（以下简称"教育联盟"）。教育联盟以促进中高职协调发展为目标，深入开展集团化职业教育改革，努力在集团内招生招考方式、人才培养方案、教学内容与方式、课程开发、教材编写、校企合作、分类建设共享实训基地、就业指导等方面取得突破。教育联盟日常办公室依托厦门城市职业学院。

搭建职业教育人才培养"立交桥"。在教育联盟内，按照全省、全市产业发展规划，结合中高职教育的人才培养规格、梯次和结构，以教育联盟为中心，各中职、高职院校试点项目为补充，探索建立中高职协调发展新机制，努力在人才培养目标、专业结构布局、课程体系和教材、教育教学过程、信息技术应用、人才成长途径、教师培养培训、行业指导作用、校企深度合作和教育评价改革等方面实现中等和高等职业教育的协调发展，逐步提高高职的中职生源比例、高职学生进入应用型本科和专业硕士教育比例，搭建职业教育人才培养"立交桥"，建立健全相互沟通、有机衔接的现代职业教育教学体系。

推进中高职协调发展专业示范群建设。鼓励各中高职院校探索开展形式多样的中高职一体化办学改革试点，特别在物流、金融、机械制造、电子信息、旅游、医药卫生、工业设计、艺术表演等产业开展五年制中高职办学一体化、招工招生一体化等试点，争取建设一批中高职协调发展专业示范群。

支持开展校际联合培养专业硕士试点。鼓励支持各高职院校和本科高校协商，根据全省、全市主导产业、特色产业急需紧缺人才培养的需要，共同开展"3+2+2"（三年制高职+两年本科+两年硕士）、"5+2+2"（五年制高职+两年本科+两年硕士）专业硕士培养试点，联合开展"3+4"（三年制高职+四年本硕连读）、"5+4"（五年制高职+四年本硕连读）专科起点本硕连读试点，以及联办成人教育本科专业。支持高职院校和国（境）外高水平大学联办应用型本科专业，和国（境）外高水平职业院校、教育机构、企业开展多种形式的合作办学。

支持制定完善五年制高职招生办法。根据《福建省人民政府办公厅关于支持高职院校改革发展的若干意见》（闽政办〔2012〕185号），结合各高职院校不同条件和生源情况，指导各高职院校自主确定录取线，自主确定五年制高职生源计划和招生专业；支持高职院校与省内外中职学校联合开办五年制高职教育，自主确定生源计划和招生专业。

支持开展中高职协调发展招生试点。根据省教育厅高职院校招生政策，支持和鼓励各中等和高等职业院校积极开展优秀应届中职毕业生和全国、省、市职业技能大赛获奖学生免试升入高职院校、从省内外中职学校（含技工学校）完成二年级学业的学生中选拔部分学生进入高职学习的"中期选拔"，以及面向省内外普通高中毕业生开展注册入学试点。支持高职院校与大中型企业面向具有高中学历毕业生或企业中级工及以上在职员工，开展招工招生一体化改革试点。

提升高技能人才培养能力。全面推进高技能人才培养工程和积极实施政府购买培训成果。利用高技能人才公共实训基地、高技能人才培养基地、"大师工作室"等平台，2011~2020年全市新培养高级工6万名、技师6000名、高级技师600名，即"三六"培养工程。积极拓展高技能人才培训项目，动员更多的职业院校和大型企业对重点工业企业和服务外包等新兴产业从业人员进行技能培训，帮助企业做好高技能人才储备。认真抓好《厦门市中长期高技能人才发展规划》的贯彻落实，使更多的高技能人才脱颖而出。发挥高技能人才公共实训基地的高端带动作用。整合全市职业院校、技工院校和重点工业企业培养高技能人才的实训资源，实施"产业技工培养计划"，充分发挥精密机械加工与模具制造、电子信息制造和工业电气自动控制等高技能人才公共实训平台的作用，进一步提高培训效能，实现高技能人才数量、质量新突破。积极筹备建设建筑智能化、光电技术、汽车维修、电焊和电梯安装维修等高技能人才公共实训平台，加紧组织有关专家进行可行性评估论证。完善高技能人才评选表彰激励机制。发挥高技能人才的示范引领作用，继续组织开展每两年一届的厦门市有突出贡献的技师、高级技师和优秀技术能手评选表彰活动。根据厦门经济社会发展和企业优化升级需要，为稳定、吸引和留住更多的技能人才，引导技术工人走技能成才之路，加快制定出台技术工人落户厦门的办法等激励机制。

深入推进技工院校改革发展。坚持高端引领，鼓励开展多元办学，提升技工院校办学水平。技师学院是高技能人才队伍建设的综合基地，承担学制教育培养预备技师、高级技工的任务，也是厦门市面向企业职工开展技师和高级技师提升培训与研修、考核与评价的重要平台，是培养技能人才的中坚力量。要发挥技师学院培养技能人才的重要作用，建设一所条件优良、定位准确、行为规范、特色鲜明、教学高质量、管理高水平、办学高效益、可持续发展的技师学院。技师学院在校生规模由现在的 4500 人增加到 2020 年的 8000 人（其中以高级工以上为培养目标的学生 6000 人），社会各类技能培训 8000 人／年。技师学院要加强与台湾职业教育和职业培训机构的交流与合作，引进台湾地区先进的培训理念和教学模式，提升学院办学水平。其他技工学校和各类培训机构应成为技工教育、职业培训、技能水平评价和就业指导服务的综合性人力资源开发平台，在主要承担初中级技工培养任务的同时，积极面向社会开展各类职业技能培训，成为劳动预备制培训、企业职工培训、农村转移就业劳动者培训的重要基地。支持技工院校深化教育改革、建设品牌专业，注重内涵发展。技工院校要深化教学改革，加强一体化教师队伍建设，规范学校管理，建设品牌专业，不断提高技工教育培训能力，实现办学实力和办学水平双提升。要根据技能人才成长规律，结合技工院校学生职业生涯发展的特点，坚持能力本位的办学理念，通过加强职业素质、专业技能和社会能力培养，开展职业指导、创业教育，提高学生综合职业能力、就业竞争力和创新创业能力。建设适应技能人才培养发展需要的一体化教师队伍。要制定教师培训、进修计划，定期组织师德教育和业务培训，提高专业理论课教师和实习指导课教师的技能操作水平，安排专业教师每年不少于两个月的企业生产实践活动。鼓励技工院校教师参加专业硕士学习。教师应具有大专以上学历并具有技师以上资格证书或具有本科以上学历并具有高级工以上资格证书。开展技工院校教师职称制度改革试点，增设正高级教师职称，吸引和稳定理论与技能兼备的优秀人才长期从事技工教育工作。推进一体化教学改革。积极创新技能人才的培养模式，逐步建立以国家职业标准为依据、以工作任务为导向、以综合职业能力培养为核心的一体化教学课程体系，实现理论教学与技能训练融通合一、能力培养与工作岗位对接合一、实习实训与顶岗工作学做合一。技师学院要开展一体化课程教学改革试点，探讨一体化课程教学设置，推进一体化教学场所和师资队伍建设。技工学校要积极探索教学手段、教学内容、教学模式的改革，推行模块化、"培训菜单"等教学改革方式。加快教学资源信息化建设，运用现代化教学手段，推进多媒体教学、网络教学、仿真模拟教学。深入推进校企合作。提升校企合作层次，积极探索多种有效的校企合作模式，努力实现校企互利双赢。技工院校要通过设立咨询机构、定期召开咨询会议等形式，加强与企业的联系与合作，根据企业对技能人才的实际要求，联合制定培养计划，共享师资资源，强化实训实习。结合专业设置设立企业定点实习基地，并与企业签订校企合作协议。每个技师专业建立2个以上校内外技师工作站，每个高级工、中级工专业建立3~5个校外实习基地。通过课程、专业、能力与技能标准的衔接，提高学生适应企业生产实际需求的职业能力。继续抓好技工院校国家助学金发放和免学费政策的落实。各校要高度重视学生资助工作，配备管理水平高、政策能力强、信息技术过硬的专职工作人员。通过推行中职资助卡和使用技工院校信息管理系统，进一步规范资助工作流程，避免制资助工作中的任何违法违规现象。

（三）《职业院校管理水平提升行动计划（2015～2018 年)》

为尽快实现职业院校治理能力现代化，进一步提升管理水平，增强学校核心竞争力，建立和完善现代职业学校制度，厦门市制定《职业院校管理水平提升行动计划（2015～2018 年)》实施方案。全面贯彻党的十八大和十八届三中、四中、五中全会精神，深入贯彻习近平总书记系列重要讲话精神，全面落实国家、省、市关于加快发展现代职业教育的决策部署，坚持依法治教、依法治校，为基本实现职业院校治理能力现代化奠定坚实基础。总体目标是通过三年努力，职业院校以人为本管理理念更加巩固，现代学校制度逐步完善，办学行为更加规范，办学活力显著增强，办学质量不断提高，依法治校、自主办学、民主管理的运行机制基本建立，多元参与的职业院校质量评价与保障体系不断完善，职业教育吸引力、核心竞争力和社会美誉度明显提高。

（1）开展突出问题专项治理行动。对诚信招生承诺活动、学籍信息核查活动、教学标准落地活动、实习管理规范活动、"平安校园" 创建活动、财务管理规范活动加强指导检查。

（2）开展管理制度标准建设行动。依法制定和完善具有各自特色的学校章程，实现职业院校一校一章程，经教育行政主管部门核准后公布实施。以章程建设为核心，建立学校、行业企业、地方政府共同参与的学校理事会或董事会，加强学校治理体系和治理能力建设。推进职业院校分类管理和建设，根据不同的办学定位和办学基础，实行 "一校一策" 目标管理，要求严格落实高职院校建设目标责任书，从专业建设、队伍建设、科研工作、校企合作、教学改革等方面提出 2016～2018 年各年度建设目标、办学要求和考核指标，促进内涵发展和特色发展。建立绩效目标考核机制，设立绩效奖补资金，每年对学校的建设目标任务完成情况进行考核，根据考核结果给予奖补经费、调整招生计划等方面的政策支持。建立管理有序、标准严谨、流程清晰、监督有据的学校内部管理制度体系，理顺和完善教学、学生、后勤、安全、科研和人事、财务、资产等方面的管理制度、标准及工作流程，确保制度完整、有效，学校管理无盲区。制定和完善学校管理工作手册，实现"一校一册"。强化制度标准落实。树立学校章程法定意识，加强对管理制度、标准的宣传和学习，明确落实管理制度、标准的奖惩机制，强化管理制度、标准执行情况的监督、检查，确保落实到位，不断提升学校管理执行力。加强制度建设工作指导。教育行政部门要为职业院校制定章程搭建交流、咨询和服务平台，推动形成一校一章程的格局，组织开展职业院校管理指导手册研制工作，为完善学校管理制度提供科学指导。

（3）开展管理队伍能力建设行动。加强管理队伍能力建设。围绕学校发展、育人文化、课程教学、教师成长、内部管理等方面，结合学校实际和不同管理岗位特点，细化校（院）长、中层管理人员和基层管理人员等能力要求，有效引导管理人员不断提升岗位胜任力。科学制订各类管理人员培养培训方案，搭建学习平台，建立分层次、多形式的培训体系，加强管理人员培训培养。强化激励保障。构建有利于优秀管理人才脱颖而出的机制。强化管理人员的职业意识，激发管理人员的内在动力。搭建管理队伍建设平台。教育行政部门要把职业院校管理骨干培养培训纳入校长能力提升、教师素质提高等培训统筹实施，组织开展管理经验交流活动，搭建管理专题网络学习平台，为职业院校管理队伍水平提升创造条件。

（4）开展管理信息化水平提升行动。加强管理信息平台建设。实施教育部发布的《职业院校数字校园建设规范》，推进职业院校制订和完善数字校园建设规划，做好管理信息系统整体设计。鼓励支持行业企业专家参与数字校园建设的规划、设计和指导工作。加快建设数据集中、系统集成的管理信息平台和应用环境，实现教学、学生、后勤、安全、科研等各类数据管理的信息化和数据交换的规范化。健全管理信息化运行机制。建立基于信息化的管理制度，成立专门机构，确定专职人员。建立健全管理信息系统应用和技术支持服务体系，保证系统数据的全面、及时、准确和安全。逐步发挥大数据在学校管理诊断和改进中的作用，提高管理信息化水平和效能。提升管理人员信息技术应用能力。强化管理人员信息化意识和应用能力培养，提高运用信息化手段对各类数据进行记录、更新、采集、分析，以及诊断和改进学校管理的能力。组织开展交流观摩活动。教育行政部门要加强统筹协调，加大政策支持和经费投入力度，加快推进《职业院校数字校园建设规范》的贯彻实施，组织开展信息化管理创新经验交流与现场观摩等活动，促进职业院校管理信息化水平不断提高。

（5）开展学校文化育人创新行动。加强体现职业教育特色、社会主义核心价值观和学生素质教育相融合的"三位一体"的职业院校核心文化建设，并融入学校的校训和校风、教风、学风及文化标识中。加强宣传引导，充分利用板报、橱窗、走廊、校史陈列室、广播电视和新媒体等平台传播学校核心文化，发挥其在校园文化建设中的熏陶、引领和激励作用。深入开展职业教育活动周活动。职业教育活动周期间，各职业院校开放校园，展示职业院校校园文化和各专业育人过程，面向中小学生及其家长和社区居民开展职业体验活动，让社会了解职业教育，培养职业兴趣和职业意识，扩大职业教育的影响力。充分利用专业优势，广泛开展"进社区、进社会"等志愿服务活动，联合行业企业开展招生就业咨询以及具有职业教育特色的为民服务活动，向社会展示学生的职业素养。精选优秀文化进校园。引入中华传统优秀文化和福建地方特色文化，构建文化艺术类选修课程、鉴赏课程和素质拓展等相结合的公共文化艺术教育课程体系。将人文素养和职业精神教育纳入人才培养方案，加强文化传承与创新知识教育，培养具有良好文化内涵、审美鉴赏和美育实践能力的技术技能型人才。以培养学生职业素养为重点，定期开展劳模、技术能手、优秀毕业生等进校园活动，促进产业文化、优秀企业文化和职业文化进校园、进课堂，着力培养学生的职业理想与职业精神。培养学生自主发展能力。创新教育形式，充分利用开学、毕业典礼和入党入团、升国旗等仪式以及重大纪念日、民族传统节日等，组织丰富多彩的学生社团活动，深入开展学生文明礼仪教育、行为规范教育，以及珍爱生命、防范风险教育，培养学生的社会责任感和自信心，促进学生养成守规、节俭、整洁、环保等优良习惯，提升自我教育、自我管理、自我服务的能力。组织各类遴选展示活动。教育行政部门要联合社会各方力量，因地制宜组织开展校训和校风、教风、学风及文化标识、优秀学生社团等遴选展示活动，持续组织"文明风采"竞赛等德育活动，推动职业院校文化育人工作创新，不断提高职业院校文化软实力。

（6）开展质量保证体系完善行动。建立健全教育教学质量监控体系。建立健全由学校、行业、企业和社会机构等多方参与的教学质量监控和评价体系。建立和完善高等职业教育质量评价制度，健全"一校一方案"评估机制，开展第二轮高职院校人才培养工作评估。6 所省级示范性现代职业院校建设工程培育项目中职学校参加教学工作合格评估试点，到 2018 年全市中等职业学校完成全省教学工作合格评估。实行职业院校教学工作诊断与改进制度。切实发挥学校的教育质量保证主体作用，建立职业院校教学工作诊断与改进制度，支持和引导学校根据自身办学理念、办学定位、人才培养目标，聚焦专业设置与条件、教师队伍建设、课程体系改革、学校管理、校企合作、质量监控与成效等人才培养工作要素，查找不足并完善提高，逐步构建起校内完善的质量保障制度体系。各职业院校要制定教学诊断与改进工作细则，建立和完善人才培养工作状态数据管理系统，及时掌握和分析人才培养工作状况，提交自我诊断与改进工作报告，并将有关情况纳入本校年度质量报告。完善职业教育质量年度报告制度。职业院校要树立全面质量管理理念，把学习者职业道德、技术技能水平和就业质量作为人才培养质量评价的重要标准。进一步提高高职院校质量年度报告的量化程度、可比性和可读性，提升年度报告质量和水平。加强中等职业学校人才培养状态数据采集与分析，逐步建立质量年度报告制度和质量预警机制。编制发布全市职业教育年度质量报告。省级示范性现代职业院校建设工程培育项目中职学校自 2016 年起、其他中职学校自 2017 年起，每年发布质量年度报告。

（四）厦门职业教育有待进一步提升

从厦门职业教育的现状来看，相较于厦门市对于人才引进和服务的"热"，厦门职业教育还是偏"冷"，与厦门社会经济发展转型不相适应，有很大的提升空间。

（1）政府主管部门做了大量的工作，但各级机构参与度还不够。厦门市委、市政府重视职业教育，近年来先后出台了《关于支持中等职业教育发展若干意见的通知》（厦府〔2011〕459号）、《关于支持高职院校改革发展的实施意见》（厦府办〔2013〕27号），以市政府名义成立"厦门市高职院校改革发展暨专升本工作领导小组"，市财政局、教育局、人力资源和社会保障局联合下发了《关于全面实行中等职业教育免学费政策的通知》（厦财教〔2012〕6号）等文件，形成了支持现代职业教育发展的政策和机制保障体系，促进形成有厦门特色的职业教育体系，取得了一定成效。在2012~2014年全国职业院校技能竞赛中，厦门市共获得金牌14枚（中职12枚、高职2枚）。但同时，由于目前各级政府部门的参与度还不够，约束力不大，对于倡导性意见，企业既没有压力也没有动力。此外，蓝领精英的价值没有得到充分体现，在职业教育中所处的地位不高。厦门初中毕业生报考职业教育的意愿不强。

（2）不同领域专业人员和技师的结构性矛盾突出。在智能化、信息化的今天，企业对于高端智能化技能人才的需求明显增加，而厦门职业教育却无法满足这样的人才需求。比如，厦门在智能装备的相关工程技术方面的人才极为短缺。厦门已成为海西光电产业最大、最重要的集聚地和辐射地，但相关职业教育机构在光电产业的专业设置、师资储备、人才培养方面，寥寥无几。又如，厦门市的专业安防营销人才、安防技术人才和维护管理人才严重短缺，而企业的会计、人事等普通行政岗位人才供大于求。

（3）职业教育实用性不强，职业人才供需脱节。目前厦门职业教育与产业发展结合度不高，所设专业与厦门产业转型缺乏衔接。厦门高校培养的人才实践能力还比较弱，毕业生往往不能立即上岗，实用性不强。企业培养的人才更多的是在工作中培养，实践能力的获得往往是靠自己的悟性和观察力，培养的过程既耗时又耗成本。学校是规模化批量培养，而单个企业对专业能力却有个性化需求，这就造成学校培养与企业需求不能够很好地衔接。如当前厦门 IT 类企业对毕业生的需求一年都在 3～5 个，但相关的职业学校难以满足。

（4）职业教育机构校企之间的合作深度还不够。学校是以培养人为主要目的，而企业的主要目的是盈利，这导致企业和学校在校企合作的理念上有差异。学校选择校企合作的主要目的是锻炼学生的技能。而大多数企业只是选择人才，很少参与人才培养的全过程，只是提供顶岗实习相应的岗位与职业技能培训，对专业课程设置、师资培训及合作开发教材等的积极性不高，这也使得进企业的学生轮岗制度难以有效实现。

厦门市的职业教育合作过程中，存在学校热、企业冷的现象。职业院校都在积极探索校企合作的模式和有效途径，而企业更多的是关注毕业生就业环节，关注企业所需人才，而对人才培养过程缺乏积极性和主动性。

校企合作的范围和深度有限，有些企业的合作意图存在短期性，例如，证券行情火爆，企业对实习生的短期需求旺盛，但是与学生签订就业协议的意向较低；又如，投资类公司推出新业务，短期内招聘大量实习生，而长期的用人需求低。校企合作的稳定性不强，需要激励企业投身教育事业。

（5）缺乏高水平、综合性的实训基地，主要障碍有：一是学校层面，由于产业升级，实训设备更新过快，资金投入太大，难以对接产业发展；二是企业层面，厦门缺乏示范性的超大型企业，很少企业能为职业教育提供全方位的实训教育，职业教育的实训教学存在短板，对于职业教育院校毕业的学生，企业必须再次进行培训。

（6）教师队伍不稳定，缺乏高水平的技能型教师。技能型教师的技能更新与产业发展脱节；由于缺乏相应的激励机制，大量在企业服务的能工巧匠不能或者不愿意为职业教育机构提供教学服务。

四 深化厦门职业教育、促进人力资本积累的建议

（一）建立和完善多方合作平台和激励机制

产教融合是职业教育的内在需求，是职业教育与其他教育的最大区别。校企合作是职业教育和企业发展的双赢路径。厦门当前产教融合、校企合作面临院校专业设置与产业发展脱节、人才培养与企业需求不配套、校企合作松散等一系列问题，究其原因，主要在于职业教育与产业的发展互动缺少顶层设计和共通平台。建立和完善政府、行会、学校、企业、中介的合作平台和机制，要注重做好职业教育规划与产业规划的衔接，形成政府引导、行业指导、校企

参与、第三方评估的产教融合、校企合作机制，发挥行业协会和独立中介机构在产教融合、校企合作中的积极作用。比如，提高协会在产教融合、校企合作中的参与度，强化行业协会的桥梁纽带作用；整合资源，构筑共享平台。又如，成立"厦门市产教融合与校企合作服务指导中心"，设置多样化的平台功能。此外，还应完善职业教育相关政策规章和激励机制。将厦台职业教育交流合作纳入厦门市"十三五"教育发展规划，制定职业教育发展目标、任务和路径。加强宣传引导，扩大职业教育的社会影响。

（二）实行普遍的职业教育

厦门应借鉴德国的做法，即中学毕业生除了继续接受普通教育之外，都应该接受职业教育。因此，建议逐步实行中等职业教育免试入学和高等职业教育宽进严出制度。初中生或高中生毕业后，除继续接受普通教育之外，理论上都应进入职业教育体系，接受就业前的专门职业培训。这不仅仅是教育的需求，更重要的是有助于青年人的就业，促进社会稳定。过渡期内，在制定招生计划时，应改变由教育部门单方面制定的做法，逐步扩大企业参与制定招生计划的覆盖面，最终建立企业与学校联合订单招生与培养的制度。

（三）利用社会力量办职业教育，同时加强校企衔接

政府积极引导不同学校结合自身和厦门实际，明确办学定位，确立办学特色，错位发展、特色发展，与厦门共同发展，促进与服务厦门发展；支持民办高校发展，建议市政府参照重庆、陕西、浙江等地和国际通行的做法，尽快落实生均拨款补贴，落实国家相关政策，支持民办高校办学；抓住机遇，有计划地支持民办高职院校

升办应用型本科。市政府应做好计划，设立专项升本基金，分批安排和支持厦门符合条件的民办高职院校申办本科院校，推动厦门"教育之城"的建设。

积极支持各类办学主体通过独资、合资、合作等形式开展民办职业教育。探索发展股份制、混合所有制职业院校，允许以资本、知识、技术、管理等要素参与办学并享有相应权利。探索公办和社会力量举办的职业院校相互委托管理和购买服务的机制。社会力量举办的职业院校与公办职业院校具有同等法律地位。推动公办和民办职业教育共同发展。同时坚持以提高质量、促进就业、服务发展为导向，发挥好政府引导、规范和督导作用，充分调动社会力量，吸引更多资源向职业教育汇聚。出台优惠政策，鼓励技能型人才为职业院校服务，建立吸引企业技术技能型人才任教的系列制度。

要加强校企衔接，对接职业人才供给和需求，提升职业人才培养的实用性，解决不同行业人才的结构性矛盾。注重学生的养成教育与产业界的需求配合，为区域经济发展提供多种规格和多种层次的人力资源，克服高职人才结构的单一性问题，还可以为专科层次的高职毕业生开辟多条接受更高层次教育的发展道路，为学生终身学习和未来发展打好基础。

（四）加快实训基地建设

职业教育实践教学的完成应是在企业，而不是在学校，真正意义上的实践教学平台应该来自于各行业，实践教学基地建在企业，才能真正提升实践教学的质量。德国高职学校实行双元制办学模式，实践教学主要由企业解决。以汽车修理技术专业为例，学生所使用的修理工具和修理设备都与汽车制造厂设备的先进程度同步，实践教学课程全部由企业工程师授课，部分专业课程也安排在企业讲授。这样学生学到的是实用技术和先进技术，真正把培养学生观察分析和解决实际问题的能力放在生产一线完成。

目前，厦门市已建有现代制造、烹饪、旅游、物流、汽车运用与维修、信息技术应用和计算机及其应用、电光源技术等一批特色优势实训基地。然而，厦门尚无共享性质的公共实训基地，校外实训分散，企业合作度不高，实训基地的公共性、公益性、开放性功能不够突出。因此，应强化实训基地体系建设的"政府主导"机制，探索设立公共实训平台协调管理机构，规范收费制度，增强实训基地的公共性、公益性、开放性功能。对接厦门重点产业，统筹规划、合理布局，建设公共实训基地，比如，在翔安区设立以光电为主的实训分基地，在集美区设立以软件技术为主的实训分基地，在岛内设立动漫设计与制作、数字化创意设计、电脑音乐制作与音响工程、室内设计、影视多媒体、播音主持等多媒体艺术类实训分基地，借助海沧职业技术学校建立物流实训分基地。以优化结构为核心，加强"双师"队伍建设，提升实训基地的"软件"实力。依托产业园区，推动厦门公共实训平台体系建设。结合产业园区特色，打造以产业园区为核心的市级高技能综合实训平台、以大型企业为核心的特色专业实训平台、以职业院校为核心的基础技能实训平台等多层次公共实训体系，促进产学融合，推动产学深度合作。建设开放式共享型实训基地。由政府采购转向企业租赁，鼓励企业先进装备向院校开放，鼓励职业院校根据实训情况成立相关经济实体，发挥国有企业的引领作用。

（五）注重对双师型教师的培养

厦门市应进一步加大对双师型教师的培养力度。在德国双元制职业教育体系中，实践性教学环节都是由企业完成的，企业中有大量经验丰富的高级技师充当学生的指导教师，比较好地解决了职业能力培养的问题。应借鉴德国在教育培训中理论与实践教学的高度统一、紧密结合，突出职业能力培养。可以通过培养大量双师型教师来解决学生实践能力培养的问题。建议废除目前不利于培养、引进双师型教师的不合理的人事规章制度，鼓励企业和事业单位高级技术人员兼任或自由担任职业培训教师，教育部门对双师型教师培养工作进行专门规划和投入，鼓励双师型教师的跨校、跨地区甚至跨国的培训和交流，探索在有条件的大中型企业建立实习实训教师制度。

（六）加强厦台合作，提高职业教育的开放度

全球化人才的培养将依赖于职业教育自身的国际性视野和国际化水平。职业教育与国外合作办学、相互承认学历的步伐会日益加快，未来的职业教育将是日趋国际化的开放系统。台湾职业教育成长的宝贵经验为厦门的职教发展提供了很好的借鉴。厦门当前可引入台湾技术职业教育的先进理念，如重视学生通用能力的培养、促进职业院校开门办学、引进第三方评价职业院校办学绩效机制等。鼓励厦台两地联合创办职业院校，如根据自贸区建设的需要，在厦台企可参与创办职业院校，共同培养急需的专门人才。建立"海峡两岸职业技能鉴定中心"，有针对性地推出部分通用的职业证照，加强互认度和互信度。提升职业院校办学水平，如可以引进台

湾职业教育管理人才，通过互聘形式进行教师交流，聘用来自企业第一线的兼职教师，建立厦台师资培训中心。由厦台两地教育管理部门、职业院校和知名企业在自贸区内共同组建"厦台两地校企合作平台"，对接一线的在厦台企业。

分报告七：服务业创新对厦门经济发展模式转型的影响研究

张　鹏[*]

摘　要： 技术创新是决定未来厦门经济可持续增长的关键因素。服务业开放与制度创新是加快厦门技术创新步伐和促进技术成果转化的重要抓手。本报告通过回顾厦门改革开放以来经济发展运行轨迹及产业结构变迁趋势，从理论上说明了厦门经济进入新常态后服务业成为经济增长的决定因素，然后使用 share-shift、外部性等多种研究方法对厦门市产业结构对经济增长的贡献率、厦门市服务业创新状况和整体及内部竞争力进行了详细研究。研究的主要结论是，厦门市整体服务业发展较快，但服务业内部结构欠佳，传统服务业部门发展迅猛，现代服务业部门发展滞后，服务业尚未成为未来经济增长的主要驱动力，因此未来厦门要利用自贸区制度先行优势放松政府管制，加快科教文卫

---

* 张鹏，中国社会科学院经济研究所助理研究员、博士。

部门改革，大力发展金融等现代服务业，充分利用"互联网＋"优势对传统制造业和一般服务业进行升级改造，促进厦门未来经济可持续健康发展。

一　转型期厦门经济运行现状与
产业结构变迁趋势分析

改革开放以来，面对国内外经济环境较为复杂的背景，厦门经济总体保持较快增长，改革开放 30 多年全市地区生产总值年均增长 10% 以上。2012 年以来，随着经济进入新常态，不论是经济运行动力还是政府宏观调控目标，都显示中国经济正处于从高速增长阶段向 7% 左右的中速增长阶段转换时期。在这个过程中，东部地区由于发展阶段相对较高，所面临的资源、环境、市场、进一步对外开放等问题更为突出，经济增速下降更为明显，厦门也不能独善其身。2013 年厦门常住人口人均 GDP 达到 13166 美元，处于工业化后期向后工业化时期过渡阶段，一方面按照国内外发展经验，该阶段经济增长速度将相对放缓，进入提升质量和总量扩张并举的平稳发展期；另一方面从当前的运行情况看，已经出现外需下降，土地、劳动力等生产要素供给的传统竞争优势逐渐削弱等问题。"十三五"时期，全市经济将不可避免地进入中速增长期，已有的结构性红利和要素红利逐渐丧失及国外经济下行压力增大，2013～2014 年 GDP 增速跌破两位数。这些情况说明厦门经济增速有其合理的一面，但也要清醒的认识到整体呈现规模平稳增长的"喜"与下降压力较大、增长后劲不足的"忧"。

从人类社会的演进形态看，各经济体的产业结构变迁经历

了从农业向工业并最终进入以服务业为主的现代社会形态，如
图 1 所示，随着人均国民收入的提高，农业剩余劳动力的释放
将会融入工业化进程中，工业化的标准化和机械化生产特别有
利于工业的规模扩张，工业化产品的日渐饱和甚至过剩解决了
人们的温饱和基本生存需求问题。在迈向更高级的服务业社会
形态中，人们对产品的需求更加注重其服务体验、产品的特征，
服务业在经济中的地位凸显，服务业所占份额也在不断增长。
厦门自设立经济特区以来，其产业结构的变迁也说明了如图 1
所示的基本趋势。厦门市三次产业比例从 1981 年的 26.5∶51.6∶
21.9 调整为 2013 年的 0.9∶47.5∶51.6，第二、三产业年均分别增
长 19.5% 和 17.0%，第三产业比重提高 29.7 个百分点，于 2008
年比重首次超过 50%，成为经济增长的最重要支柱，产业发展正
处于重要转型期。

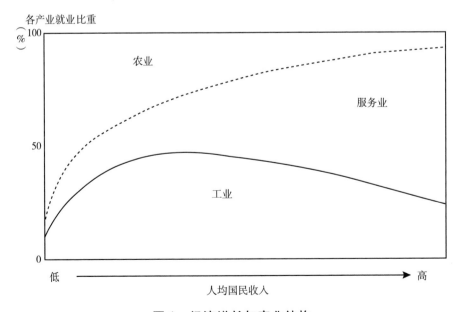

图 1　经济增长与产业结构

虽然从行业总体运行趋势上显示了厦门产业结构正在向服务业方向转变，产业结构不断优化，但从服务业内部情况看，厦门服务业企业普遍规模较小，市场地位不高。且由于长期以服务"两头在外"的外贸经济为主，生产性服务业方面偏重传统业态，研发、信息、中介等服务业态相对滞后，使得现代服务业高端业态规模较小、生产性服务业比重偏低等问题凸显。中心城市优势弱化的压力使厦门产业结构优化升级的要求越来越迫切，亟须加快促进产业发展方式向以创新驱动为主转变，提升现代服务业的综合服务功能，促进先进制造业和现代服务业有机融合及更加重视科教文卫等知识生产和消费部门的创新功能的发挥，构建具有强大竞争力的产业体系。

本课题立足于厦门经济现实，从理论上说明在厦门经济逐渐步入后工业化时期服务业驱动厦门经济增长的机制，并使用 share-shift、外部性等多种分析方法探讨厦门产业结构转型中存在的问题、服务业自身大而不强及创新服务能力有限等问题，进而从理论和经验上证明厦门服务业改革转型的必然性和紧迫性。

二 厦门产业结构服务业化与经济增长的理论探索与经验分析

（一）厦门产业结构服务业化促进经济增长的机理分析

从世界各国的经验来看，随着经济从以工业化为特征的规模供给阶段转入以质量和需求为特征的新阶段，服务业在各国经济发展中的地位不断提升。经济越发达，居民越富裕，服务业在国民经济中的比重就越高，这已成为世界经济发展的一个显著特征和必然趋势。由于工业化通常意味着规模化和标准化的生产和需求特征，工业化流水线模式大大提高和增强了资本的利用率和资本替代劳动的趋势，劳动生产率大幅提高。后工业化时期或者说服务业时期，经济中工业品已经饱和甚至过剩，温饱型问题已经得到解决，人们的需求将向更高层次转变，这时他们更加关注产品是否迎合个人需求品位，个性化、定制化需求成为引导生产的先导，需求决定供给的特征和工业化时期供给决定需求形成鲜明的对比。个性化定制化需求相对于标准化需求带来的问题是行业劳动生产率下降，受制于制造业和服务业劳动生产率相异情形，生产资料特别是劳动力将会从制造业转向生产率增长较低的服务业，在劳动力总量不变的情况下，经济增长速度会趋于低速甚至停滞，这就是鲍莫尔非均衡增长模型的主要结论。显然，当经济中服务业逐渐成为主导部门时，服务业的劳动生产率增长将成为经济持续增长的主要源泉。以厦门为例，2008 年第三产业就业份额首次超过第二产业就业份额，截至2014 年尽管第三产业就业份额（54.7%）超出第二产业就业份额（44.6%）10 个百分点，但第三产业的劳动生产率显著低于第二产业，经济增长速度也由过去的两位数降到个位数，未来服务业劳动生产率能否提高成为决定经济能否可持续增长的主要途径。为了阐述这一原理，我们这里借鉴改进的鲍莫尔模型为例进行分析。

假定服务业部门劳动生产率增长率为 r_s，制造业部门劳动生产率增长率为 r_m，且 $r_m > r_s > 0$，即：制造业部门的劳动生产率增速高于服务业部门的劳动生产率增速，同样假定劳动为两部门的唯一投入要素，那么两部门的生产函数为：

$$Y_s = \alpha L_s e^{r_s t}; Y_m = \beta L_m e^{r_m t}$$

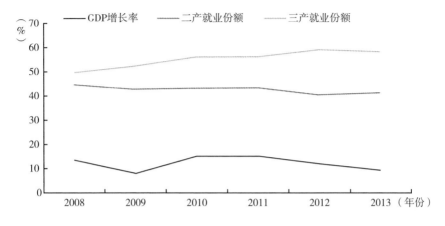

图2 厦门经济增长和二、三产业就业份额

假设服务业部门和制造业部门的产出比增长率为 φ，其中 $\varphi > 0$：

$$\frac{Y_s}{Y_m} = \frac{\alpha L_s e^{r_s t}}{\beta L_m e^{r_m t}} = \kappa e^{\varphi t}$$

假定两部门劳动力之和等于全部劳动力供给，即 $L = L_S + L_P$，那么由制造业和服务业部门产出比表达式可以写出：

$$L_s = \frac{\beta L_m e^{r_m t} \kappa e^{\varphi t}}{\alpha e^{r_s t}} = \frac{\beta (L - L_s) e^{r_m t} \kappa e^{\varphi t}}{\alpha e^{r_s t}}$$

化简即为：

$$L_s = \frac{\beta L e^{r_m t + \varphi t} \kappa}{\alpha e^{r_s t} + \beta e^{r_m t + \varphi t} \kappa} = \frac{L \kappa'}{1 + \kappa' e^{(r_m + \varphi - r_s) t}}$$

其中 $\kappa' = \dfrac{\beta \kappa}{\alpha}$，由上述两式子，因为 $r_m + \varphi - r_s > 0$，所以，在给定劳动供给总量不变的条件下，随着时间的推移，劳动力将逐渐转移到生产率较低的服务业部门，这与鲍莫尔模型对劳动力资源转移的预期是一致的。

假设名义 GDP 由两部门的名义产值构成，P_s 和 P_m 分别为服务业和制造业部门的价格，则将上述服务业和制造业部门劳动力表达式带入并经过化简可得：

$$GDP = p_s Y_s + p_m Y_m = \frac{A e^{r_m t + \varphi t} + B e^{r_m t}}{1 + \kappa' e^{(r_m + \varphi - r_s)t}}$$

其中 $A = p_s \kappa' \alpha L$，$B = p_m \beta L$。当 $t \to \infty$ 时，$\dfrac{dGDP/dt}{GDP} \to r_s$，即随着时间的推移，经济总体的增长速度将与服务业部门劳动生产率的增长速度一致。以上分析表明，在两部门非均衡增长的框架下，只要服务业部门劳动生产率增长率为正值，经济总体就不会停滞，并且，经济总体的增长速度将最终趋同于服务业部门的劳动生产率增长速度。

上述理论证实了服务业对后工业化时期厦门经济增长的决定性作用。服务业对厦门经济增长的作用不是一成不变的，具有明显的阶段性特征。①在工业化时期，服务业作为分工的结果而存在，服务业更多地发挥了加速工业化生产及为其全生产链提供配套服务的作用。改革开放以来厦门工业化历程的实践表明服务业特别是生产性服务业是工业化顺利推进的"润滑剂"。服务业所提供的信贷、财务、信息化、咨询、外贸、公共基础设施等服务极大地方便了工业企业的生产和消费，生产一体化和集约化得以快速形成，融通了国内和国际两个市场。②在后工业化时期，服务业将作为独立的生产条件，知识生产和消费将成为厦门经济增长的创新驱动力。经济进入后工业化时期制造业规模化、标准化的生产已经饱和，制造业企业的营收增长率、利润率和 ROE 都出现下降。这时服务业的作用体现在以下两个方面。一方面，传统企业植入以 ICT 为代表的信息化服务企业,以大数据、云计算等现代科技手段对传统企业生产进行改造和对消费群体更具特征性的分析,使传统产业保持一定的竞争力。这里需要说明的是,虽然传统产业的生产率得到了一定提高,但我们可以发现在劳动力投入和传统资本投入不变的情况下,其实促进传统产业生产率提升的是创新投入或者说组织生产方式的改变(技术效率的提升),因此可以理解为服务业驱动了经济持续增长。另一方面,后工业化时期知识生产和消费逐渐成为技术进步的主要表现形式。知识依赖于各种平台将生产和消费融为一体,解决了传统管制性技术、教育、文化和卫生部门效率低下的问题,有效缓解了这些部门人力资本拥塞的问题。近年来居民消费结构发生质的变化,消费层次不断升级,居民消费从普通耐用消费品向住房、汽车和信息产品等大宗和高档消费品,以及教育、旅游、文化娱乐等个人发展型和享受型消费的档次提升。教育、文化娱乐等知识生产部门正成为后工业化时期人们消费升级的体现。以科易网、美图公司等为代表的新兴技术公司通过网络平台整合各种资源,打破传统科教文卫领域管制和纵向分割,促进资源配置的横向联系和网络化外溢效应的发挥,成为后工业化时期技术进步和创新资源配置方式的有益探索。

(二)厦门产业结构转型对经济增长的经验分析

上文从理论上分析了产业结构转向以服务业为主导促进经济长期增长的机理和途径。通常而言,产业结构影响经济增长,一方面体现为产业结构变迁效应,如产业结构工业化过程带来的劳动生产率大幅提高和经济的高速增长,即经济中产业结构由农业向工业变迁、工业份额不断上升带来的增长效应;另一方面体现为产业结构内部生产率的变化带来的经济增长效应。本部分通过使用 share-shift 分析方法，把厦门产业结构服务业化的结构变迁效应和生产率效应分割开来分析，最近将这一方法应用于新兴工业经济和转型经济的结构变迁效应的研究主要有 Fagerberg、Peneder 和 Timmer 等等。

令经济总体的劳动生产率为 P^t，P_i 是指各个产业部门的劳动生产率，上标 t 表示时期，下标 i 表示不同的产业部门，$i=1$、2、3，分别代表第一产业、第二产业和第三产业，P_i^t 表示 t 期产业 i 的劳动生产率，S_i^t 是 t 期产业 i 的劳动力所占份额。总体劳动生产率可以表示成：

$$P^t = \frac{Y^t}{L^t} = \sum_{i=1}^{n} \frac{Y_i^t L_i^t}{L_i^t L^t} = \sum_{i=1}^{n} P_i^t S_i^t$$

根据上述公式，可以推知 t 期的总体劳动生产率相对于 0 期（基期）的增长率为：

$$\frac{P^t - P^0}{P^0} = \frac{\sum_{i=1}^{n} (S_i^t - S_i^0) P_i^0 + \sum_{i=1}^{n} (P_i^t - P_i^0)(S_i^t - S_i^0) + \sum_{i=1}^{n} (P_i^t - P_i^0) S_i^0}{P^0}$$

上述公式分解成如下三项：

Ⅰ：上式右边第一项被称为静态结构变迁效应，它度量的是劳动要素从劳动生产率较低的产业流向劳动生产率较高的产业所引起的总体劳动生产率的净提升。如果劳动要素流向相对劳动生产率较高的产业 i，则该产业在 t 期内的份额变化值大于 0，我们对其赋予的权重也较大，因此产业 i 的静态结构变迁效应较大。

Ⅱ：上式右边第二项被称为动态结构变迁效应，它和第一项有所不同，它表现了劳动要素移动引起的动态效应，度量的是从劳动生产率增长较慢的产业流向劳动生产率增长较快的产业所引起的总体劳动生产率的净提升。如果劳动要素流向劳动生产率较高的产业 i，则该产业在 t 期内的份额变化值大于 0，我们对其赋予的权重也较大，因此产业 i 的动态结构变迁效应也较大。

Ⅲ：上式右边第三项被称为生产率增长效应，它是各个产业内部的技术效率变化和技术进步等因素导致的各个产业内劳动生产率的增长。

我们根据公式并使用 2003～2013 年的三产增加值及就业人数等数据计算出厦门经济总体和三次产业的静态结构变迁效应、动态结构变迁效应和生产率增长效应，数据来源于 CEIC 数据库，具体如表 1 结构变迁效应矩阵。这里为了形成对比，我们加入上海、天津等城市及北京的数据。可以发现如下两个典型化事实：①第一产业的结构变迁效应（静态结构变迁效应与动态结构变迁效应之和）都为负，这与中国工业化时期农村劳动力转移的趋势是一致的。此外，北京、天津、深圳等一线城市第二产业的结构变迁效应为负，说明过去十年上述城市的第二产业就业人口也逐渐转移至第三产业，产业结构不断服务业化的特征明显。而厦门、宁波、青岛、大连与上海的第二产业结构变迁效应仍为正，这提示厦门等地第二产业部门壮大依然是促进劳动生产率提高的主要解释因素。②从产业内增长效应看，北京、上海、青岛和深圳的第三产业增长效应要大于第三产业的结构变迁效应，说明上述城市服务业的增长更多的是服务业内部的技术效率提升和技术进步。换言之，对于北京、深圳两地，服务业内的技术效率提升、技术进步导致劳动生产率的提升幅度大于因结构变迁导致资源配置效率提高而引起的劳动生产率的提升。也就是说，上述地区第二产业和第三产业劳动生产率的提高不仅源于劳动力在部门间流动所带来的丰厚的"结构红利",而且,通过进入更高效率的生产部门,落后部门剩余劳动力以积累经验、模仿技术等"干中学"方式不断创造出更高的价值——作为内生动力,这极大地提高了区域资源的配置效率。此外上述城市的第三产业增长效应要大于第二产业增长效应,说明第三产业正成为上述城市经济增长的主要驱动力。特别值得一提的是,厦门的第三产业增长效应贡献度很低,并且从产业内增长效应可以看出第二产业特别是工业依然是推动劳动生产率提高的主要驱动力,未来厦门提高第三产业劳动生产率任重道远。

表 1　结构变迁效应矩阵

项目	列加总	静态结构变迁效应	动态结构变迁效应	产业内增长效应
北 京				
	9.971	0.513	− 0.413	9.872
第一产业	0.022	− 0.054	− 0.064	0.141
第二产业	1.700	− 0.897	− 1.914	4.511
第三产业	8.249	1.465	1.565	5.220
天 津				
	12.170	0.342	0.708	11.120
第一产业	0.046	− 0.088	− 0.134	0.269
第二产业	6.149	− 0.068	− 0.178	6.395
第三产业	5.975	0.498	1.021	4.456
上 海				
	11.690	0.586	0.938	10.166
第一产业	0.019	− 0.050	− 0.077	0.146
第二产业	3.395	0.209	0.172	3.014
第三产业	8.277	0.427	0.843	7.006

续表

项目	列加总	静态结构变迁效应	动态结构变迁效应	产业内增长效应
大　连				
	10.702	0.591	0.505	9.606
第一产业	0.558	−0.223	−0.759	1.540
第二产业	5.624	0.324	0.586	4.714
第三产业	4.520	0.490	0.678	3.352
青　岛				
	3.138	0.350	−5.794	8.582
第一产业	−5.535	−0.10541	−5.98472	0.555453
第二产业	3.586	0.187815	−0.32378	3.721853
第三产业	5.086	0.267682	0.514202	4.304417
宁　波				
	9.633	0.898	0.059	8.676
第一产业	0.265	−0.213	−1.423	1.901
第二产业	4.963	0.148	0.272	4.543
第三产业	4.405	0.963	1.211	2.232
深　圳				
	9.265	−0.027	0.078	9.214
第一产业	−0.033	−0.038	−0.368	0.373
第二产业	2.921	−0.601	−0.608	4.129
第三产业	6.377	0.612	1.053	4.712
厦　门				
	10.4037	0.5912	0.5051	9.3074
第一产业	5.1021	−0.2226	−0.7590	6.0837
第二产业	3.4019	0.3240	0.5857	2.4922
第三产业	1.8996	0.4898	0.6784	0.7315

表1中的数值只具有相对意义。我们将表1换算成百分比形式（分母都是总体的劳动生产率增长率），就更易于理解了（见表2）。结论是显而易见的。可以看到，第三产业对劳动生产率的贡献率从高到低依次为青岛、北京、上海、深圳、天津、宁波、大

连和厦门。特别是青岛、北京、上海和深圳第三产业的贡献率都超过 50%，并且这些城市服务业内增长效应的贡献率都超过 50%，说明是服务业自身效率改善而非产业结构变迁导致了劳动生产率的提高，服务业成为名副其实的驱动经济增长主要推动力，此外从产业内增长效应发展趋势也能发现这点，北京、上海、青岛和深圳产业生产率提高都在 50% 以上，并且第三产业产业内增长效应大于结构变迁效应，而从大连、宁波和天津等地的计算结果看第二产业产业内增长效应都大于第三产业，显示了第二产业劳动生产率增长最快，因此第二产业仍然促进地区劳动生产率改进的先决条件。厦门总体劳动生产率的提高依然主要靠第二产业的发展，第三产业由于多集中于附加值低、技术改进缓慢的餐饮、交通运输等劳动生产率较低的部门，而现代服务业部门如金融、信息技术等发展滞后，劳动力多淤积于低端产业部门，造成厦门第三产业劳动生产率低于北上深等一线城市和其他计划单列市，形成服务业大而不强的尴尬局面。

表 2　结构变迁效应矩阵（百分比形式）

项目	列加总	静态结构变迁效应	动态结构变迁效应	产业内增长效应
北　京				
	1.000	0.051	− 0.041	0.990
第一产业	0.002	− 0.005	− 0.006	0.014
第二产业	0.170	− 0.090	− 0.192	0.452
第三产业	0.827	0.147	0.157	0.523
天　津				
	1.000	0.028	0.058	0.914
第一产业	0.004	− 0.007	− 0.011	0.022
第二产业	0.505	− 0.006	− 0.015	0.525
第三产业	0.491	0.041	0.084	0.366

续表

项目	列加总	静态结构变迁效应	动态结构变迁效应	产业内增长效应
上 海				
	1.000	0.050	0.080	0.870
第一产业	0.002	− 0.004	− 0.007	0.012
第二产业	0.290	0.018	0.015	0.258
第三产业	0.708	0.037	0.072	0.599
大 连				
	1.000	0.055	0.047	0.898
第一产业	0.052	− 0.021	− 0.071	0.144
第二产业	0.525	0.030	0.055	0.440
第三产业	0.422	0.046	0.063	0.313
青 岛				
	1.000	0.112	− 1.847	2.735
第一产业	− 1.764	− 0.034	− 1.907	0.177
第二产业	1.143	0.060	− 0.103	1.186
第三产业	1.621	0.085	0.164	1.372
宁 波				
	1.000	0.093	0.006	0.901
第一产业	0.027	− 0.022	− 0.148	0.197
第二产业	0.515	0.015	0.028	0.472
第三产业	0.457	0.100	0.126	0.232
深 圳				
	1.000	− 0.003	0.008	0.994
第一产业	− 0.004	− 0.004	− 0.040	0.040
第二产业	0.315	− 0.065	− 0.066	0.446
第三产业	0.688	0.066	0.114	0.509
厦 门				
	1.0000	0.0568	0.0485	0.8946
第一产业	0.4904	− 0.0214	− 0.0730	0.5848
第二产业	0.3270	0.0311	0.0563	0.2396
第三产业	0.1826	0.0471	0.0652	0.0703

三 厦门服务业创新能力表现及其对
经济增长的影响

本报告第二部分从产业结构变迁驱动劳动生产率变化的角度分析了 8 个地区产业结构变迁的方向以及产业结构变迁的"质量",并从中比较了厦门产业结构服务业化过程中存在的问题,我们发现厦门服务业规模的扩张并没有带来经济自身效率的提高,说明了服务业内部结构多集中于效率低下和人力资本层次较低的部门,这也从一个侧面反映了厦门服务业创新能力不足。接下来的问题是厦门服务业中创新能力不足的部门主要集中于哪些部门?和国内其他 7 个城市相比,厦门现有服务业内部结构问题体现在哪里、未来应大力发展哪些创新能力较强的服务业部门?这里我们将使用多个指标从服务业内部细分产业入手,分析各个部门的创新能力和外溢效应差异,并通过横向比较北京、上海、天津和其他四个计划单列市的结果来说明提高厦门服务业劳动生产率与创新能力的源泉与未来以自贸区制度建设为契机产业优化配置的方向。

城市服务业已成为集聚程度最高的产业,相对于制造业而言,服务业更依赖本地市场容量,具有更强的空间集聚效应,外部性是服务业聚集效应的重要源泉。新经济地理聚集效应实例中,地方化表现最突出的是服务业而不是制造业。随着信息技术的普及和新经济的出现,服务业更注重从创新环境中获得知识,加之很多知识溢出需要通过经验积累和传授,使服务业更强调知识相互作用的历史和共享关系的溢出方式。加之城市在人力资本、基础设施和人口规模与密度等方面的优势，使得服务业在城市更能形成规模经济。因此，服务业外部性构成现代城市经济创新的重要路径。

经济增长理论认为知识、创新和人力资本不仅可以作为生产要素直接促进经济增长，而且其外溢性能够导致规模报酬递增，使得持续的国民收入增长成为可能。那么外溢性或者外部性来源于何处，其对经济增长作用机制如何？从目前的研究成果看，主要从以下两个思路展开。

1. Mar 外部性

即 Marshall-Arrow-Romer 外部性，该观点认为外部性主要来源于同一产业内。同一产业内大量企业集聚，即专业化生产有利于知识、创新的外溢和扩散，成为推动产业发展和经济内生增长的源泉。Mar 外部性的测算指数为：

$$S_{i,k} = \frac{l_{i,k}/l_k}{l_{i,n}/l_n}$$

其中，S 代表专业化指数，k 代表城市，n 代表全国，i 代表服务业中某一产业，$l_{i,k}$ 代表某个城市 i 产业的城镇单位就业人数，l_k 代表某个城市服务业的从业人数，$l_{i,n}$ 代表全国 i 产业的从业人数，l_n 代表全国城服务业总就业人数。当 $S > 1$ 时，说明专业化现象存在，而当 $S < 1$ 时，说明去专业化现象存在。

2. Jacob 外部性

不同于 Mar 外部性和 Poter 外部性的观点，该理论认为企业的创新主要来源于区域内不同产业的集聚，即多样化生产能够使经济主体间的多样化和差异化需求形成互补，促进知识的碰撞和产生，从而促进经济增长。Jacob 外部性的测算指数为：

$$V_{i,j,t} = \frac{1/\sum_{k \neq i}\left(\dfrac{L_{k,j}}{L_j - L_{i,j}}\right)^2}{1/\sum_{k \neq i}\left(\dfrac{L_{k,l}}{L_n - L_{i,n}}\right)^2} = \frac{j\text{ 地区其他行业的 HHI 指数的倒数}}{\text{全国其他行业的 HHI 指数的倒数}}$$

其中，V 代表多样化指数，HHI 指数是指除 i 产业外所有其他产业在 j 地区的服务业从业人数中的份额的平方和的倒数。该指数越大说明产业分布越多样化。

我们使用 400 多地级市细分行业就业人口数据计算了服务业各个部门的专业化指数和多样化指数，为了节约篇幅这里仅显示北京、上海、天津和包括厦门在内的 5 个计划单列市排除政府公共管理组织、水利环境等公共基础设施、卫生社会保障等垄断管制性部门的计算结果，数据来源为 2004～2014 年《中国城市统计年鉴》。

表 3　专业化指数（Mar 外部性）

项目	(1)交通运输、仓储和邮政业	(2)信息传输、计算机服务和软件业	(3)批发和零售业	(4)住宿、餐饮业	(5)金融业	(6)房地产业	(7)租赁和商业服务业	(8)科学研究、技术服务和地质勘查业	(11)教育	(13)文化、体育、娱乐用房屋
北　京										
2003	1.19	2.15	1.72	2.89	0.56	2.21	2.98	2.32	0.33	1.35
2004	1.02	2.77	1.72	2.28	0.48	2.33	3.32	1.83	0.31	1.47
2005	1.12	1.87	1.86	2.50	0.46	2.06	3.08	1.48	0.29	1.94
2006	1.21	2.47	1.08	2.06	0.81	2.46	3.46	2.33	0.42	1.80
2007	1.25	2.96	1.11	1.98	0.81	2.34	3.43	2.24	0.40	1.77
2008	1.24	3.03	1.19	1.90	0.79	2.34	3.34	2.28	0.39	1.73
2009	1.21	2.85	1.28	1.88	0.78	2.11	3.44	2.22	0.38	1.69
2010	1.23	3.02	1.36	1.77	0.79	1.98	3.46	2.14	0.36	1.59
2011	1.32	3.19	1.25	1.51	0.91	1.92	2.82	2.37	0.38	1.69
2012	1.33	3.10	1.15	1.31	1.01	1.81	2.83	2.32	0.40	1.73
2013	1.15	2.27	1.03	1.12	1.13	1.58	2.26	2.36	0.44	1.82

续表

项目	(1) 交通 运输、 仓储和 邮政业	(2) 信息传输、 计算机 服务和 软件业	(3) 批发 和零 售业	(4) 住宿、 餐饮 业	(5) 金融 业	(6) 房地 产业	(7) 租赁 和商 业服 务业	(8) 科学研究、 技术服务 和地质 勘查业	(11) 教育	(13) 文化、 体育、 娱乐用 房屋
天 津										
2003	1.44	0.83	1.07	1.10	0.92	0.95	1.38	1.51	0.76	1.06
2004	1.43	0.83	1.07	1.02	0.89	1.09	1.43	1.42	0.72	0.97
2005	1.32	1.11	1.08	0.90	0.92	0.92	1.61	1.52	0.76	0.85
2006	1.30	1.02	1.26	1.12	0.87	0.87	1.69	1.43	0.71	0.93
2007	1.30	0.96	1.46	1.12	0.86	0.88	1.68	1.46	0.69	0.90
2008	1.31	0.93	1.49	1.10	0.87	1.02	1.57	1.47	0.67	0.83
2009	1.34	0.88	1.36	1.22	0.92	0.98	1.56	1.35	0.69	0.84
2010	1.38	0.74	1.39	1.40	0.93	1.04	1.42	1.39	0.68	0.84
2011	1.24	0.64	1.37	1.64	1.01	1.07	1.45	1.18	0.69	0.77
2012	1.41	0.84	1.28	1.23	0.92	1.18	1.09	1.55	0.63	0.84
2013	1.18	0.59	1.08	1.00	0.99	1.50	0.83	1.80	0.76	0.97
大 连										
2003	1.77	1.02	0.77	1.68	1.47	2.12	1.35	0.74	0.74	0.99
2004	1.80	1.11	0.79	1.73	1.49	1.74	1.07	0.75	0.74	1.04
2005	1.68	1.31	0.76	1.70	1.57	1.73	0.98	0.77	0.79	1.02
2006	1.87	1.28	0.84	1.72	1.54	1.81	0.81	0.69	0.74	1.04
2007	1.46	1.55	0.81	1.91	1.66	1.58	0.72	0.70	0.79	1.05
2008	1.34	1.88	0.97	1.95	1.55	1.82	1.27	0.68	0.67	0.91
2009	1.26	1.79	1.01	1.70	1.54	1.99	0.89	0.77	0.77	0.92
2010	1.37	1.89	0.95	1.59	1.58	1.94	0.92	0.80	0.75	0.92
2011	1.39	1.91	1.24	1.34	1.48	1.93	0.84	0.93	0.72	0.98
2012	1.52	2.01	0.99	1.19	1.52	1.97	0.63	0.97	0.77	1.05
2013	1.31	2.22	0.83	0.88	1.61	1.73	0.83	0.81	0.78	1.32

续表

项目	（1）交通运输、仓储和邮政业	（2）信息传输、计算机服务和软件业	（3）批发和零售业	（4）住宿、餐饮业	（5）金融业	（6）房地产业	（7）租赁和商业服务业	（8）科学研究、技术服务和地质勘查业	（11）教育	（13）文化、体育、娱乐用房屋
上　海										
2003	1.78	1.08	1.14	1.28	1.26	2.00	2.45	1.41	0.54	1.14
2004	1.86	0.86	1.19	1.31	1.19	1.81	2.02	1.56	0.56	1.14
2005	1.43	1.05	2.12	1.11	1.02	1.53	2.41	1.36	0.41	0.86
2006	1.77	0.97	1.23	1.23	1.42	1.50	2.18	1.85	0.54	1.11
2007	1.75	1.01	1.27	1.27	1.46	1.64	2.13	1.91	0.53	1.05
2008	1.75	1.01	1.29	1.42	1.43	1.71	1.92	2.04	0.53	1.01
2009	1.79	1.07	1.35	1.49	1.38	1.67	1.77	2.20	0.51	1.02
2010	1.84	1.03	1.37	1.56	1.45	1.47	1.75	2.30	0.49	1.04
2011	1.83	1.03	1.82	1.68	1.50	1.64	1.73	1.12	0.48	1.03
2012	1.70	0.98	1.96	1.61	1.55	1.45	1.55	1.03	0.49	1.01
2013	2.06	3.06	0.50	1.24	1.37	1.48	2.28	1.27	0.44	0.94
宁　波										
2003	1.10	0.82	0.88	1.41	1.60	1.22	1.55	0.83	0.85	1.01
2004	1.15	0.62	0.94	1.32	1.64	1.03	1.27	0.82	0.86	1.02
2005	1.15	0.58	0.89	1.25	1.66	0.86	1.24	0.81	0.89	1.04
2006	1.05	0.58	1.14	1.50	1.51	1.03	1.66	0.78	0.80	0.99
2007	1.07	0.56	1.15	1.61	1.60	1.15	1.73	0.72	0.77	1.00
2008	1.11	0.79	1.15	1.51	1.73	1.31	1.61	0.68	0.73	0.97
2009	1.23	0.74	1.25	1.34	1.68	1.25	1.70	0.67	0.70	0.96
2010	1.15	0.68	1.26	1.16	1.57	1.20	2.39	0.64	0.68	1.08
2011	1.31	0.61	1.12	1.00	1.63	1.22	2.23	0.78	0.67	1.01
2012	1.32	0.67	0.97	0.75	1.74	1.16	2.43	0.77	0.72	0.91
2013	1.10	0.44	0.93	0.64	2.01	0.94	1.89	0.75	0.82	0.88

续表

项目	（1）交通运输、仓储和邮政业	（2）信息传输、计算机服务和软件业	（3）批发和零售业	（4）住宿和餐饮业	（5）金融业	（6）房地产业	（7）租赁和商业服务业	（8）科学研究、技术服务和地质勘查业	（11）教育	（13）文化、体育、娱乐用房屋
厦 门										
2003	1.77	1.24	1.02	1.72	1.20	2.57	1.12	1.18	0.63	1.71
2004	1.81	0.91	0.99	1.72	1.10	2.65	1.31	0.72	0.63	1.03
2005	1.74	0.85	1.04	1.73	1.00	3.94	1.13	0.66	0.56	1.12
2006	1.72	0.89	1.28	1.84	0.85	4.04	1.46	0.67	0.53	1.16
2007	1.83	0.82	1.34	2.01	0.83	4.11	1.45	0.55	0.55	1.14
2008	1.68	1.02	1.16	1.69	0.78	4.36	2.37	0.57	0.53	1.18
2009	1.78	1.31	1.23	2.00	0.79	4.78	0.97	0.50	0.55	0.98
2010	1.65	1.39	1.38	2.78	0.69	3.91	1.51	0.43	0.56	1.01
2011	1.74	0.90	1.57	2.74	0.74	2.90	1.10	0.56	0.57	0.97
2012	1.89	0.84	1.55	2.15	0.78	2.67	1.10	0.56	0.60	1.12
2013	1.78	0.74	1.40	1.78	0.77	2.21	1.24	0.83	0.65	1.29
青 岛										
2003	1.37	0.69	0.97	1.21	1.21	1.50	1.15	0.79	0.94	0.82
2004	1.40	0.56	0.88	1.30	1.22	1.25	1.01	0.79	0.98	0.89
2005	1.43	0.66	0.87	1.33	1.18	1.22	0.94	0.87	1.00	0.86
2006	1.40	0.60	1.02	1.38	1.10	1.23	1.01	0.80	0.98	1.04
2007	1.52	0.55	1.03	1.42	1.09	1.24	0.97	0.78	0.96	1.01
2008	1.59	0.56	1.03	1.40	1.17	1.22	0.75	0.76	0.97	1.00
2009	1.58	0.48	0.97	1.39	1.26	1.18	0.75	0.75	0.99	1.16
2010	1.56	0.46	0.98	1.33	1.17	1.25	0.71	0.86	1.01	1.13
2011	1.54	0.32	0.99	1.22	1.11	1.50	0.59	0.86	1.02	1.01
2012	1.60	0.35	1.01	1.16	0.97	1.38	0.67	0.82	1.03	1.00
2013	1.63	0.49	1.07	0.89	1.00	1.07	0.82	0.79	1.07	1.14

项目	(1) 交通运输、仓储和邮政业	(2) 信息传输、计算机服务和软件业	(3) 批发和零售业	(4) 住宿和餐饮业	(5) 金融业	(6) 房地产业	(7) 租赁和商业服务业	(8) 科学研究、技术服务和地质勘查业	(11) 教育	(13) 文化、体育、娱乐用房屋
				深 圳						
2003	1.41	1.71	1.20	2.00	1.23	4.99	2.23	0.65	0.34	1.05
2004	1.39	1.77	1.31	2.22	1.21	5.13	1.60	0.87	0.32	0.93
2005	1.41	1.80	1.21	1.96	1.18	4.74	2.58	1.01	0.30	0.84
2006	1.38	1.81	1.45	2.06	1.11	4.82	2.80	1.02	0.27	0.90
2007	1.37	1.67	1.55	2.16	1.17	4.37	2.77	1.05	0.27	0.85
2008	1.32	1.71	1.56	2.09	1.29	3.99	2.46	1.06	0.29	0.83
2009	1.54	1.60	1.50	2.03	1.23	3.88	2.38	1.01	0.30	0.84
2010	1.69	1.62	1.45	1.93	1.37	3.43	2.38	1.10	0.30	0.77
2011	1.89	1.42	1.29	1.64	1.48	2.96	2.35	1.08	0.33	0.70
2012	1.87	1.26	1.14	1.52	1.40	2.71	3.19	1.07	0.32	0.81
2013	1.48	1.76	1.36	1.27	1.11	2.33	2.63	1.12	0.32	0.84

专业化反映了该部门在本地区的集聚程度，根据新地理经济学，要素的集聚有利于专业化分工的开展和外溢效应的发挥，促进部门的技术进步和创新能力提高。专业化指数大于1说明该部门专业化现象存在，若小于1说明该部门不存在专业化集聚现象。根据表3的计算结果，可以发现如下典型化事实。首先，越是市场竞争充分的、管制较少的行业，越有利于市场专业化分工和集聚，专业化指数也相对较高。譬如住宿餐饮、批发零售等行业等非管制部门市场竞争较为充分，资源配置主要依靠市场，而教育、社保、公共组织等非市场化部门的专业化指数多小于1，反映了以上部门资源配置以公共需求为导向，布局相对于市场竞争充分的行业呈现较为

分散的特征，专业化分工现象不存在，胡霞（2009）采用熵指数测度了中国城市服务业及其各行业的集中度，结果表明服务业的集聚度明显高于工业，并且这种趋势在进一步增强。商业化程度越高的服务行业集聚程度越高，而公益化程度越高的服务行业集聚程度越低。其次，从厦门的实际情况看，厦门专业化指数最高的部门为房地产部门和住宿餐饮部门，而金融业、商业服务业等现代服务业部门专业化指数相较于北京、上海、深圳等一线城市偏低。2008年以来厦门房价快速上涨，目前住房均价处于国内前列，房地产行业的过热吸引了大批从业人员，房价的过快上涨损害了厦门对人才的吸引力和对制造业及其他服务业部门的"抽租"效应。住宿餐饮部门专业化指数较高与厦门作为国内优秀的旅游城市相关，随着人们生活水平的提高，旅游正成为拉动消费释放内需的主要途径，近年来厦门入境旅游人数不断攀升，旅游收入的上升刺激了住宿、餐饮等相关行业的发展。最后，通过厦门服务业产业内比较和与其他城市的横向比较，我们发现厦门专业化程度较高的部门集中于房地产、住宿餐饮、批发零售、交通运输等传统服务业部门，厦门欲建设区域金融中心，但金融业专业化集聚程度显著低于北京、上海、深圳等一线城市，与天津和其他三个计划单列市基本持平，王朝阳、何德旭（2008）在介绍英国金融服务业的发展水平和地理分布时，利用相关统计数据归纳了其明显的集群发展模式，认为大量金融机构和资源聚集是伦敦成为全球金融中心的主要原因之一，显然厦门应当发挥自身优势以港口金融、融资租赁、区域股权交易中心为抓手，大力推进多层次资本市场体系建设，充分吸收"互联网＋"优势，开发种类多样、灵活性高、风险可控的多种金融工具来满足各类型企业融资需求。概而言之，厦门传统服务业部门的过度集聚和以金融为代表的现代服务业部门发展滞后影响了第三产业的竞争力，使得第三产业难以成为厦门转型发展的支撑。

表4　多样化指数（Jacob外部性）

项目	(1)交通运输、仓储和邮政业	(2)信息传输、计算机服务和软件业	(3)批发和零售业	(4)住宿、餐饮业	(5)金融业	(6)房地产业	(7)租赁和商业服务业	(8)科学研究、技术服务和地质勘查业	(11)教育	(13)文化、体育、娱乐用房屋
北　京										
2003	1.55	1.46	2.53	1.56	1.42	1.46	1.55	1.53	0.77	1.44
2004	1.55	1.55	2.49	1.57	1.48	1.54	1.74	1.55	0.80	1.51
2005	1.39	1.35	2.39	1.41	1.31	1.36	1.57	1.35	0.72	1.35
2006	2.16	2.00	2.08	2.02	1.95	2.02	2.55	2.12	1.09	1.96
2007	2.16	2.02	2.04	1.98	1.92	2.00	2.51	2.08	1.08	1.93
2008	2.00	1.92	1.95	1.87	1.81	1.89	2.44	1.98	1.04	1.82
2009	1.89	1.84	1.90	1.79	1.73	1.80	2.43	1.89	1.03	1.75
2010	1.79	1.78	1.84	1.70	1.66	1.72	2.36	1.80	0.98	1.67
2011	1.87	1.86	1.92	1.72	1.70	1.75	1.96	1.86	1.03	1.69
2012	1.69	1.71	1.74	1.58	1.57	1.61	1.79	1.72	1.00	1.56
2013	1.41	1.48	1.41	1.35	1.36	1.38	1.55	1.50	0.93	1.34
天　津										
2003	1.59	1.36	1.45	1.37	1.37	1.37	1.38	1.39	1.05	1.37
2004	1.67	1.44	1.53	1.44	1.44	1.44	1.46	1.46	1.06	1.44
2005	1.56	1.41	1.51	1.41	1.42	1.41	1.45	1.44	1.11	1.41
2006	1.72	1.56	1.69	1.56	1.56	1.55	1.60	1.58	1.16	1.55
2007	1.75	1.58	1.80	1.58	1.58	1.58	1.63	1.61	1.14	1.58
2008	1.75	1.59	1.82	1.59	1.59	1.59	1.64	1.62	1.14	1.58
2009	1.77	1.60	1.76	1.61	1.61	1.60	1.65	1.63	1.21	1.60
2010	1.77	1.58	1.77	1.60	1.60	1.59	1.63	1.62	1.20	1.58
2011	1.59	1.48	1.72	1.52	1.51	1.49	1.51	1.50	1.13	1.48
2012	1.56	1.41	1.65	1.44	1.42	1.43	1.42	1.46	1.05	1.41
2013	1.34	1.25	1.36	1.27	1.27	1.30	1.26	1.33	1.07	1.26

续表

项目	(1) 交通 运输、 仓储和 邮政业	(2) 信息传输、 计算机 服务和 软件业	(3) 批发 和零 售业	(4) 住宿 餐饮 业	(5) 金融 业	(6) 房地 产业	(7) 租赁 和商 业服 务业	(8) 科学研究、 技术服务 和地质 勘查业	(11) 教育	(13) 文化、 体育、 娱乐用 房屋
大　连										
2003	1.83	1.34	1.31	1.36	1.40	1.36	1.35	1.34	0.99	1.34
2004	1.79	1.33	1.31	1.36	1.39	1.35	1.34	1.33	0.97	1.33
2005	1.65	1.34	1.30	1.36	1.40	1.35	1.34	1.33	1.07	1.33
2006	1.84	1.38	1.37	1.40	1.45	1.39	1.37	1.37	1.00	1.37
2007	1.59	1.41	1.39	1.44	1.52	1.42	1.40	1.40	1.14	1.40
2008	1.76	1.60	1.61	1.62	1.71	1.61	1.60	1.57	1.14	1.58
2009	1.58	1.49	1.50	1.49	1.59	1.50	1.47	1.46	1.23	1.46
2010	1.61	1.49	1.48	1.49	1.61	1.50	1.47	1.46	1.19	1.46
2011	1.58	1.46	1.58	1.45	1.55	1.48	1.43	1.43	1.12	1.43
2012	1.48	1.36	1.36	1.33	1.42	1.37	1.31	1.32	1.09	1.32
2013	1.31	1.31	1.17	1.20	1.29	1.26	1.20	1.20	1.02	1.20
上　海										
2003	2.20	1.51	1.69	1.53	1.56	1.53	1.59	1.54	0.92	1.52
2004	2.14	1.46	1.63	1.48	1.49	1.48	1.52	1.49	0.90	1.46
2005	1.24	1.13	2.47	1.13	1.14	1.14	1.21	1.14	0.63	1.13
2006	2.27	1.65	1.80	1.67	1.75	1.67	1.77	1.72	1.00	1.66
2007	2.26	1.67	1.83	1.69	1.79	1.70	1.79	1.75	1.02	1.67
2008	2.22	1.66	1.82	1.68	1.78	1.69	1.77	1.77	1.04	1.66
2009	2.21	1.65	1.82	1.67	1.76	1.68	1.73	1.78	1.05	1.65
2010	2.13	1.60	1.77	1.63	1.73	1.62	1.68	1.76	1.01	1.60
2011	1.66	1.32	1.88	1.35	1.42	1.34	1.36	1.33	0.83	1.32
2012	1.24	1.09	1.92	1.12	1.16	1.10	1.11	1.09	0.71	1.09
2013	1.63	1.30	0.97	1.09	1.11	1.10	1.21	1.09	0.74	1.07
宁　波										
2003	1.33	1.28	1.27	1.29	1.35	1.28	1.29	1.28	1.10	1.28
2004	1.26	1.21	1.22	1.22	1.28	1.21	1.22	1.21	1.04	1.21
2005	1.20	1.16	1.15	1.17	1.22	1.16	1.17	1.16	1.02	1.16
2006	1.34	1.31	1.36	1.33	1.38	1.31	1.34	1.31	1.05	1.31

续表

项目	(1) 交通 运输、 仓储和 邮政业	(2) 信息传输、 计算机 服务和 软件业	(3) 批发 和零 售业	(4) 住宿、 餐饮 业	(5) 金融 业	(6) 房地 产业	(7) 租赁 和商 业服 务业	(8) 科学研究、 技术服务 和地质 勘查业	(11) 教育	(13) 文化、 体育、 娱乐用 房屋
2007	1.39	1.34	1.40	1.36	1.44	1.35	1.39	1.34	1.02	1.35
2008	1.43	1.38	1.44	1.40	1.52	1.39	1.42	1.37	1.02	1.38
2009	1.47	1.38	1.46	1.39	1.53	1.39	1.44	1.38	1.02	1.38
2010	1.45	1.39	1.48	1.40	1.51	1.40	1.54	1.38	1.01	1.39
2011	1.45	1.34	1.42	1.35	1.48	1.35	1.43	1.34	0.98	1.35
2012	1.30	1.22	1.24	1.22	1.37	1.23	1.32	1.22	0.94	1.23
2013	1.05	1.02	1.02	1.02	1.16	1.03	1.10	1.03	0.87	1.03
厦　门										
2003	2.04	1.45	1.52	1.48	1.48	1.48	1.45	1.45	0.95	1.46
2004	1.92	1.39	1.44	1.42	1.41	1.43	1.40	1.39	0.91	1.39
2005	1.94	1.47	1.56	1.50	1.48	1.63	1.48	1.46	0.92	1.47
2006	2.14	1.62	1.78	1.66	1.62	1.82	1.66	1.62	0.97	1.62
2007	2.13	1.55	1.70	1.59	1.55	1.77	1.58	1.54	0.94	1.55
2008	2.06	1.62	1.72	1.65	1.61	1.93	1.80	1.61	1.00	1.62
2009	1.93	1.51	1.59	1.54	1.49	1.91	1.50	1.49	0.97	1.50
2010	1.90	1.58	1.73	1.69	1.55	1.88	1.62	1.55	1.04	1.57
2011	1.67	1.36	1.70	1.50	1.35	1.50	1.37	1.36	0.92	1.36
2012	1.50	1.21	1.57	1.30	1.20	1.31	1.21	1.20	0.85	1.21
2013	1.36	1.06	1.30	1.12	1.05	1.15	1.08	1.06	0.80	1.07
青　岛										
2003	1.21	1.11	1.12	1.12	1.13	1.12	1.12	1.11	1.07	1.11
2004	1.15	1.06	1.04	1.06	1.07	1.06	1.06	1.06	1.06	1.06
2005	1.13	1.05	1.02	1.05	1.06	1.05	1.05	1.05	1.09	1.05
2006	1.18	1.10	1.11	1.11	1.11	1.10	1.10	1.10	1.14	1.10
2007	1.23	1.11	1.12	1.12	1.12	1.11	1.11	1.10	1.11	1.11
2008	1.21	1.08	1.09	1.09	1.10	1.09	1.08	1.08	1.09	1.08
2009	1.19	1.07	1.07	1.08	1.09	1.07	1.06	1.06	1.10	1.07
2010	1.14	1.04	1.05	1.05	1.06	1.05	1.04	1.04	1.12	1.05
2011	1.10	1.01	1.01	1.02	1.02	1.02	1.01	1.01	1.07	1.01

续表

项目	(1) 交通运输、仓储和邮政业	(2) 信息传输、计算机服务和软件业	(3) 批发和零售业	(4) 住宿餐饮业	(5) 金融业	(6) 房地产业	(7) 租赁和商业服务业	(8) 科学研究、技术服务和地质勘查业	(11) 教育	(13) 文化、体育、娱乐用房屋
2012	1.03	0.94	0.94	0.95	0.94	0.95	0.94	0.94	0.96	0.95
2013	1.02	0.89	0.90	0.89	0.89	0.90	0.89	0.89	0.93	0.90
深 圳										
2003	1.90	1.60	1.86	1.65	1.64	1.79	1.66	1.59	0.86	1.59
2004	1.80	1.57	1.87	1.63	1.60	1.85	1.59	1.56	0.83	1.55
2005	1.82	1.59	1.81	1.63	1.61	1.88	1.77	1.58	0.86	1.57
2006	1.96	1.72	1.99	1.76	1.74	2.06	1.94	1.71	0.88	1.70
2007	1.96	1.73	2.05	1.78	1.77	2.04	1.96	1.72	0.90	1.71
2008	1.93	1.74	2.06	1.78	1.81	1.99	1.94	1.73	0.93	1.71
2009	2.00	1.68	1.92	1.72	1.74	1.94	1.87	1.67	0.94	1.66
2010	2.00	1.63	1.82	1.66	1.72	1.84	1.81	1.62	0.92	1.60
2011	1.93	1.46	1.62	1.49	1.57	1.61	1.57	1.46	0.87	1.45
2012	1.68	1.34	1.44	1.37	1.41	1.46	1.58	1.33	0.83	1.33
2013	1.25	1.14	1.32	1.11	1.11	1.21	1.32	1.10	0.73	1.10

与专业化指数相反，多样化指数反映了本地服务业各部门分布的多样性，多样化意味更多的竞争和产业间的横向合作，产业间的横向合作有利于外溢和网络效应的发挥，从而促进技术进步和创新。观察多样化指数，除教育外各个行业多样化指数都大于1，并且纵向看各地区分部门的多样化从2003年以来基本上经历了下降的趋势，这说明十年间产业分布更加集中，这虽然有利于产业内分工但不利于产业间的竞争合作。从厦门的数据看，随着过去十年房地产、住宿餐饮等行业规模的扩张，

资本的逐利性使得资源向这些行业倾斜，在资源固定的情形下必然造成投资周期长、风险大的金融服务、科学技术、教育和文体娱乐等行业发展缓慢。从表 4 可以发现，多样化指数排名靠前的部门主要为交通运输、房地产、批发零售、住宿餐饮、金融、商业服务、科学技术服务、教育、文体娱乐等现代服务业部门和知识生产部门的多样性程度较低，这也对厦门总体的技术创新能力造成负面影响。

前述只是阐明了服务业各部门外部性大小，那么接下来的问题是服务业专业化和多样化能够在多大程度上促进经济增长？根据前文所述，由于服务业增长在后工业化时期对经济增长具有决定性作用，可以通过研究外部性对服务业的增长效应来间接表示其对经济增长的作用。为了分析外部性对厦门服务业增长的长期效应，建立如下计量模型：

$$\log\left(\frac{l_{i,t}}{l_{i,t-1}}\right) = \alpha + \beta\log(l_{i,t-1}) + \gamma S_{i,t} + \varphi V_{i,t} + \varepsilon_{i,t}$$

其中，i 为服务业各部门，$i = 1, 2, \cdots, 14$，t 为时间，l 为城镇单位就业人数，S 为 MAR 外部性，V 为 Jacob 外部性，ε 为服从正态分布的随机误差项。回归结果如表 5 所示。

根据表 5 的回归结果，就业滞后一期的系数为负，说明服务业增长具有收敛现象。专业化指数 S 和多样化指数 V 能够促进服务业增长。专业化作用于服务业就业增长的主要机制是通过产业的聚集作用将要素按专业化分工的要求进行配置，而多样化的作用是区域产业分布更加多样化，促进产业之间的竞争，竞争的加剧不仅有利于外溢效应的产生，而且激励了企业进行创新活动以提高自身的市场生存能力。

表 5 外部性与服务业增长

项目	(1) POOL	(2) FE	(3) RE
$\log(l_{i,t-1})$	-0.837^{***} (-22.03)	-0.872^{***} (-10.3)	-0.896^{***} (-41.9)
S (专业化)	0.452^{***} (5.37)	0.758^{***} (3.15)	0.543^{***} (2.93)
V (多样化)	-0.390^{***} (-2.99)	-0.004^{***} (-4.19)	-0.651^{***} (-4.56)
常数项	1.424^{***} (3.91)	4.446^{***} (5.01)	2.333^{**} (12.27)
R^2	0.999	0.998	0.999

注：括号内为 t 统计量；"$*$"为 $p < 0.1$，"$**$"为 $p < 0.05$，"$***$"为 $p < 0.01$；R^2 为 within R^2。

四 厦门服务业地区竞争力排名及服务业内部结构问题

第三部分我们对厦门服务业内部细分行业的创新外部性进行了研究，发现 2003 年以来厦门服务业各部门创新能力差异明显，外部性较强的部门集中于房地产、住宿餐饮等传统服务业部门，而代表提高要素配置效率和知识生产的金融、商务服务、科学技术、文教传媒等现代服务业外部性较弱，产业内集聚程度和产业间多样化程度较弱。本部分我们将使用新的 share-shift 方法对各地区产业的竞争力进行排序。通过制造业、服务业和细分服务业部门的排序对比，相较于北京、天津、上海和其他四个计划单列市，找出厦门哪些行业竞争力较强、哪些行业竞争力较弱，通过这一比较其实也是在佐证上文的分析，我们能够大致发现厦门竞争力较强的行业通常也是外部性较强的行业，而竞争力较弱的行业也是外部性偏弱的行业。

如何衡量地区竞争力、地区竞争力在过去一段时间是否减弱？哪些产业的竞争力得到了加强、哪些产业的竞争力在不同程度地削弱？从目前的研究看，主要采用成本收益法、投入产出法、人口工程研究方法（population projection method）等，我们这里采用share-shift研究方法主要基于以下理由：第一，该方法简单可行，仅仅需要各行业就业人口数据，并且从数据跨度上而言只需基期和考察期两期数据，中国城市统计年鉴中提供了全国各省和地级以上城市分行业的就业人口数据，这就使得测算地区竞争力成为可能；第二，通过使用share-shift方法不仅能考察地区竞争力，还能通过其他分解分析全国总的就业人口变动及行业间结构变迁对地区就业的影响，这极大地方便了我们从多角度多维度考察包括厦门在内的各地区制造业、服务业和服务业内部总的变动趋势，有效甄别过去十年各地的优势产业，找出结构转型的难点所在，为未来的产业转型提供指导。

share-shift用公式可以表示为：

$$SS = NS + IM + RS$$

其中，SS 就是地区产业份额偏移额，NS 表示全国份额变动，IM 为产业份额变动，RS 是我们关注的核心即地区产业竞争力。三者用公式可以表示为：

$$NS_{ir}^t = E_{ir}^{t-1} \times \left(\frac{E_U^t}{E_U^{t-1}} - 1 \right)$$

$$IM_{ir}^t = E_{ir}^{t-1} \times \left[\left(\frac{E_{iU}^t}{E_{iU}^{t-1}} \right) - \left(\frac{E_U^t}{E_U^{t-1}} \right) \right]$$

$$RS_{ir}^t = E_{ir}^{t-1} \times \left[\left(\frac{E_{ir}^t}{E_{ir}^{t-1}} \right) - \left(\frac{E_{iU}^t}{E_{iU}^{t-1}} \right) \right]$$

其中，E_{ir}^{t-1} 为 r 地区 i 产业在 $t-1$ 期的就业人数，E_U^t 为 t 期全国总就业人口，$t-1$ 期为基期，我们这里选择 2003 年作为基期，将 2013 年作为目标考察期。显然，NS 说明了地区就业多大程度上是由全国就业人口总的变动推动的，IM 则从全国各产业就业人口变动与全国就业人口总的变动角度说明了全国产业结构变迁对地区就业人口的影响，反映了某个产业竞争力强度对劳动力流入的积极作用。譬如过去十年房地产业的超常发展能通过使用 IM 指标发现房地产行业的"吸人"作用。最后一项 RS 地区某个行业相对全国某个行业的变动对该地区该行业就业人口的影响，以厦门为例，若厦门某一产业竞争力相对全国平均水平较强，就会吸引更多的人口流入到该行业。上述三项都为实际就业人口变动，三项右边第二项为增长率变动，因此 SS 的变动可以采用就业人口绝对值和增长率变动来同时表示，从而更直观和科学表征厦门相对于全国其他地区产业竞争力的差异。

通过表 6、表 7 和表 8 的测算结果，以制造业和服务业为例，厦门总的份额偏移量 share-shift 为：

制造业：$SS(18.76) = NS(22.81) + IM(5.78) + RC(-9.83)$
服务业：$SS(24.47) = NS(10.05) + IM(-1.36) + RC(15.78)$

这就说明 2003~2013 年制造业就业人口变动 18.76 万人，其中全国制造业规模扩张带动厦门制造业人口增长 22.81 万人，全国产业结构工业化进程使得制造业竞争力超过服务业导致厦门制造业就业人口增长 5.78 万人，厦门制造业地区竞争力使得就业人口减少 9.83 万人，这也就意味着厦门相对于全国平均水平而言过去十年制造业的竞争力在减弱，制造业吸引就业人口的绝对额在不断下降。反观服务业就业人口过去十年增加 24.47 万人，绝对增长量超

表 6 NS 绝对值增长量

NS	北京市	天津市	大连市	上海市	宁波市	厦门市	青岛市	深圳市
制造业	89.02	49.84	23.29	82.08	13.39	22.81	37.25	31.71
(1)交通运输、仓储和邮政业	32.20	8.70	5.08	22.50	2.22	1.80	3.78	4.66
(2)信息传输、计算机服务和软件业	11.62	1.00	0.58	2.73	0.33	0.25	0.38	1.13
(3)批发和零售业	55.65	7.67	2.62	17.25	2.13	1.23	3.20	4.75
(4)住宿、餐饮业	26.67	2.27	1.64	5.50	0.97	0.59	1.14	2.25
(5)金融业	9.06	3.36	2.54	9.59	1.94	0.74	2.01	2.45
(6)房地产业	12.73	1.23	1.29	5.38	0.52	0.56	0.89	3.52
(7)租赁和商业服务业	25.21	2.60	1.20	9.67	0.98	0.36	0.99	2.31
(8)科学研究、技术服务和地质勘查业	23.47	3.41	0.79	6.66	0.63	0.45	0.81	0.81
(9)水利、环境和公共设施管理业	3.93	2.16	1.01	3.55	0.67	0.15	0.79	0.95
(10)居民服务、修理和其他服务业	10.20	2.10	0.24	2.67	0.14	0.27	0.17	0.09
(11)教育	21.24	10.92	5.07	16.16	4.08	1.53	6.22	2.64
(12)卫生、社会保障和社会福利业	10.70	4.41	2.25	9.26	1.87	0.56	2.33	2.00
(13)文化、体育、娱乐用房屋	7.91	1.38	0.61	3.11	0.44	0.37	0.49	0.75
(14)公共管理和社会组织	17.42	8.52	3.40	11.06	3.08	1.20	4.18	4.45
服务业	268.00	59.73	28.34	125.11	19.99	10.05	27.40	32.76

表7　IM 绝对值增长率

IM	北京市	天津市	大连市	上海市	宁波市	厦门市	青岛市	深圳市
制造业	22.56	12.63	5.90	20.80	3.39	5.78	9.44	8.03
(1)交通运输、仓储和邮政业	-13.29	-3.59	-2.10	-9.28	-0.91	-0.74	-1.56	-1.92
(2)信息传输、计算机服务和软件业	32.11	2.75	1.61	7.55	0.91	0.70	1.05	3.12
(3)批发和零售业	-12.44	-1.71	-0.59	-3.86	-0.48	-0.28	-0.71	-1.06
(4)住宿、餐饮业	21.51	1.83	1.32	4.44	0.78	0.48	0.92	1.82
(5)金融业	-1.46	-0.54	-0.41	-1.55	-0.31	-0.12	-0.32	-0.40
(6)房地产业	31.35	3.02	3.18	13.26	1.29	1.37	2.18	8.67
(7)租赁和商业服务业	33.85	3.50	1.61	12.99	1.31	0.48	1.33	3.10
(8)科学研究、技术服务和地质勘查业	6.01	0.87	0.20	1.71	0.16	0.11	0.21	0.21
(9)水利、环境和公共设施管理业	-0.88	-0.48	-0.23	-0.79	-0.15	-0.03	-0.18	-0.21
(10)居民服务、修理和其他服务业	32.56	6.70	0.76	8.52	0.43	0.87	0.56	0.29
(11)教育	-15.21	-7.82	-3.63	-11.57	-2.92	-1.10	-4.46	-1.89
(12)卫生、社会保障和社会福利业	-0.46	-0.19	-0.10	-0.40	-0.08	-0.02	-0.10	-0.09
(13)文化、体育、娱乐业	-5.10	-0.89	-0.40	-2.01	-0.28	-0.24	-0.32	-0.48
(14)公共管理和社会组织	-7.56	-3.70	-1.48	-4.80	-1.34	-0.52	-1.81	-1.93
服务业	-36.28	-8.09	-3.84	-16.94	-2.71	-1.36	-3.71	-4.43

表 8 RC 绝对值增长量

RC	北京市	天津市	大连市	上海市	宁波市	厦门市	青岛市	深圳市
制造业	-146	-17.2	-10.46	-18.18	41.29	-9.83	-32.90	167.05
(1)交通运输、仓储和邮政业	-9.53	-4.23	-4.13	18.88	1.08	2.53	0.72	11.19
(2)信息传输、计算机服务和软件业	-3.48	-1.71	2.58	34.92	-0.58	-0.02	-0.72	6.50
(3)批发和零售业	-60.5	-0.66	-0.56	-19.03	1.45	3.65	0.08	14.16
(4)住宿、餐饮业	-58.5	-1.04	-3.09	3.17	-1.43	1.44	-1.26	2.14
(5)金融业	17.53	0.07	-0.49	7.15	2.54	0.10	-1.18	4.81
(6)房地产业	-23.20	3.00	-2.03	-2.95	-0.12	1.18	-1.57	-0.97
(7)租赁和商业服务业	-31.9	-4.36	-2.26	4.44	1.89	1.14	-1.34	12.40
(8)科学研究、技术服务和地质勘查业	-6.14	1.20	-0.18	1.62	0.18	0.21	-0.20	5.61
(9)水利、环境和公共设施管理业	0.69	-0.89	-0.97	-0.15	0.01	0.71	-0.49	-0.98
(10)居民服务、修理和其他服务业	-49.5	-1.22	-0.91	-10.21	-0.28	-0.94	-0.15	1.39
(11)教育	7.20	-1.06	-1.10	-0.10	1.44	1.94	0.38	4.50
(12)卫生、社会保障和社会福利业	-1.97	-1.74	-1.17	-4.35	1.09	0.82	-0.67	0.85
(13)文化、体育、娱乐用房屋	3.05	-0.36	0.14	-0.04	0.06	0.18	0.25	0.87
(14)公共管理和社会组织	8.66	-2.47	-0.40	-2.89	2.56	0.62	-0.17	4.61
服务业	-70.25	-7.64	-10.94	61.61	11.02	15.87	-5.83	80.73

过制造业，这里驱动服务业增长的最主要因素是地区竞争力 RC，这反映了厦门相对全国发展水平较高，进入新世纪以来受制于劳动力、发展空间，厦门制造业份额逐渐减少而同期服务业吸引力却在不断增强。同理，受过去十年全国大规模工业化快速推进的影响，产业结构工业化也使得 IM 绝对值减少 1.36 万人。

从 NS 总的发展趋势看，过去十年中国工业化大规模推进和服务业份额的不断上升，使得 8 个城市的 NS 绝对量都为正数，劳动力从第一产业流向第二产业和第三产业的趋势十分明显。一线城市如北京、上海和深圳的服务业 NS 就业人数都超过了制造业 NS 就业人数，这在北京和上海地区表现得最为明显，服务业正成为京沪就业增长的蓄水池和洼地。从服务业内部看，劳动力增长占比较大的依然是交通运输、批发零售、住宿餐饮及政府公共服务等传统服务业，而金融、商务服务等行业劳动力占比偏低，反映了现有服务业发展大而不强的局面。若从产业竞争力 IM 角度考察，正如上文所言服务业的竞争力明显弱于制造业，服务业的 IM 绝对值都为负，并且从服务业内部部门看，交通运输、批发零售、住宿餐饮等传统服务业部门竞争力较弱，这也导致这些行业的 IM 绝对额都为负值，显然传统服务业虽然规模在不断扩张但是竞争力在减弱也是不争的事实。

上文对绝对值的分析的弊端在于城市不同导致人口承载力也具有巨大的差异。北京和厦门无论从城市人口还是土地面积都是不可同日而语的，因此采用增长率更能反映出各地区产业竞争力差异所在。为了节省篇幅及 NS、IM 更多的表征的是全国大的经济环境和结构变迁趋势，因此表 9 只报告了 RC 增长率，从中我们可以发现各地市制造业和服务业各部门对劳动力的吸引力，即各产业的竞争

表 9　RC（相对值）增长率

项　目	北京市	天津市	上海市	宁波市	厦门市	青岛市	深圳市	大连市
制造业	-1.06	-0.22	-0.14	1.99	-0.28	-0.57	3.40	-0.29
（1）交通运输、仓储和邮政业	-0.19	-0.31	0.54	0.31	0.91	0.12	1.55	-0.53
（2）信息传输、计算机服务和软件业	-0.19	-1.11	8.25	-1.14	-0.05	-1.23	3.71	2.87
（3）批发和零售业	-0.70	-0.06	-0.71	0.44	1.91	0.02	1.93	-0.14
（4）住宿、餐饮业	-1.42	-0.30	0.37	-0.95	1.56	-0.71	0.61	-1.21
（5）金融业	1.25	0.01	0.48	0.84	0.09	-0.38	1.27	-0.12
（6）房地产业	-1.18	1.58	-0.35	-0.15	1.37	-1.14	-0.18	-1.01
（7）租赁和商业服务业	-0.82	-1.08	0.30	1.25	2.07	-0.87	3.47	-1.21
（8）科学研究、技术服务和地质勘查业	-0.17	0.23	0.16	0.19	0.30	-0.16	4.48	-0.15
（9）水利、环境和公共设施管理业	0.11	-0.27	-0.03	0.01	3.11	-0.40	-0.67	-0.62
（10）居民服务、修理和其他服务业	-3.13	-0.38	-2.47	-1.33	-2.23	-0.56	9.93	-2.46
（11）教育	0.22	-0.06	0.00	0.23	0.82	0.04	1.10	-0.14
（12）卫生、社会保障和社会福利业	-0.12	-0.26	-0.30	0.38	0.95	-0.19	0.27	-0.33
（13）文化、体育、娱乐用房屋	0.25	-0.17	-0.01	0.09	0.30	0.32	0.75	0.15
（14）公共管理和社会组织	0.32	-0.19	-0.17	0.54	0.34	-0.03	0.67	-0.08
服务业	-0.17	-0.08	0.32	0.36	1.02	-0.14	1.59	-0.25
服务业竞争力排名	7	5	4	3	2	6	1	8

力。我们用粗体标示了厦门劳动力增长较快行业。从制造业指标看，宁波、深圳的制造业仍然具有较强竞争力，其他地区包括厦门在内劳动力向制造业的流动已为负值，特别是北京随着疏散非核心功能，制造业转移和外流的趋势十分明显。就服务业整体情况而言，排在首位的是深圳服务业 RC 指数为 1.59，反映了过去十年服务业劳动力年均增长 1.59%，厦门排在第二位，服务业劳动力年均增长 1.02%，因此从整体情况而言厦门服务业在不断发展壮大，劳动力流入服务业的趋势也在不断强化，服务业竞争力在不断增强。但分行业比较的话还是会发现不少问题，厦门相对于其他 7 个地区劳动力增长最快的服务业部门是交通运输、仓储和邮政业，住宿、餐饮业，水利、环境和公共设施管理业，教育，卫生、社会保障和社会福利业，公共管理和社会组织等，这些部门要么是人力资本密集度低、劳动生产率提高缓慢、创新能力不强的传统服务业部门，要么是政府管制、市场化程度较低的公共服务部门。因此通过 share-shift 方法分解出的地区竞争力 RC 增长率可以发现厦门虽然服务业竞争力较强，但喜中有忧，这些优势产业多集中于传统服务业部门，服务业内部结构不佳，一则挤压了现代服务业部门的发展，二则影响了厦门整体服务业劳动生产率的提高和自主创新能力的增强。

五 厦门自贸区制度建设与促进服务业升级

本报告通过使用 share-shift 等多种研究方法对厦门市产业间和产业内（服务业）的竞争力和创新力进行了分析，研究结论揭示了厦门总体服务业发展进程较快但结构不佳的喜忧参半的局面。从厦门经济现实运行状况看，特别是进入新常态以来，支撑厦门经济增长的动力依然是投资和传统服务业，传统出口加工模式并没有从根本上得到改变，厦门如何利用自贸区的制度先行优势，促进产业结构战略性调整和服务业全面升级，是关系厦门未来转型和经济可持续发展的关键。党的十八届五中全会指出，"必须把发展基点放在创新上，形成促进创新的体制架构，塑造更多依靠创新驱动、更多发挥先发优势的引领型发展"。显然，创新需要特定的机制架构，特别是服务业创新需要更大的勇气破除政府干预之手，使得服务业从市场和灵活的机制中寻求更快的发展。

首先，大力发展生产性服务业，充分发挥生产性服务业的中间品创新和终端服务创新的功能。生产性服务业是直接或间接为工业生产过程提供中间服务的服务性产业，是现代服务业的核心。作为与制造业直接相关的配套产业，其对深化产业分工、加强产业融合、推动产业集聚具有重要作用。充分利用自贸区先行先试的制度优势，引进金融等现代生产性服务业，发展港口金融、区域结算、融资租赁等现代服务业，使厦门传统的出口加工生产模式转化为国际生产分配中区域创新配置的最高节点，统筹整个生产链的生产与分配，成为区域的创新中心、结算中心和交易中心。从目前的发展情况看，厦门金融发展存在的问题是银行比例过高，股权、债券和其他金融工具发展滞后，严重制约了现代服务业服务实体经济功能的发挥，传统服务业的高速发展又掩盖了其中的矛盾，出口加工制造业所需的服务和效率提升的创新资金渠道受到严重掣肘。

因此，从政策方面看，鼓励生产性服务业发展需要多项金融政策和其他政策。第一，要切实在金融政策向中小企业倾斜，把解决中小企业融资难、融资贵问题作为政府的一项核心任务来抓。将中小企业利润流考察转化为未来现金流评估，鼓励在知识密集型的生产性服务业领域开展创业投资，引导资本市场资金支持中小企业发展。不可否认的是，资本市场改革是涉及全国性的问题，厦门可以在中小企业降低税费及服务方面进行创新，帮助中小企业减负和以税为中心帮助中小企业建立完善的财务体系，这样就可以解决信息不对称问题，为厦门中小企业受到资本市场"青睐"提供了条件。第二，在科技政策上尽可能地赋予科研院所对自身改革和发展的选择权和探索权，鼓励技术开发类科研院所转制为企业或进入企业，建立以企业为主体的科研开发、技术创新机制，引导科研机构与企业紧密结合。从营商环境看，一是根据厦门实际和自贸区市场准入制度，结合相关产业发展要求，制定相应的市场准入门槛；二是推广自贸区负面清单建设，建立商业信用体系，积极探索建立重点行业、重点企业的信用约束机制和失信惩戒机制；三是营造供需平衡的互动发展市场环境，以生产要素的自由流动作为制造业与生产性服务业互动发展的基本前提，通过市场对资源配置的基础性作用实现这两大产业的均衡发展。完善制造业配套服务体系，大力支持建立与制造业相配套的技术开发中心、检测中心、信息服务中心、融资中心等服务体系，为行业的生产、贸易、价格、研发、信息、检测和标准制定提供支持。

其次，进一步放松政府管制服务性行业，引入市场机制，促进科教文卫等知识生产性服务业更加贴近企业实际需求。在上文的研究中我们从多个角度发现厦门科教文卫的供给主体都为政府，其都属于政府管制性行业，但这些行业又都是人力资本聚集地，造成了人力资本拥塞和配置浪费。科技、教育、文化部门的生存模式主要停留在计划经济阶段，依靠政府拨款生存，成果转化难、人力资源搜寻成本高都是现实的表现。厦门可利用自贸区制度优势，在科教文卫领域放松管制，引入民间资本和外资参与上述领域建设和运营，比如，可以考虑设立教育特区，鼓励中外办学，引进世界各国先进的教育理念和模式，这还能为自贸区企业和厦门整个地区提供高质量的人力资源。再如，放松民营资本管制和引入外资医院，使民营医院和外资医院在人才引进、人才福利及人才职称评定等方面与国营医院同步，这将对解决人民群众看病难、看病贵等老大难问题具有重要的作用。

最后，要充分利用"互联网＋"优势，促进厦门制造业和传统服务业升级。当前互联网的广泛应用使得互联网理念日渐深入人心，"互联网＋"对经济的主要影响体现在：①"互联网＋"发挥了跨界融合的黏合剂作用。"物联网"和互联网、物联网并驾齐驱，三次产业界线日益模糊。在"互联网＋"的渗透下，制造业服务化和服务型制造方兴未艾，生产服务要素在制造业投入产出活动中的比重不断增加，促使制造业从以产品为中心向服务增值延伸，发掘客户的潜在需求和挖掘潜在的客户。②积极使用"互联网＋"改变服务业发展的集聚形态。在互联网环境下，一方面，体现服务业集聚效应的楼宇经济，正在成为联通全球网络的总部集团基地、"互联网＋"工业设计的创意园；另一方面，创客空间、创新工场、社会实验室、智慧小企业创业基地等新型众创空间快速发展，"创业苗圃＋孵化器＋加速器＋产业园"的互联网创业生态系统日趋成熟。"互联网＋"提升了服务业与城市空间的集聚效应，使资本、人才、技术等要素集聚融合，提高了服务业附加值。软件与服务外包基地、总部基地、科技创业园、创意产业园、物流园区和综合性生产服务集聚区不断涌现，成为产城融合发展的新载体。③用"互联网+"解决科教文卫等传统服务业效率低下的问题。通过"互联网+"，能够促进医疗健康、教育、交通等公共服务业的发展，有力推进政务和公共信息资源开放与共享利用，促进政府部门将企业信用、产品质量、食品药品安全、综合交通、公用设施、环境质量等信息资源向社会开放，为民众提供充分、便捷、个性化的信息服务。比如智慧医疗，能实现优质医疗资源城乡共享、医院之间电子病历与居民电子健康档案互联互通、患者分时段预约诊疗等，推动了就医模式、医院服务模式和政府监管模式的深刻变化。④厦门具有传统优势的住宿、餐饮及交通运输等部门要充分利用互联网平台，创新经营模式。信息化方面，改变传统管理模式，引入信息化的全新管理系统，极大地降低管理成本，效率也会随之大幅提升；科技化方面，使用机器人和智能系统将极大地减少传统服务业对人工的依赖，不仅为客户节约时间，也会给客户带来价值更高的服务；在互联网化方面，要与 BAT 等强强联手，通过和高科技互联网企业合作，逐步完善厦门乃至全国各家门店的信息互通、线上预约、在线支付等服务，极大地方便消费者，完善业务生态链建设，在行业内率先实现企业发展模式软转型，使传统服务业做大做强。

附录：案例分析

嫁接"互联网+"优势，做技术交易平台先行者

——厦门中开信息技术有限公司（科易网）案例研究

随着中国经济从高速增长逐渐步入中高速增长的"新常态"，围绕着中国经济未来增长驱动力问题引发了国内外各界的广泛关

注。在中国传统的人口、资源红利丧失以及纵深改革推进难度加大的背景下，已经形成的增长模式的路径依赖显然会对创新造成一定的负面影响。如何加快技术创新步伐，形成大众创业、万众创新和"言必称创新"的社会氛围将成为关系中国未来经济增长的重要议题。技术是创新的重要载体，无论是 Romer（1986）提到的知识还是 Lucas（1988）阐述的人力资本模型，其最终的结果都是促进了全社会整体技术水平的提高，社会中新技术层出不穷会将导致新"资源"的产生和资源使用效率、配置效率大幅提高，显然无论是新资源的产生还是资源配置使用效率的提高都能解决传统增长方式下投入减少和报酬递减的问题，突破古典增长模型规模报酬递减的窠臼，实现经济的可持续增长，因此世界发达国家研发支出和教育支出占 GDP 的比重都远远高于发展中国家，发达国家高研发支出（资金支持）和高教育投入（人力资本支持）使得它们牢牢把握了世界科技创新制高点，其也成为发达国家经济持续增长的第一动力。

近年来，依托于互联网新技术革命的成果，互联网传播从 PC 端逐渐转移至移动端，互联网成为人们生活中必不可少的一部分。如何充分利用互联网的线上优势，挖掘移动互联网新业态的核心价值，以平台为基础挖掘和不断沉淀潜在用户，已经成为很多传统行业摆脱经营困难和很多新兴行业崛起的机会。厦门中开信息技术有限公司紧跟互联网新技术潮流，以科易网为平台，将技术转让交易和科技服务与电子商务结合，有效解决技术供给者、需求者的信息不对称问题，实现了技术的公开公正评估与定价，并结合技术生产和需求的特点创造性地将多种服务与交易融为一体，使得科技交易的生态链逐步完善，形成了线上规模化、市场化的技术转移服务模式。目前科易网拥有专业技术人员 100 多名，该模式已在厦门思

明、浙江海宁、陕西西安、南京高淳、湖南常德等全国数十个地区
实施应用，取得了显著成效，引起科技部及各地政府部门的广泛关
注，并纷纷启动实施应用计划。

1. 科易技术交易市场模式简介

科易技术交易市场模式是指在区域科技部门的支持下，主要通
过科易网负责建设并且市场化运营的区域技术市场服务体系，实现
了服务与政策、线上与线下的有机结合，具备了体系全、有效果、
可持续与能扩展的特点，有效地促进了科技交易市场的规模化、市
场化和标准化，具体的总体组织方式如图 1 所示。

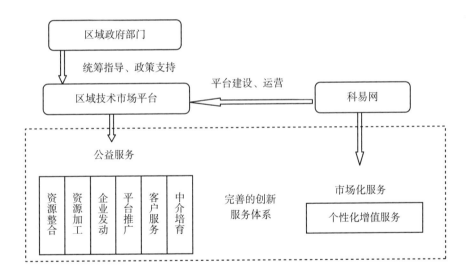

附图 1　科易网总体组织形式

在当地政府相关部门的支持下，科易网通过平台建设，能将
当地科技资源付诸网上进行公开展示，通过平台的包装、深加工
和宣传功能，一方面能有效撮合供需双方达成交易，加快科技成
果产业化步伐，另一方面发动科技交易的利益攸关方，通过科技

服务、科技支付、科技人才需求、科技难题发布等，完善技术从idea、生产到需求直至运营的一条龙服务，形成了科技交易比较完善的生态闭环，这就能解决科技供需的信息不对称问题，有效降低交易成本，使科技服务的公益性和市场化改革方向协调配合，充分发挥市场化资源配置的高效作用，使得技术研发立足于需求实际，技术研发更加符合市场需求，促进技术产业化体系的形成和完善。

2. 科易网技术交易模式介绍

概而言之，科易网技术交易模式充分利用了 PC 端技术转移的全流程平台，并通过发挥移动端的社交平台功能，实现企业等科技服务需求者与院校专家和机构等科技服务生产者的对接，促进技术交易的快速发展。

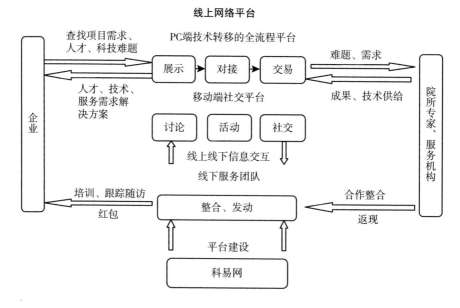

附图 2　科易网运营模式

上述交易模式的主要特点如下。

第一，应用"互联网＋技术转移"的创新模式，解决科技资源聚集、资源展示、技术评估、技术定价、合同签订、款项支付、资料交付等技术转移全环节的问题，真正实现技术生产与需求一条龙服务。科易网使线上资源配置和线下资源整合功能相结合，具体而言，在 PC 端平台对资源进行展示，一对多的形式能将资源进行展示并在此基础上公平定价，交易更加公开透明，此外结合移动端的社交功能有效拓展供给和需求的攸关方，将资源供给和需求在朋友圈加速度扩散，这些渠道解决了传统技术交易对接难、定价难、交易难的问题。另外，科易网充分整合线下专业服务团队资源，将企业项目培训、线下咨询、跟踪走访、高校科研院所及服务机构各种资源有效发动和整合，使得在技术交易顺利进行的基础上不断为企业提供技术更新、技术维护服务，使用大数据和统计技术还能了解企业发展动态、企业未来的技术需求，从而指导技术生产者和服务者的生产实践。

第二，实现了技术资源平台面的整合和企业需求点的对接。众所周知，技术交易难点就是技术生产者和需求者千差万别，双方的信息不对称问题不能得到有效解决，如何使技术资源的整合与千差万别的需求衔接是实现技术转化为生产力的最重要途径。科易网的创新之处就在于将面上服务和重点服务相结合，既解决了供给方的激励问题又解决了需求方的需求问题。具体而言，面上服务中，科易网依托 PC 端平台和移动端平台提供的各类公共服务平台，完成了科技资源的展示、评估、定价、对接和交易等专业化服务，将企业的技术需求外包给最有实力的科研机构，解决了传统科研机构成果转化难、成果与现实需求脱节等难点问题，同时发挥科研机构的专业化优势并且使得企业能将资金用于生产效率更高的地方。重点服务上，科易网独创的跟踪走访、撮合服务以及各种专业化的个性增值服务，将企业技术服务使用过程中的维护、更新问题放到线上，线下丰富的资源系统能够在第一时间将其有效解决，并有效沉淀了已有客户和吸引新的客户。

第三，创新了科技服务体系，使得技术服务发展更加可持续。传统科技交易中，一单交易完成可能意味着真正的结束，科易网通过线上专业化的资源和需求展示及专业化的服务体系，并且配合国家和地方的专项服务政策，有效整合、配置各类科技创新资源，不同群体各取所需，协同创新，逐步形成良好的社会创新环境。

3. 结论

通过上述对科易网组织形式和营运模式的探讨，可以发现该公司对技术创新的主要效果体现在：第一，推动好技术、好项目在当地落地和及时转化为先进生产力，助力企业技术创新的可持续开展。第二，提升专业服务机构的服务能力，构建良好的科技服务环境，助力国家整体科技服务业的培养和健康发展。第三，将技术交易更加规模化和市场化，充分发挥市场配置资源的高效功能，形成完善的技术资源交易体系，助推区域及国家的技术转移和技术进步，充分发挥技术进步的外溢效应，实现新常态下经济更加快速和有质量的增长。

图书在版编目（CIP）数据

厦门自贸区政策研究和评估：自贸区改革突破与"
十三五"转型升级战略/张平等著. -- 北京：社会科
学文献出版社，2016.10
（中国社会科学院院际合作系列成果·厦门）
ISBN 978 - 7 - 5097 - 9397 - 8

Ⅰ.①厦…　Ⅱ.①张…　Ⅲ.①自由贸易区 - 经济政策
- 研究 - 厦门市　Ⅳ.①F752.857.3

中国版本图书馆 CIP 数据核字（2016）第 147388 号

· 中国社会科学院院际合作系列成果 · 厦门 ·

厦门自贸区政策研究和评估
———自贸区改革突破与"十三五"转型升级战略

著　　者／张　平　王宏淼 等

出 版 人／谢寿光
项目统筹／吴　敏
责任编辑／吴　敏

出　　版／社会科学文献出版社·皮书出版分社（010）59367127
　　　　　地址：北京市北三环中路甲 29 号院华龙大厦　邮编：100029
　　　　　网址：www.ssap.com.cn
发　　行／市场营销中心（010）59367081　59367018
印　　装／三河市尚艺印装有限公司

规　　格／开　本：787mm × 1092mm　1/16
　　　　　印　张：22.25　字　数：263 千字
版　　次／2016 年 10 月第 1 版　2016 年 10 月第 1 次印刷
书　　号／ISBN 978 - 7 - 5097 - 9397 - 8
定　　价／89.00 元